2025年用
共通テスト実戦模試
② 英語リスニング

Ｚ会編集部 編

スマホで自動採点！ 学習診断サイトのご案内

スマホでマークシートを撮影して自動採点。ライバルとの点数の比較や，学習アドバイスももらえる！ 本書のオリジナル模試を解いて，下記URL・二次元コードにアクセス！

Z会共通テスト学習診断　検索

二次元コード →

https://service.zkai.co.jp/books/k-test/

詳しくは別冊解説の目次ページへ

リスニング音声は，右の二次元コードを読み込むか，下記URLから2026年3月末まで聞くことができます。
https://service.zkai.co.jp/books/zbooks_data/dlstream?c=3174

目次

本書の効果的な利用法 ……………………………	3
共通テストに向けて ………………………………	4
共通テスト攻略法	
データクリップ ……………………………………	6
傾向と対策 ………………………………………	8

模試　第1回
模試　第2回
模試　第3回
模試　第4回
模試　第5回
大学入学共通テスト　試作問題
大学入学共通テスト　2024 本試
大学入学共通テスト　2023 本試

マークシート ……………………………………………………… 巻末

本書の効果的な利用法

▌本書の特長▐

　本書は，共通テストで高得点をあげるために，過去からの出題形式と内容，最新の情報を徹底分析して作成した実戦模試である。本番では，限られた時間内で解答する力が要求される。本書では時間配分を意識しながら，出題傾向に沿った良質の実戦模試に複数回取り組める。

■ 共通テスト攻略法 ─── 情報収集で万全の準備を

　以下を参考にして，共通テストの内容・難易度をしっかり把握し，本番までのスケジュールを立て，余裕をもって本番に臨んでもらいたい。

　　データクリップ ➡ 共通テストの出題教科や 2024 年度本試の得点状況を収録。
　　傾向と対策　　➡ 過去の出題や最新情報を徹底分析し，来年度に向けての対策を解説。

■ 共通テスト実戦模試の利用法

1．本番に備える

　本番を想定して取り組むことが大切である。時間配分を意識して取り組み，自分の実力を確認しよう。巻末のマークシートを活用して，記入の仕方もしっかり練習しておきたい。

2．令和 7 年（2025 年）度の試作問題も踏まえた「最新傾向」に備える

　今回，実戦力を養成するためのオリジナル模試の中に，大学入試センターから公開されている令和 7 年度に向けた試作問題の内容を加味した類問を掲載している。詳細の解説も用意しているので，合わせて参考にしてもらいたい。

3．「今」勉強している全国の受験生と高め合う

　『学習診断サイト（左ページの二次元コードから利用可能）』では，得点を登録すれば学習アドバイスがもらえるほか，現在勉強中の全国の受験生が登録した得点と「リアル」に自分の点数を比較し切磋琢磨ができる。全国に仲間がいることを励みに，モチベーションを高めながら試験に向けて準備を進めてほしい。

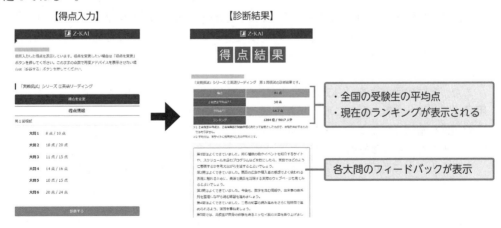

共通テストに向けて

■ 共通テストは決してやさしい試験ではない。

　共通テストは，高校の教科書程度の内容を客観形式で問う試験である。科目によって，教科書等であまり見られないパターンの出題も見られるが，出題のほとんどは基本を問うものである。それでは，基本を問う試験だから共通テストはやさしい，といえるだろうか。

　実際のところは，共通テストには，適切な対策をしておくべきいくつかの手ごわい点がある。まず，勉強するべき科目数が多い。国公立大学では共通テストで「6教科8科目」を必須とする大学・学部が主流なので，科目数の負担は決して軽くない。また，基本事項とはいっても，あらゆる分野から満遍なく出題される。これは，"山"を張るような短期間の学習では対処できないことを意味する。また，広範囲の出題分野全体を見通し，各分野の関連性を把握する必要もあるが，そうした視点が教科書の単元ごとの学習では容易に得られないのもやっかいである。さらに，制限時間内で多くの問題をこなさなければならない。しかもそれぞれが非常によく練られた良問だ。問題の設定や条件，出題意図を素早く読み解き，制限時間内に迅速に処理していく力が求められているのだ。こうした処理能力も，漫然とした学習では身につかない。

■ しかし，適切な対策をすれば，十分な結果を得られる試験でもある。

　上記のように決してやさしいとはいえない共通テストではあるが，適切な対策をすれば結果を期待できる試験でもある。共通テスト対策は，できるだけ早い時期から始めるのが望ましい。長期間にわたって，①教科書を中心に基本事項をもれなく押さえ，②共通テストの過去問で出題傾向を把握し，③出題形式・出題パターンを踏まえたオリジナル問題で実戦形式の演習を繰り返し行う，という段階的な学習を少しずつ行っていけば，個別試験対策を本格化させる秋口からの学習にも無理がかからず，期待通りの成果をあげることができるだろう。

■ 本書を利用して，共通テストを突破しよう。

　本書は主に上記③の段階での使用を想定して，Ｚ会のオリジナル問題を教科別に模試形式で収録している。巻末のマークシートを利用し，解答時間を意識して問題を解いてみよう。そしてポイントを押さえた解答・解説をじっくり読み，知識の定着・弱点分野の補強に役立ててほしい。早いスタートが肝心とはいえ，時間的な余裕がないのは明らかである。できるだけ無駄な学習を避けるためにも，学習効果の高い良質なオリジナル問題に取り組んで，徹底的に知識の定着と処理能力の増強に努めてもらいたい。

　また，全国の受験生を「リアルに」つなぎ，切磋琢磨を促す仕組みとして『学習診断サイト』も用意している。本書の問題に取り組み，採点後にはその得点をシステムに登録し，全国の学生の中での順位を確認してみよう。そして同じ目標に向けて頑張る仲間たちを思い浮かべながら，受験をゴールまで走り抜ける原動力に変えてもらいたい。

　本書を十二分に活用して，志望校合格を達成し，喜びの春を迎えることを願ってやまない。

Ｚ会編集部

▌共通テストの段階式対策▌

0. まずは教科書を中心に，基本事項をもれなく押さえる。

▼

1. さまざまな問題にあたり，上記の知識の定着をはかる。その中で，自分の弱点を把握する。

▼

2. 実戦形式の演習で，弱点を補強しながら，制限時間内に問題を処理する力を身につける。とくに，頻出事項や狙われやすいポイントについて重点的に学習する。

▼

3. 仕上げとして，予想問題に取り組む。

▌Z会の共通テスト関連教材▌

1.『ハイスコア！ 共通テスト攻略』シリーズ
　　オリジナル問題を解きながら，共通テストの狙われどころを集中して学習できる。

▼

2.『2025年用　共通テスト過去問英数国』
　　複数年の共通テストの過去問題に取り組み，出題の特徴をつかむ。

▼

3.『2025年用　共通テスト実戦模試』（本シリーズ）

▼

4.『2025年用　共通テスト予想問題パック』
　　本シリーズを終えて総仕上げを行うため，直前期に使用する本番形式の予想問題。

※『2025年用　共通テスト実戦模試』シリーズは，本番でどのような出題があっても対応できる力をつけられるように，最新年度および過去の共通テストも徹底分析し，さまざまなタイプの問題を掲載しています。そのため，『2024年用　共通テスト実戦模試』と掲載問題に一部重複があります。

共通テスト攻略法
データクリップ

1 出題教科・科目の出題方法

　下の表の教科・科目で実施される。なお，受験教科・科目は各大学が個別に定めているため，各大学の要項にて確認が必要である。

※解答方法はすべてマーク式。以下の表は大学入試センター発表の『令和7年度大学入学者選抜に係る大学入学共通テスト出題教科・科目の出題方法等』を元に作成した。

※『　』は大学入学共通テストにおける出題科目を表し，「　」は高等学校学習指導要領上設定されている科目を表す。

教科	出題科目	出題方法（出題範囲，出題科目選択の方法等）	試験時間（配点）
国語	『国語』	・「現代の国語」及び「言語文化」を出題範囲とし，近代以降の文章及び古典（古文，漢文）を出題する。 分野別の大問数及び配点は，近代以降の文章が3問110点，古典が2問90点（古文・漢文各45点）とする。	90分（200点）
地理歴史	『地理総合，地理探究』 『歴史総合，日本史探究』 『歴史総合，世界史探究』→(b) 『公共，倫理』 『公共，政治・経済』 『地理総合／歴史総合／公共』→(a) (a)：必履修科目を組み合わせた出題科目 (b)：必履修科目と選択科目を組み合わせた出題科目	・左記出題科目の6科目のうちから最大2科目を選択し，解答する。 ・(a)の『地理総合／歴史総合／公共』は，「地理総合」，「歴史総合」及び「公共」の3つを出題範囲とし，そのうち2つを選択解答する（配点は各50点）。 ・2科目を選択する場合，以下の組合せを選択することはできない。 (b)のうちから2科目を選択する場合 　『公共，倫理』と『公共，政治・経済』の組合せを選択することはできない。 (b)のうちから1科目及び(a)を選択する場合 　(b)については，(a)で選択解答するものと同一名称を含む科目を選択することはできない。	1科目選択 60分（100点） 2科目選択 130分 （うち解答時間120分） （200点）
公民			
数学①	『数学Ⅰ・数学A』 『数学Ⅰ』	・左記出題科目の2科目のうちから1科目を選択し，解答する。 ・「数学A」については，図形の性質，場合の数と確率の2項目に対応した出題とし，全てを解答する。	70分（100点）
数学②	『数学Ⅱ，数学B，数学C』	・「数学B」及び「数学C」については，数列（数学B），統計的な推測（数学B），ベクトル（数学C）及び平面上の曲線と複素数平面（数学C）の4項目に対応した出題とし，4項目のうち3項目の内容の問題を選択解答する。	70分（100点）
理科	『物理基礎／化学基礎／生物基礎／地学基礎』 『物理』『化学』『生物』『地学』	・左記出題科目の5科目のうちから最大2科目を選択し，解答する。 ・『物理基礎／化学基礎／生物基礎／地学基礎』は，「物理基礎」，「化学基礎」，「生物基礎」及び「地学基礎」の4つを出題範囲とし，そのうち2つを選択解答する（配点は各50点）。	1科目選択 60分（100点） 2科目選択 130分 （うち解答時間120分） （200点）
外国語	『英語』 『ドイツ語』『フランス語』 『中国語』『韓国語』	・左記出題科目の5科目のうちから1科目を選択し，解答する。 ・『英語』は「英語コミュニケーションⅠ」，「英語コミュニケーションⅡ」及び「論理・表現Ⅰ」を出題範囲とし，【リーディング】及び【リスニング】を出題する。受験者は，原則としてその両方を受験する。その他の科目については，『英語』に準じる出題範囲とし，【筆記】を出題する。 ・科目選択に当たり，『ドイツ語』，『フランス語』，『中国語』及び『韓国語』の問題冊子の配付を希望する場合は，出願時に申し出ること。	『英語』 【リーディング】 80分（100点） 【リスニング】 30分（100点） 『ドイツ語』『フランス語』『中国語』『韓国語』 【筆記】80分（200点）
情報	『情報Ⅰ』		60分（100点）

— 6 —

2 2024年度の得点状況

　2024年度は，前年度に比べて，下記の平均点に★がついている科目が難化し，平均点が下がる結果となった。

　特に英語リーディングは，前年より語数増や英文構成の複雑さも相まって，平均点が51.54点と，共通テスト開始以降では最低の結果となった。その他，数学と公民科目に平均点の低下傾向が見られた。また一部科目には，令和7年度共通テストに向けた試作問題で公開されている方向性に親和性のある出題も確認できた。なお，今年度については得点調整は行われなかった。

教科名	科目名等	本試験（1月13日・14日実施）		追試験（1月27日・28日実施）
		受験者数（人）	平均点（点）	受験者数（人）
国語（200点）	国語	433,173	116.50	1,106
地理歴史（100点）	世界史B	75,866	60.28	1,004 （注1）
	日本史B	131,309	★56.27	
	地理B	136,948	65.74	
公民（100点）	現代社会	71,988	★55.94	
	倫理	18,199	★56.44	
	政治・経済	39,482	★44.35	
	倫理，政治・経済	43,839	61.26	
数学①（100点）	数学Ⅰ・数学A	339,152	★51.38	1,000 （注1）
数学②（100点）	数学Ⅱ・数学B	312,255	★57.74	979 （注1）
理科①（50点）	物理基礎	17,949	28.72	316
	化学基礎	92,894	★27.31	
	生物基礎	115,318	31.57	
	地学基礎	43,372	35.56	
理科②（100点）	物理	142,525	★62.97	672
	化学	180,779	54.77	
	生物	56,596	54.82	
	地学	1,792	56.62	
外国語（100点）	英語リーディング	449,328	★51.54	1,161
	英語リスニング	447,519	67.24	1,174

※2024年3月1日段階では，追試験の平均点が発表されていないため，上記の表では受験者数のみを示している。
（注1）国語，英語リーディング，英語リスニング以外では，科目ごとの追試験単独の受験者数は公表されていない。
　　　このため，地理歴史，公民，数学①，数学②，理科①，理科②については，大学入試センターの発表どおり，教科ごとにまとめて提示しており，上記の表は載せていない科目も含まれた人数となっている。

共通テスト攻略法
傾向と対策

■2025年度の新課程でのテストについて

　2022年11月の大学入試センター公表資料で，試作問題第C問が発表されています。

　なお，試験時間と配点については，2023年6月の公表資料では，現行同様です。

●リスニング：解答時間30分（ICプレーヤーの作動確認等含めた試験時間60分）/100点

試作問題　英語リスニング　第C問	
配点	15点
形式	講義の聞き取り，情報の整理と共有

試作問題の詳しい解説は ☞ **P. 10** へ

■過去3年間の出題内容
「英語リスニング」

	大問		設問数	配点	本試・問題の概要
2024年度	第1問	A	4	16	短い発話の聞き取り（英文のみ）
		B	3	9	短い発話の聞き取り（イラスト選択）
	第2問		4	16	短い対話の聞き取り（イラスト選択）
	第3問		6	18	短い対話の聞き取り（英文のみ）
	第4問	A	8	8	指示・説明の聞き取り（イラスト並べ替え・図表完成問題）
		B	1	4	複数の説明の聞き取り（文化祭の出し物）
	第5問		7	15	講義の聞き取り（ガラスについて）
	第6問	A	2	6	対話の聞き取り（旅行中の移動手段）
		B	2	8	長い会話文の聞き取り（運動を始めることについての4名の学生の対話）

※2024年度は1月13日・14日実施の「本試験」と，1月27日・28日実施の「追・再試験」が行われました。

	大問		設問数	配点	本試・問題の概要	追試・問題の概要
2023年度	第1問	A	4	16	短い発話の聞き取り（英文のみ）	同左
		B	3	9	短い発話の聞き取り（イラスト選択）	同左
	第2問		4	16	短い対話の聞き取り（イラスト選択）	同左
	第3問		6	18	短い対話の聞き取り（英文のみ）	同左
	第4問	A	8	8	指示・説明の聞き取り（グラフ・図表完成問題）	同左
		B	1	4	複数の説明の聞き取り（生徒会会長候補の演説）	複数の説明の聞き取り（国際会議の会場の説明）
	第5問		7	15	講義の聞き取り（アジアゾウについて）	講義の聞き取り（美術館のデジタル化について）
	第6問	A	2	6	対話の聞き取り（ソロハイキングについての対話）	対話の聞き取り（旅行の持ち物（カメラ）についての対話）
		B	2	8	議論の聞き取り（就職後に住む場所に関する学生4名の議論）	議論の聞き取り（卒業研究に関する学生4名の議論）

※2023年度は1月14日・15日実施の「本試」と，1月28日・29日実施の「追試」が行われました。
※設問数は「問」の数でカウントしています。

	大問		設問数	配点	本試・問題の概要
2022年度	第1問	A	4	16	短い発話の聞き取り（英文のみ）
		B	3	9	短い発話の聞き取り（イラスト選択）
	第2問		4	16	短い対話の聞き取り（イラスト選択）
	第3問		6	18	短い対話の聞き取り（英文のみ）
	第4問	A	8	8	指示・説明の聞き取り（イラスト並べ替え・図表完成問題）
		B	1	4	複数の説明の聞き取り（来月の読書会で読む本を決める）
	第5問		7	15	講義の聞き取り（ギグワークモデルという働き方について）
	第6問	A	2	6	対話の聞き取り（料理の作り方についての対話）
		B	2	8	議論の聞き取り（エコツーリズムに関する4名の学生の議論）

※2022年度は1月15日・16日実施の「本試」と，1月29日・30日実施の「追試」が行われました。
※設問数は「問」の数でカウントしています。

— 8 —

特記事項

・出題形式や分量は 2021 年度以降，ほぼ同様で，難易度にも大きな変化はありません。

・リスニングの特徴としては，読み上げ音声にはアメリカ英語以外にも多様な英語が含まれており，英語を聞きながら情報を整理するなど，実戦的な英語のリスニング力が求められるものになっています。

・第4問以降は設問を解くためには与えられたグラフや表などの資料を読み，聞き取った情報から素早く正答を導き出す必要があり，高い情報処理力が求められます。

・リスニング音声の読み上げは，第1～第2問は2回読み，第3問～第6問は1回読みで出題されています。

2024 年度の本試出題内容詳細

第1問A

形式・難易度・語数いずれも 2023 年度から変化はありませんでした。身のまわりに関する平易な英語で話される短い発話を聴き取る力と，その状況を把握する力が問われています。

第1問B

1 人の短い発話から状況に合うイラストを選ぶ設問形式で，形式・難易度・語数いずれも 2023 年度から変化はありません。問われたのは人・物の状態や特徴などで，難易度は高くありません。

第2問

形式・難易度・語数いずれも 2023 年度から変化はありませんでした。どの設問でも 4 つの選択肢の共通点・相違点は明確で，正解を選ぶのは比較的容易でした。

第3問

1 回の発言の語数に多少の増減はありますが，全体としての語数はほぼ前年並みで，形式・難易度とも大きな変化はありませんでした。第 3 問から音声の放送は 1 回のみになるので，事前に設問文や選択肢に目を通しておくのがよいでしょう。

第4問A

2023 年度のグラフ完成ではなく，2022 年と同じイラストを時系列順に並べ替える問題が出題されました。イラストの場合は何を表しているのか明確なので，時系列に注意して聞けば難しくはありません。図表完成問題では，曜日順ではなく同じ講座の案内がまとめられているので，最初に表をしっかり見ておくとよいでしょう。

第4問B

形式・難易度・語数いずれも 2023 年度から変化はありませんでした。出題形式に慣れている受験生にとっては，情報を整理しながら正解にたどり着くのは容易だったと思われます。

第5問

テーマは「ガラス」について。問題形式は 2023 年度とほぼ同じです。ワークシートがシンプルになった分，問題冊子からのヒントが少なく，聴き取りに集中する必要があります。問 33 は講義の続きを聞いて，となっていますが，前年と同じくグループの発表内容を聞いて答える問題であることに変わりありません。

第6問A

テーマは「旅行中の移動手段」について。前年度から大きな変化は見られず，話者の意見を選ぶ問題と，会話終了時に決めたことを選ぶ問題になっています。会話の流れを理解し，最終的にどのような合意に至ったかをつかむ必要があります。

第6問B

テーマは「これから始める運動」について。4 人が「どのような運動が自分に合っており，どのような効果があるか」について話し合っているという設定です。会話終了時の状況が問われているため，4 人の考え方の変化に注意して会話の流れを理解する必要があります。

■令和7年（2025年）度大学入学共通テスト　試作問題の要点分析

　リスニング問題については，複数の領域を統合した言語活動をより意識した問題の具体例として試作第C問が示されています。リスニング試験全体としては，試験時間・配点に変更はなく，また，読み上げ回数についても，1回読み，2回読みの両方の問題を含むもので，全体としては現行のリスニング試験を踏襲したものとなりそうです。試作問題では，2021年度の本試験（1月16日実施）の英語リスニング（第5問）の問題を基にして再構築したものが示されています。変更点としては以下の2点です。

①問32：問題冊子に英文選択肢として示されていた内容一致文の選択問題が，講義を聞いたグループメンバーの口頭での話を聴き取り，それが講義内容と一致しているかどうかを判断する問題になっている。

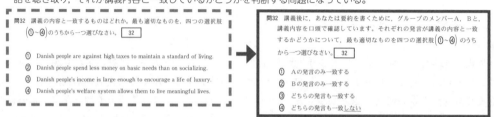

②問33：講義の続きを聴き取る問題が，2名のディスカッションを聴き取り，講義内容・図表と併せて「どのようなことが言えるか」を解答する問題になっている。

　「講義を聞いて概要・要点を把握する力」を問う前半部の問題はそのままに，①，②とも「聴き取った情報を他者と共有したり，話し合ったりする力」を問うことを，より意識したものになっています。

　①では，講義内容と一致するかどうか，2024年度までの形式では英文を読み取って判断する必要がありましたが，試作第C問型では，講義に関する発言を聴き取りそれが講義の要約として正しいかどうかを判断する必要があります。放送前に選択肢を読んでヒントにすることはできず，講義のポイントとメンバーの発言の両方をしっかりと聴き取って判断することが求められます。

　②では「他者と共有したり，話し合ったりする力」に加え，これまでの出題同様「聴き取った情報と問題文中に示されたグラフ資料を統合的に処理する力」が求められています。聴き取るのが講義の続きではなく，ディスカッション（会話のやりとり）となることで，講義内容，グラフに加え，複数の視点からの発言を統合して判断することとなります。

　後半の1回読みで確実に得点するには，各ブロックのまとまりがプラスとマイナスのどちらの面について述べているのか，その根拠は何か，を聴き取るような演習を繰り返して，ポイントをつかむ聴き取り方を身に着けておく必要があるでしょう。

■対策

●**自分でも発音できるようになろう！**
　リスニングテストでは「英語を聞いて理解できるか」が問われています。単語や熟語を覚える際は音声も一緒に覚えることが大切です。特に，自分で発音できない音は聞き取れません。聞いて声に出す，を繰り返してリスニング力と発音・語彙力をともに向上させましょう。

●**解いた問題を使ってさらに耳を鍛えよう！**
　リスニング問題では，スクリプトを見ながら繰り返し聞くことで耳を鍛えましょう。リスニング力の向上には「シャドーイング」（スクリプトを見ずに流れてくる音声を聞いたとおりに声に出し，影のようについていく練習法）や，「ディクテーション」（聞き取った英文の書き取り）も効果的です。

●**毎日英語の音に触れよう！**
　リスニング力は一朝一夕には向上しません。10分でもよいので毎日のトレーニングを積み重ね，また，共通テストの1回読みに備えて普段から1回で理解するような意識で取り組むとよいでしょう。

※この問題冊子の『注意事項』は，実際の共通テストを想定して掲載しました。
なお，本番の形式と同じく，問題ページは 4 ページを始まりとしています。

模試　第1回

(100点/30分)

〔英　語（リスニング）〕

リスニング音声は，右の二次元コードを読み込むか，下記URLから2026年3月末まで聞くことができます。
https://ex2.zkai.co.jp/books/2025JM/2025JM1_full.mp3

（※設問ごとの個別音声には，目次ページの二次元コードからアクセスできます。）

注 意 事 項

1　解答用紙に，正しく記入・マークされていない場合は，採点できないことがあります。

2　問題冊子の異常で解答に支障がある場合は，ためらわずに黙って手を高く挙げなさい。監督者が筆談用の用紙を渡しますので，トラブルの内容を記入しなさい。試験が終わってから申し出ることはできません。

3　この試験では，聞き取る英語の音声を 2 回流す問題と，1 回流す問題があります。流す回数は下の表のとおりです。また，流す回数は，各問題の指示文にも書かれています。

問題	第1問	第2問	第3問	第4問	第5問	第6問
流す回数	2回	2回	1回	1回	1回	1回

4　問題音声には，問題文を読むため，または解答をするために音の流れない時間があります。

5　解答は，設問ごとに解答用紙にマークしなさい。問題冊子に記入しておいて，途中や最後にまとめて解答用紙に転記してはいけません（まとめて転記する時間は用意されていません。）。

6　解答用紙の汚れに気付いた場合は，そのまま解答を続け，解答終了後，監督者に知らせなさい。解答時間中に解答用紙の交換は行いません。

7　解答時間中は，試験問題に関する質問は一切受け付けません。

8　**不正行為について**
　①　不正行為に対しては厳正に対処します。
　②　不正行為に見えるような行為が見受けられた場合は，監督者がカードを用いて注意します。
　③　不正行為を行った場合は，その時点で受験を取りやめさせ退室させます。

9　試験終了後，問題冊子は持ち帰りなさい。

英　語(リスニング)

（解答番号　1　～　37　）

第 1 問 （配点　25）　音声は 2 回流れます。

第 1 問は A と B の二つの部分に分かれています。

A　第 1 問 A は問 1 から問 4 までの 4 問です。英語を聞き，それぞれの内容と最もよく合っているものを，四つの選択肢（①〜④）のうちから一つずつ選びなさい。

問 1　　1

①　The speaker is going somewhere fun.

②　The speaker is late for an appointment.

③　The speaker is leaving soon.

④　The speaker is not having a good time.

問 2　　2

①　The speaker doesn't know who has come.

②　The speaker is visiting his neighbor.

③　The speaker needs to fix the doorbell.

④　The speaker will not answer the phone.

— ①- 4 —

問 3 ┌─ 3 ─┐

① Yoko doesn't have her own television.

② Yoko doesn't like to watch television.

③ Yoko's parents bought a new television.

④ Yoko's parents don't watch television.

問 4 ┌─ 4 ─┐

① The speaker left before the band came.

② The speaker missed the band practice.

③ The speaker played alone before group practice.

④ The speaker was upset that no one came.

これで第 1 問 A は終わりです。

B 第1問Bは問5から問7までの3問です。英語を聞き，それぞれの内容と最もよく合っている絵を，四つの選択肢（①～④）のうちから一つずつ選びなさい。

問5　5

問6 6

①

②

③

④

問7 7

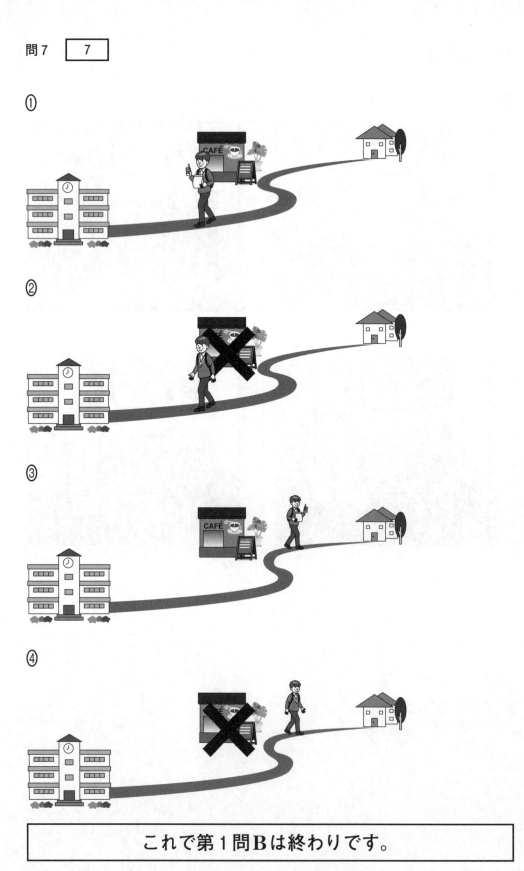

これで第1問Bは終わりです。

（下 書 き 用 紙）

リスニングの試験問題は次に続く。

第2問 （配点 16） 音声は2回流れます。

　第2問は問8から問11までの4問です。それぞれの問いについて，対話の場面が日本語で書かれています。対話とそれについての問いを聞き，その答えとして最も適切なものを，四つの選択肢 (①〜④) のうちから一つずつ選びなさい。

問8　炊飯器の置き場所について話をしています。　8

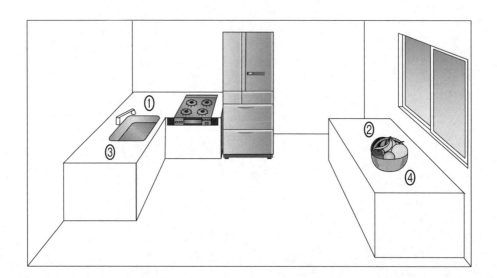

問9　ハロウィーンの衣装について話をしています。　9

問10 ウォータースポーツについて話をしています。 10

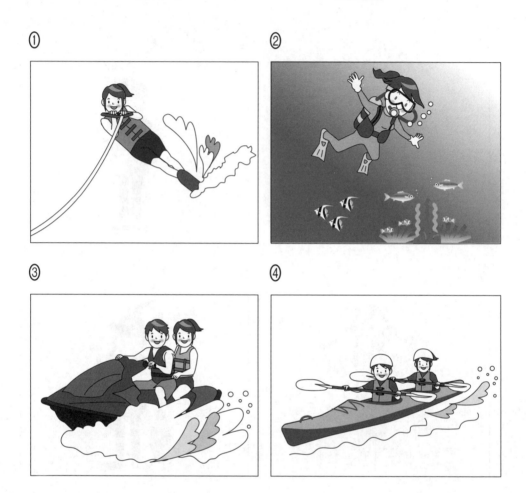

問11　今日の降水確率について話をしています。　　11

①

9AM	12PM	3PM	6PM	9PM
☀	☂	☂	☂	🌙
5%	70%	70%	70%	5%

②

9AM	12PM	3PM	6PM	9PM
⛅	☂	☂	☀	🌙
10%	80%	70%	10%	5%

③

9AM	12PM	3PM	6PM	9PM
☂	☀	☀	☀	☁
70%	10%	10%	10%	50%

④

9AM	12PM	3PM	6PM	9PM
☀	☂	☂	☂	☂
5%	70%	70%	70%	80%

これで第２問は終わりです。

第3問 （配点 18） **音声は1回流れます。**

第3問は問12から問17までの6問です。それぞれの問いについて，対話の場面が日本語で書かれています。対話を聞き，問いの答えとして最も適切なものを，四つの選択肢（①～④）のうちから一つずつ選びなさい。（問いの英文は書かれています。）

問12 女性が店員と話をしています。

What does the woman want to add to her coffee? 　12

① Caramel syrup and sugar
② Honey
③ Milk
④ Whipped cream

問13 兄と妹がお年玉の使い道について話をしています。

What will the boy use the money for? 　13

① To buy a bike
② To get new clothes
③ To go to a restaurant
④ To see a movie

問14 友達同士が髪型について話をしています。

How does the woman feel about her new hairstyle? 　14

① It is bad for her hair.
② It is longer than she wanted.
③ It looks good on her.
④ She doesn't like it.

問15　同僚同士が職場で話をしています。

Which is true according to the conversation?　15

① A meeting time has been changed.

② Some visitors will come this evening.

③ The meeting room is available tonight.

④ The speakers will prepare a room tomorrow.

問16　友達同士が先生の送別会について話をしています。

What do the two people agree about?　16

① It's important that they show up at the party.

② The party starts late at night.

③ Their teacher was a punctual person.

④ There won't be too many people at the party.

問17　街中で，女性が通行人に声をかけています。

What does the man think about the woman's plan?　17

① It is too complicated.

② It is too expensive.

③ It might work.

④ It will take too long.

これで第3問は終わりです。

第4問 （配点 12） 音声は1回流れます。

第4問はAとBの二つの部分に分かれています。

A 　第4問Aは問18から問25の8問です。話を聞き，それぞれの問いの答えとして最も適切なものを，選択肢から選びなさい。**問題文と図表を読む時間が与えられた後，音声が流れます。**

問18〜21　あなたは，授業で配られたワークシートのグラフを完成させようとしています。先生の説明を聞き，四つの空欄 18 〜 21 に入れるのに最も適切なものを，四つの選択肢 ①〜④ のうちから一つずつ選びなさい。

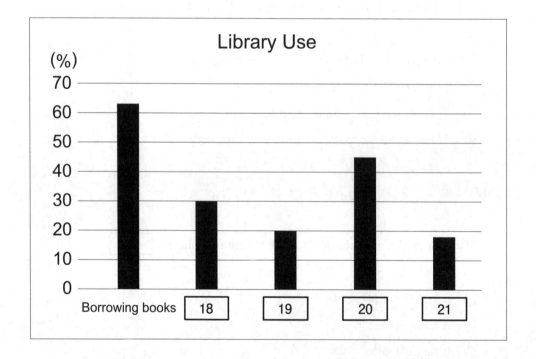

① Accessing the Internet
② Attending classes and lectures
③ Reading
④ Using high-tech devices

問22〜25　あなたはガラス工房で吹きガラス体験教室の手伝いをしています。吹き
　　　　ガラス体験後，作品が冷めて持ち帰れるまでにかかる時間についての説明を聞
　　　　き，次の表の四つの空欄　22　〜　25　に入れるのに最も適切なものを，
　　　　五つの選択肢（①〜⑤）のうちから一つずつ選びなさい。選択肢は2回以上使っ
　　　　てもかまいません。

① 24　　　② 36　　　③ 40　　　④ 44　　　⑤ 48

Items	Size	Approximate Weight (g)	Wait Time (hours)
Paperweights	Small	150	
	Medium	250	22
Flowers	Medium	350	23
	Large	600	
Vases	Medium	800	24
	Large	1000	25

これで第4問Aは終わりです。

B   第4問Bは問26の1問です。話を聞き，示された条件に最も合うものを，四つの選択肢（①～④）のうちから一つ選びなさい。後の表を参考にしてメモを取ってもかまいません。**状況と条件を読む時間が与えられた後，音声が流れます。**

状況

あなたは大学で履修科目を選んでいます。科目を選ぶために四人の友人のアドバイスを聞いています。

あなたが考えている条件

A. 予備知識が必要とされない。

B. クラス形態は講義とディスカッション両方である。

C. 成績は学期を通しての授業参加や課題提出などの活動をもとにつけられる。

	Condition A	Condition B	Condition C
① Business Management			
② Education Psychology			
③ The Mystery of Water			
④ World Languages and Cultures			

問26　| 26 |　is the class you are most likely to choose.

① Business Management

② Education Psychology

③ The Mystery of Water

④ World Languages and Cultures

これで第4問Bは終わりです。

（下 書 き 用 紙）

リスニングの試験問題は次に続く。

第5問 （配点 15） 音声は１回流れます。

第５問は問27から問33の７問です。

最初に講義を聞き，問27から問31に答えなさい。次に問32と問33の音声を聞き，問いに答えなさい。**状況，ワークシート，問い及び図表を読む時間が与えられた後，音声が流れます**。

状況

あなたは大学で，チョコレートの製造についての講義を，ワークシートにメモを取りながら聞いています。

ワークシート

○　Chocolate Production Report

• Purpose: To explore 〔 　27　 〕 chocolate production.

• Chocolate production is causing environmental and social problems.

○　What specific problems does chocolate production cause, and what are the effects?

	Environmental Problems	Social Problems
Cause	28	29
Effect	30	31

○　Governments and chocolate companies must do more to resolve these problems.

— ① - 20 —

問27 ワークシートの空欄 27 に入れるのに最も適切なものを，四つの選択肢 (①〜④)のうちから一つ選びなさい。

① solutions to problems caused by
② the effect of global warming on
③ the issues caused by
④ ways to improve the speed of

問28〜31 ワークシートの空欄 28 〜 31 に入れるのに最も適切なものを，六つの選択肢(①〜⑥)のうちから一つずつ選びなさい。選択肢は2回以上使ってもかまいません。

① child labor　　② dangerous work　　③ deforestation
④ global warming　⑤ natural disasters　⑥ poor farmers

問32 講義後に，あなたは要約を書くために，グループのメンバーA，Bと，講義内容を口頭で確認しています。それぞれの発言が講義の内容と一致するかどうかについて，最も適切なものを四つの選択肢 (①〜④)のうちから一つ選びなさい。 32

① Aの発言のみ一致する
② Bの発言のみ一致する
③ どちらの発言も一致する
④ どちらの発言も一致しない

第5問はさらに続きます。

問33 講義の後で，Ann と Dave が下の図表を見ながらディスカッションをしています。ディスカッションの内容及び講義の内容からどのようなことが言えるか，最も適切なものを，四つの選択肢(①〜④)のうちから一つ選びなさい。 33

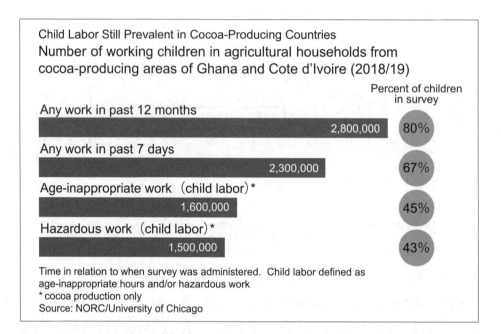

ⓒ statista "Child Labor Still Prevalent in Cocoa-Producing Countries" by Katharina Buchholz, July 7, 2021
https://www.statista.com/chart/23814/child-labor-cocoa-producing-countries/
https://creativecommons.org/licenses/by-nd/4.0/deed.ja

*hazardous : dangerous

① Chocolate production has nothing to do with global warming or animal extinction.
② Farmers are demanding higher pay in order to increase sustainability.
③ Governments have not yet been able to find effective solutions to the problems caused by chocolate production.
④ Rising chocolate prices and profits are helping farmers invest in sustainable farms.

これで第5問は終わりです。

（下 書 き 用 紙）

リスニングの試験問題は次に続く。

第6問 （配点 14） 音声は1回流れます。

第6問はAとBの二つの部分に分かれています。

A　第6問Aは問34・問35の2問です。二人の対話を聞き，それぞれの問いの答えとして最も適切なものを，四つの選択肢（①～④）のうちから一つずつ選びなさい。（問いの英文は書かれています。）**状況と問いを読む時間が与えられた後，音声が流れます。**

> 状況
> 　二人の大学生が，形成手術（plastic surgery）について話しています。

問34　**What is Yuki's main point?**　　34

① Plastic surgery does not help improve self-esteem.
② Plastic surgery is a reasonable option for some people today.
③ Plastic surgery is the best way to advance one's career.
④ Plastic surgery makes people feel they are not beautiful enough.

問35　**What is Ben's main point?**　　35

① Celebrities have no choice but to get plastic surgery.
② It is impossible to change people's standards of beauty.
③ It is wrong for the society to treat people unequally.
④ People should not value appearances so much.

これで第6問Aは終わりです。

（下 書 き 用 紙）

リスニングの試験問題は次に続く。

B　　第6問Bは問36・問37の2問です。会話を聞き，それぞれの問いの答えとして最も適切なものを，選択肢のうちから一つずつ選びなさい。後の表を参考にしてメモを取ってもかまいません。**状況と問いを読む時間が与えられた後，音声が流れます。**

状況
四人の学生（Keita, Mike, Aya, Chloe）が，電車内のコンセント（outlet）について意見交換をしています。

Keita	
Mike	
Aya	
Chloe	

問36　会話が終わった時点で，電車内にコンセントを設置することに**反対している人**を，四つの選択肢（①〜④）のうちから一つ選びなさい。　**36**

① Aya
② Chloe
③ Aya, Keita
④ Keita, Mike

問37 会話を踏まえて，Chloeの意見を最もよく表している図表を，四つの選択肢(①～④)のうちから一つ選びなさい。 37

①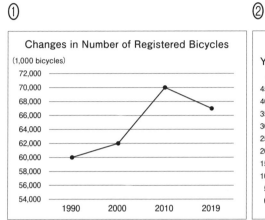

②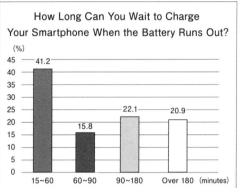

③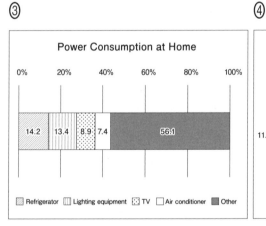

④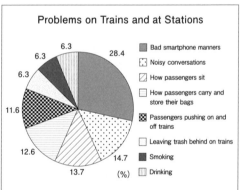

これで第６問Bは終わりです。

※この問題冊子の『注意事項』は，実際の共通テストを想定して掲載しました。
なお，本番の形式と同じく，問題ページは 4 ページを始まりとしています。

模試　第2回

(100点 / 30分)

〔英　　語（リスニング）〕

リスニング音声は，右の二次元コードを読み込むか，下記URLから 2026 年 3 月末まで聞くことができます。
https://ex2.zkai.co.jp/books/2025JM/2025JM2_full.mp3

（※設問ごとの個別音声には，目次ページの二次元コードからアクセスできます。）

注 意 事 項

1　解答用紙に，正しく記入・マークされていない場合は，採点できないことがあります。

2　問題冊子の異常で**解答に支障がある場合**は，ためらわずに**黙って手を高く挙げな さい**。監督者が筆談用の用紙を渡しますので，トラブルの内容を記入しなさい。試験が終わってから申し出ることはできません。

3　この試験では，**聞き取る英語の音声を 2 回流す問題と，1 回流す問題があります**。流す回数は下の表のとおりです。また，流す回数は，各問題の指示文にも書かれています。

問題	第1問	第2問	第3問	第4問	第5問	第6問
流す回数	2回	2回	1回	1回	1回	1回

4　問題音声には，**問題文を読むため，または解答をするために音の流れない時間が あります**。

5　解答は，**設問ごとに解答用紙にマークしなさい**。問題冊子に記入しておいて，途中や最後にまとめて**解答用紙に転記してはいけません**（まとめて転記する時間は用意されていません。）。

6　解答用紙の汚れに気付いた場合は，そのまま解答を続け，解答終了後，監督者に知らせなさい。解答時間中に解答用紙の交換は行いません。

7　解答時間中は，試験問題に関する質問は一切受け付けません。

8　**不正行為**について
　①　不正行為に対しては厳正に対処します。
　②　不正行為に見えるような行為が見受けられた場合は，監督者がカードを用いて注意します。
　③　不正行為を行った場合は，その時点で受験を取りやめさせ退室させます。

9　試験終了後，問題冊子は持ち帰りなさい。

英　語（リスニング）

（解答番号　1　～　37　）

第1問 （配点　25）　音声は2回流れます。

第1問は**A**と**B**の二つの部分に分かれています。

A　　第1問**A**は**問1**から**問4**までの4問です。英語を聞き，それぞれの内容と最もよく合っているものを，四つの選択肢（①～④）のうちから一つずつ選びなさい。

問1　　1

① The speaker doesn't want to make domestic trips.

② The speaker hasn't traveled abroad yet.

③ The speaker is traveling abroad right now.

④ The speaker likes to make trips overseas.

問2　　2

① The speaker couldn't understand the man's English.

② The speaker got a good score in English.

③ The speaker knew where the man had been born.

④ The speaker shouldn't have spoken English so fast.

— ②- 4 —

問 3 ⬛ 3

① The speaker doesn't think Miranda is calm.

② The speaker doesn't think Miranda keeps her promises.

③ The speaker thinks Miranda is reliable.

④ The speaker thinks Miranda should take a break.

問 4 ⬛ 4

① The speaker doesn't have a cell phone now.

② The speaker doesn't want cell phones to be used.

③ The speaker has very good concentration.

④ The speaker usually studies in the library.

これで第 1 問 A は終わりです。

B 第1問Bは問5から問7までの3問です。英語を聞き，それぞれの内容と最もよく合っている絵を，四つの選択肢(①〜④)のうちから一つずつ選びなさい。

問5 ☐5☐

①

②

③

④

問6 　6

①

②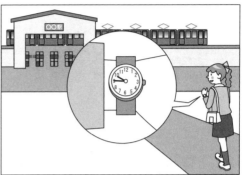

③

④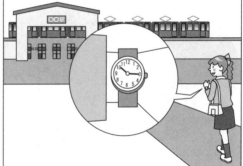

問7 | 7 |

①

②

③

④

これで第1問Bは終わりです。

（下 書 き 用 紙）

リスニングの試験問題は次に続く。

第2問 （配点 16） 音声は2回流れます。

　第2問は問8から問11までの4問です。それぞれの問いについて，対話の場面が日本語で書かれています。対話とそれについての問いを聞き，その答えとして最も適切なものを，四つの選択肢(①～④)のうちから一つずつ選びなさい。

　問8　クラスの席替えについて話をしています。　8

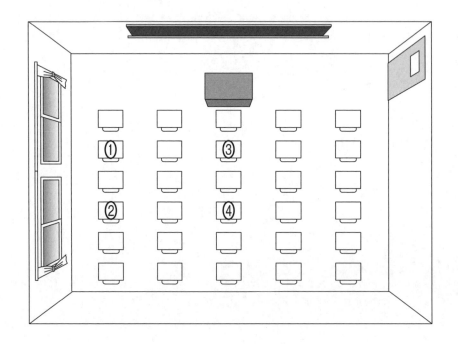

問9　男女別の人気の観光地について話をしています。　9

①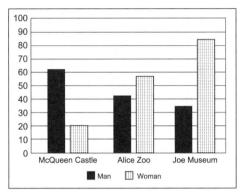

②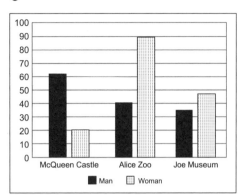

③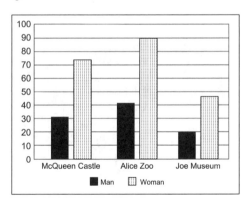

④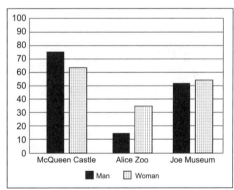

問10　幼稚園の送迎バスについて話をしています。　10

①

②

③

④

問11　父親の誕生日に贈る物について話をしています。　11

①

②

③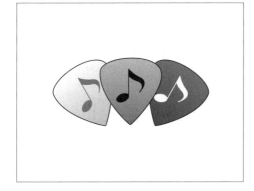

④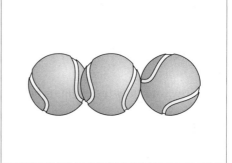

これで第2問は終わりです。

第3問 (配点 18) **音声は1回流れます。**

第3問は問12から問17までの6問です。それぞれの問いについて，対話の場面が日本語で書かれています。対話を聞き，問いの答えとして最も適切なものを，四つの選択肢 ①～④ のうちから一つずつ選びなさい。（問いの英文は書かれています。）

問12 町で偶然出会った会社の同僚が話をしています。

What will the man NOT do? [12]

① Eat out

② Give some flowers

③ Have a party

④ Send a card

問13 女性が住んだことのあるアメリカの都市について話をしています。

How long has the woman been living in the USA? [13]

① For two years

② For four years

③ For six years

④ For seven years

問14 友達同士が待ち合わせ場所で話をしています。

What did the man do? [14]

① He came much earlier than usual.

② He forgot to set his alarm clock.

③ He played soccer with his friends.

④ He stayed up late.

— ② - 14 —

問15　店で父親が娘へのプレゼントを探しています。

What does the man ask the woman to do?　15

① Contact a colleague

② Display some goods

③ Lend him a pen

④ Sell a larger size

問16　同級生が修学旅行について話をしています。

What did the speakers do on their school trip?　16

① The boy gave some animals food.

② The boy held a koala in his arms.

③ The girl enjoyed the dinner at the hotel.

④ The girl looked at the garden in the museum.

問17　夫婦がどのカフェに入るかについて話をしています。

What is the man's problem?　17

① He doesn't like the appearance of the café.

② He doesn't like to take a sightseeing bus.

③ He doesn't want to eat outside.

④ He is hungry, but they don't serve meals.

これで第３問は終わりです。

第4問 （配点 12） 音声は1回流れます。

第4問はAとBの二つの部分に分かれています。

A 第4問Aは問18から問25の8問です。話を聞き，それぞれの問いの答えとして最も適切なものを，選択肢から選びなさい。問題文とイラスト・図表を読む時間が与えられた後，音声が流れます。

問18～21 あなたは，授業で配られたワークシートのグラフを完成させようとしています。先生の説明を聞き，四つの空欄 18 ～ 21 に入れるのに最も適切なものを，四つの選択肢（①～④）のうちから一つずつ選びなさい。

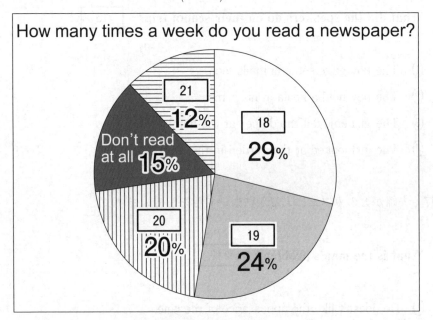

① Almost every day
② Four or five times
③ Two or three times
④ Once

問22〜25　あなたはDVDレンタルショップでアルバイトをしています。おすすめ
プランのリストについての説明を聞き，下の表の四つの空欄　22　〜
25　に入れるのに最も適切なものを，五つの選択肢（①〜⑤）のうちから一
つずつ選びなさい。選択肢は2回以上使ってもかまいません。

① $4　　② $5　　③ $8　　④ $10　　⑤ $15

Plan	DVDs rented		Price
	New DVDs	Semi-new or old DVDs	
A	5	0	22
B	2	0	23
C	1	0	
D	2	1	
E	1	2	24
F	0	5	25

これで第4問Aは終わりです。

B 　　第４問Ｂは問26の１問です。話を聞き，示された条件に最も合うものを，四つの選択肢(①〜④)のうちから一つ選びなさい。下の表を参考にしてメモを取ってもかまいません。**状況と条件を読む時間が与えられた後，音声が流れます**。

状況

　あなたは，旅行先を決めるために，旅行会社の四人の話を聞いています。

あなたが考えている条件

　A. 日本語が通じること

　B. 観光スポットが豊富であること

　C. 治安がよいこと

Destinations	Condition A	Condition B	Condition C
① Guam			
② Taiwan			
③ Thailand			
④ Vietnam			

問26 　26　 is the destination you are most likely to visit.

　① Guam

　② Taiwan

　③ Thailand

　④ Vietnam

これで第４問Ｂは終わりです。

（下書き用紙）

リスニングの試験問題は次に続く。

第5問 (配点 15) **音声は1回流れます。**

第5問は問27から問33の7問です。

最初に講義を聞き、問27から問31に答えなさい。次に問32と問33の音声を聞き、問いに答えなさい。**状況、ワークシート、問い及び図表を読む時間が与えられた後、音声が流れます。**

状況

あなたは大学で、ジェンダー差別 (gender discrimination) に関する講義を、ワークシートにメモを取りながら聞いています。

ワークシート

○ **Why do some women say that "gender discrimination" does not exist?**
· Discrimination is the different treatment of people based typically on their:

Race	Age	Gender	Disability

· Women who denied the existence of discrimination 〔 27 〕   .

○ **Effects of Discrimination**
· Can be a cause of [28] like mental disorder
· Many women have suffered limited rights, [29], lower wage compared to men

○ **Benefits of Reduced Gender Discrimination**

for Employees	[30]	job satisfaction
for Businesses	fewer absences of employees	[31]

問27 ワークシートの空欄 27 に入れるのに最も適切なものを，四つの選択肢 (①〜④) のうちから一つ選びなさい。

① accepted that they should be paid less
② lived in countries with no gender discrimination
③ were generally happier with their lives
④ worked harder to change the situation

問28〜31 ワークシートの空欄 28 〜 31 に入れるのに最も適切なものを，六つの選択肢 (①〜⑥) のうちから一つずつ選びなさい。選択肢は２回以上使ってもかまいません。

① enjoyable and effective work environment
② improvements in productivity
③ limited opportunities for education
④ lower staff salaries
⑤ severe health problems
⑥ support networks

問32 講義後に，あなたは要約を書くために，グループのメンバーＡ，Ｂと，講義内容を口頭で確認しています。それぞれの発言が講義の内容と一致するかどうかについて，最も適切なものを四つの選択肢 (①〜④) のうちから一つ選びなさい。 32

① Ａの発言のみ一致する
② Ｂの発言のみ一致する
③ どちらの発言も一致する
④ どちらの発言も一致しない

第５問はさらに続きます。

問33 講義の後で，Nick と Jane が下の図表を見ながらディスカッションをしています。ディスカッションの内容及び講義の内容からどのようなことが言えるか，最も適切なものを，四つの選択肢（①〜④）のうちから一つ選びなさい。
33

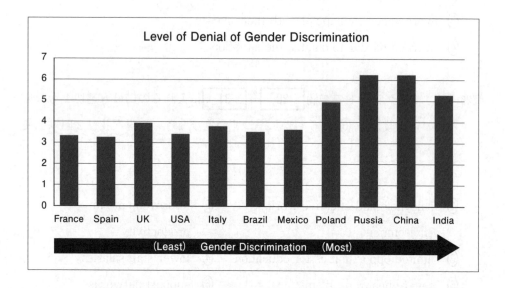

① Men's unawareness of the existence of discrimination leads to women's continued denial of the problem.

② People in Asian countries don't suffer greater discrimination than people in other countries.

③ The more discrimination women experience, the more likely they are to deny it.

④ Women in the least racist countries appear to be satisfied with their lives.

これで第5問は終わりです。

（下 書 き 用 紙）

リスニングの試験問題は次に続く。

第6問 （配点 14） **音声は1回流れます。**

第6問は**A**と**B**の二つの部分に分かれています。

A　　第6問**A**は**問34・問35**の2問です。二人の対話を聞き，それぞれの問いの答えとして最も適切なものを，四つの選択肢（**①～④**）のうちから一つずつ選びなさい。（問いの英文は書かれています。）**状況と問いを読む時間が与えられた後，音声が流れます。**

状況
　二人の高校生が，子供用スマートフォン（smartphones for children）について話しています。

問34　**What is Sarah's main point?**　　34

① Children should use smartphones which have a lot of functions.

② Children who break the rules for using smartphones should be punished.

③ Smartphones are convenient for telling children where their parents are.

④ Smartphones for children can reduce their parents' concerns.

問35　**What is Eita's main point?**　　35

① Children can make a lot of friends through their smartphones.

② Children should be given smartphones as early as possible.

③ Smartphones for children can be of limited size.

④ Smartphones may not be safe for children.

これで第6問**A**は終わりです。

（下 書 き 用 紙）

リスニングの試験問題は次に続く。

B 第6問Bは問36・問37の2問です。会話を聞き，それぞれの問いの答えとして最も適切なものを，選択肢のうちから一つずつ選びなさい。後の表を参考にしてメモを取ってもかまいません。**状況と問いを読む時間が与えられた後，音声が流れます。**

状況

四人の学生（Mark, Sarah, Aya, Larry）が，カフェテリアで昼食をとりながら話をしています。

Mark	
Sarah	
Aya	
Larry	

問38 会話が終わった時点で，オーガニック食品に**肯定的な人**を，四つの選択肢（①～④）のうちから一つ選びなさい。 36

① Aya, Mark

② Larry, Sarah

③ Aya, Larry, Mark

④ Larry, Mark, Sarah

問39 会話を踏まえて，Larryの考えの根拠となる図表を，四つの選択肢（①～④）のうちから一つ選びなさい。37

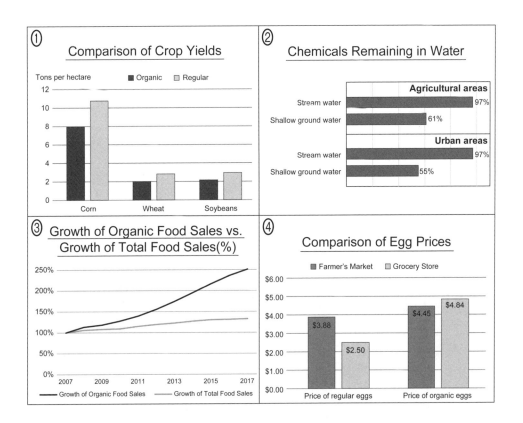

※この問題冊子の『注意事項』は，実際の共通テストを想定して掲載しました。
なお，本番の形式と同じく，問題ページは 4 ページを始まりとしています。

模試　第3回

$\left(\begin{matrix}100点\\30分\end{matrix}\right)$

〔英　語（リスニング）〕

リスニング音声は，右の二次元コードを読み込むか，下記URLから
2026 年3月末まで聞くことができます。
https://ex2.zkai.co.jp/books/2025JM/2025JM3_full.mp3

（※設問ごとの個別音声には，目次ページの二次元コードからアクセスできます。）

注 意 事 項

1　解答用紙に，正しく記入・マークされていない場合は，採点できないことがあります。

2　問題冊子の異常で**解答に支障がある場合**は，ためらわずに**黙って手を高く挙げな
さい**。監督者が筆談用の用紙を渡しますので，トラブルの内容を記入しなさい。試
験が終わってから申し出ることはできません。

3　この試験では，**聞き取る英語の音声を2回流す問題と，1回流す問題があります。**
流す回数は下の表のとおりです。また，流す回数は，各問題の指示文にも書かれて
います。

問題	第1問	第2問	第3問	第4問	第5問	第6問
流す回数	2回	2回	1回	1回	1回	1回

4　問題音声には，**問題文を読むため，または解答をするために音の流れない時間が**
あります。

5　解答は，**設問ごとに解答用紙にマークしなさい**。問題冊子に記入しておいて，途
中や最後に**まとめて解答用紙に転記してはいけません**（まとめて転記する時間は用
意されていません。）。

6　解答用紙の汚れに気付いた場合は，そのまま解答を続け，解答終了後，監督者に
知らせなさい。解答時間中に解答用紙の交換は行いません。

7　解答時間中は，試験問題に関する質問は一切受け付けません。

8　**不正行為について**

①　不正行為に対しては厳正に対処します。

②　不正行為に見えるような行為が見受けられた場合は，監督者がカードを用いて
注意します。

③　不正行為を行った場合は，その時点で受験を取りやめさせ退室させます。

9　試験終了後，問題冊子は持ち帰りなさい。

英　語（リスニング）

（解答番号　1　〜　37　）

第 1 問 （配点　25）　音声は 2 回流れます。

第 1 問は **A** と **B** の二つの部分に分かれています。

A　　第 1 問 **A** は問 1 から問 4 までの 4 問です。英語を聞き，それぞれの内容と最もよく合っているものを，四つの選択肢（①〜④）のうちから一つずつ選びなさい。

問 1　　1

① The speaker doesn't like a particular food.

② The speaker is buying hamburgers and pickles.

③ The speaker is ordering one hamburger without pickles.

④ The speaker works at a fast food restaurant.

問 2　　2

① The speaker is concerned about a problem with the trains.

② The speaker wants to take an earlier train.

③ The speaker wants to change the day of a meeting.

④ The speaker was late preparing for a meeting.

— ③ － 4 —

問 3　　3

① Keiko has a headache before going to work.

② Keiko isn't going to work because of a stomachache.

③ Keiko stopped by a drugstore this morning.

④ Keiko will probably go to a clinic when she goes out.

問 4　　4

① The speaker is trying to make a decision about a trip.

② The speaker hasn't decided who to travel with.

③ The speaker wants to buy a round-trip train ticket.

④ The speaker will travel around Japan by car.

これで第 1 問 A は終わりです。

B 第1問Bは問5から問7までの3問です。英語を聞き，それぞれの内容と最もよく合っている絵を，四つの選択肢（①〜④）のうちから一つずつ選びなさい。

問5　5

問6　　6

①

②

③

④

問7 　7

①

②

③

④

これで第1問Bは終わりです。

（下 書 き 用 紙）

リスニングの試験問題は次に続く。

第2問 （配点 16） 音声は2回流れます。

第2問は問8から問11までの4問です。それぞれの問いについて，対話の場面が日本語で書かれています。対話とそれについての問いを聞き，その答えとして最も適切なものを，四つの選択肢 ①〜④ のうちから一つずつ選びなさい。

問8　ライブ会場で空いている席に座ろうとしています。　8

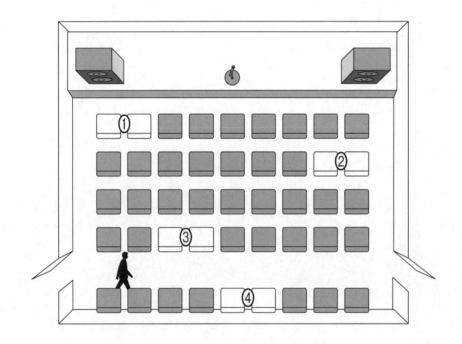

問9 イベントの来場者数について話をしています。　9

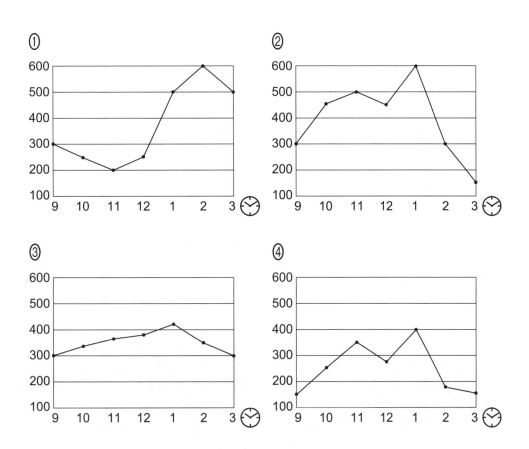

問10　夏に住む別荘について話をしています。　10

①

②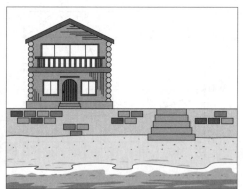

③

④

問11 始めたいスポーツについて話をしています。 11

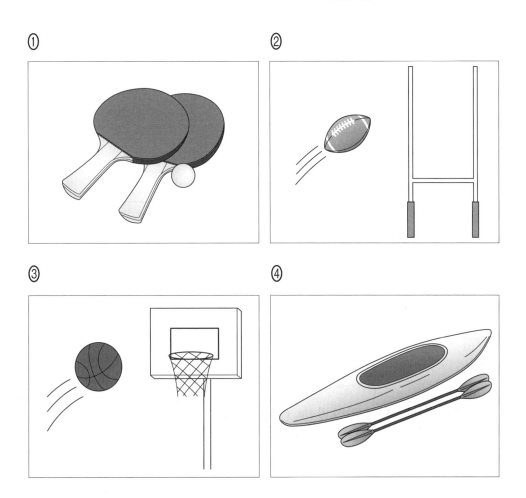

これで第2問は終わりです。

第3問 （配点 18） **音声は1回流れます。**

第3問は問12から問17までの6問です。それぞれの問いについて，対話の場面が日本語で書かれています。対話を聞き，問いの答えとして最も適切なものを，四つの選択肢（①～④）のうちから一つずつ選びなさい。（問いの英文は書かれています。）

問12　母と息子が遠足に着ていく服を選んでいます。

What is the boy going to wear on the field trip?　[12]

① A black T-shirt and jeans
② A black T-shirt, jeans, and a belt
③ A white T-shirt and shorts
④ A white T-shirt, shorts, and a belt

問13　カップルがこれから見る映画を決めています。

What kind of movie will the couple go to?　[13]

① A comedy
② A love story
③ An action film
④ An SF film

問14　教授と大学生が遅刻について話をしています。

What happened to the male student this morning?　[14]

① He missed his usual train.
② His alarm clock didn't go off.
③ His communication device couldn't be used.
④ His professor didn't answer her phone.

— ③ - 14 —

問15　看護師が患者と話をしています。

What will the nurse most likely do next?　15

① Get an appointment

② Give the man some medicine

③ Take the man's temperature

④ Talk with the doctor

問16　近所に住む人同士が話をしています。

What will the man do next?　16

① Ask the woman how to get to the station

② Go to the supermarket

③ Tell his family about the opening sale

④ Try to buy some food

問17　同僚同士が職場で，仕事終わりに話をしています。

What is true about the man?　17

① He does not need his umbrella today.

② He forgot to bring his umbrella today.

③ He will leave his car at the office.

④ He will lend his car to the woman.

これで第3問は終わりです。

第４問　(配点　12)　音声は１回流れます。

第４問はＡとＢの二つの部分に分かれています。

Ａ　　第４問Ａは問18から問25の８問です。話を聞き，それぞれの問いの答えとして最も適切なものを，選択肢から選びなさい。**問題文と図表を読む時間が与えられた後，音声が流れます。**

問18〜21　男の子が，美術の宿題を作成する過程で起きたトラブルについて話をしています。話を聞き，その内容を表したイラスト①〜④を，聞こえてくる順番に並べなさい。

①

②

③

④

問22〜25　あなたはチョコレートメーカーでアルバイトをしています。クリスマス用ギフト商品の価格についての説明を聞き，下の表の四つの空欄　22 〜 25 に入れるのに最も適切なものを，五つの選択肢（①〜⑤）のうちから一つずつ選びなさい。選択肢は2回以上使ってもかまいません。

① $2　　② $6　　③ $8　　④ $10　　⑤ $12

Type of Box		Number of Chocolates	Cost
White Chocolate	Box A	6	
	Box B	10	22
Milk Chocolate	Box C	5	23
	Box D	12	24
Dark Chocolate	Box E	8	25
	Box F	10	

これで第4問Aは終わりです。

— ③ - 17 —

B　第4問Bは問26の1問です。話を聞き，示された条件に最も合うものを，四つの選択肢(①〜④)のうちから一つ選びなさい。後の表を参考にしてメモを取ってもかまいません。**状況と条件を読む時間が与えられた後，音声が流れます**。

状況

あなたは引っ越し先の地域を選んでいます。地域を選ぶために不動産店の四人の話を聞いています。

あなたが考えている条件

A. 近くに自然に触れられる場所がある。

B. 電車の駅からの交通網が発達している。

C. 買い物が便利である。

		Condition A	Condition B	Condition C
①	Bellevue			
②	Magnolia			
③	Petersville			
④	Renton			

問26 　26　 is the area you are most likely to choose.

① Bellevue

② Magnolia

③ Petersville

④ Renton

これで第4問Bは終わりです。

（下 書 き 用 紙）

リスニングの試験問題は次に続く。

第5問 （配点 15） 音声は1回流れます。

第5問は問27から問33の7問です。

最初に講義を聞き，問27から問31に答えなさい。次に問32と問33の音声を聞き，問いに答えなさい。状況，ワークシート，問い及び図表を読む時間が与えられた後，音声が流れます。

状況

　あなたは大学で，エキゾチックペットに関する講義を，ワークシートにメモを取りながら聞いています。

ワークシート

Exotic Pets

◇ **Definition**

◆ pets that are 〔 27 〕

◇ **Reasons for Popularity**

◆ The | 28 | of an exotic pet is in how it looks.

◆ Exotic pets are unusual and have | 29 |.

◇ **Problems**

◆ may cause disease

◆ may damage the | 30 |

◆ may be under | 31 |

― ③ － 20 ―

問27 ワークシートの空欄 27 に入れるのに最も適切なものを，四つの選択肢 (①〜④) のうちから一つ選びなさい。

① dangerous to people
② not native to the country
③ not regarded as normal
④ very expensive

問28〜31 ワークシートの空欄 28 〜 31 に入れるのに最も適切なものを，六つの選択肢 (①〜⑥) のうちから一つずつ選びなさい。選択肢は2回以上使ってもかまいません。

① charm　　　② disaster　　　③ ecosystem
④ rarity value　⑤ sickness　　　⑥ stress

問32 講義後に，あなたは要約を書くために，グループのメンバーA，Bと，講義内容を口頭で確認しています。それぞれの発言が講義の内容と一致するかどうかについて，最も適切なものを四つの選択肢 (①〜④) のうちから一つ選びなさい。 32

① Aの発言のみ一致する
② Bの発言のみ一致する
③ どちらの発言も一致する
④ どちらの発言も一致しない

第5問はさらに続きます。

問33 講義の後で，Anna と John が下の図表を見ながらディスカッションをしています。ディスカッションの内容及び講義の内容からどのようなことが言えるか，最も適切なものを，四つの選択肢(①～④)のうちから一つ選びなさい。
 33

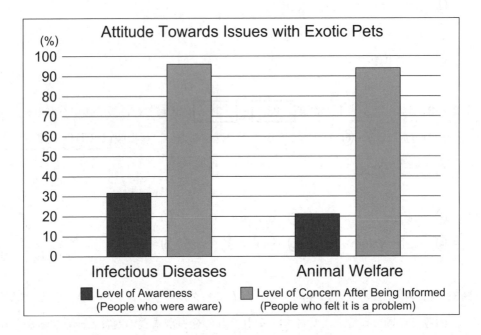

① Education has very little effect on people's consciousness regarding exotic pets.

② For exotic pets, animal welfare is not as important an issue as infectious diseases.

③ Most people do not know about the problems posed by exotic pets despite their popularity.

④ Regarding exotic animals, more people are concerned about the legal issues than about safety issues.

これで第5問は終わりです。

（下書き用紙）

リスニングの試験問題は次に続く。

第6問 （配点 14） 音声は１回流れます。

第6問はＡとＢの二つの部分に分かれています。

A 　第6問Ａは問34・問35の２問です。二人の対話を聞き，それぞれの問いの答えとして最も適切なものを，四つの選択肢（①～④）のうちから一つずつ選びなさい。（問いの英文は書かれています。）**状況と問いを読む時間が与えられた後，音声が流れます。**

状況
　Coach Smith と Ms. Anderson が，ラグビーについて話をしています。

問34　**Which statement would Coach Smith agree with the most?** 　34

① Playing rugby is more important than training for it.

② Rugby is all the more fun because it is dangerous.

③ Rugby is completely safe because the players wear helmets.

④ The benefits of playing rugby exceed the risks.

問35　**Which statement best describes Ms. Anderson's opinion about her son playing rugby by the end of the conversation?** 　35

① It is almost ideal.

② It is out of the question.

③ It is still dangerous.

④ It is worth considering.

これで第6問Ａは終わりです。

（下 書 き 用 紙）

リスニングの試験問題は次に続く。

B 　第6問Bは**問36・問37**の2問です。会話を聞き，それぞれの問いの答えとして最も適切なものを，選択肢のうちから一つずつ選びなさい。後の表を参考にしてメモを取ってもかまいません。**状況と問いを読む時間が与えられた後，音声が流れます。**

状況
　ラウンジで，四人の学生（Jake, Yumi, Mary, Stan）が，環境問題について話しています。

Jake	
Yumi	
Mary	
Stan	

問36　会話が終わった時点で，道路の使用を規制することに**賛成している人**を，四つの選択肢(①～④)のうちから一つ選びなさい。　 36

① Jake

② Stan

③ Jake, Mary

④ Mary, Yumi

問37 会話を踏まえて，Jake の考えの根拠となる図表を，四つの選択肢(①〜④)のうちから一つ選びなさい。 37

①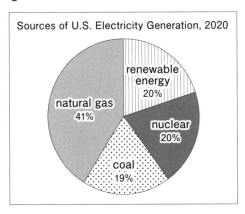

②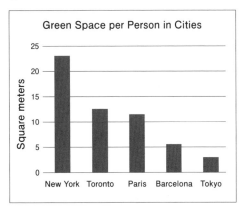

③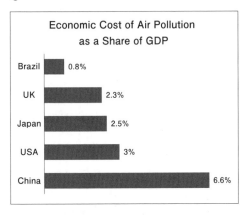

④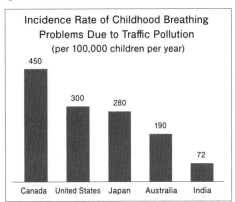

これで第6問Bは終わりです。

※この問題冊子の『注意事項』は，実際の共通テストを想定して掲載しました。
なお，本番の形式と同じく，問題ページは 4 ページを始まりとしています。

模試　第 4 回

(100点/30分)

〔英　　語（リスニング）〕

リスニング音声は，右の二次元コードを読み込むか，下記URLから 2026 年 3 月末まで聞くことができます。
https://ex2.zkai.co.jp/books/2025JM/2025JM4_full.mp3

（※設問ごとの個別音声には，目次ページの二次元コードからアクセスできます。）

注　意　事　項

1　解答用紙に，正しく記入・マークされていない場合は，採点できないことがあります。

2　問題冊子の異常で解答に支障がある場合は，ためらわずに黙って手を高く挙げなさい。監督者が筆談用の用紙を渡しますので，トラブルの内容を記入しなさい。試験が終わってから申し出ることはできません。

3　この試験では，聞き取る英語の音声を 2 回流す問題と，1 回流す問題があります。流す回数は下の表のとおりです。また，流す回数は，各問題の指示文にも書かれています。

問題	第 1 問	第 2 問	第 3 問	第 4 問	第 5 問	第 6 問
流す回数	2 回	2 回	1 回	1 回	1 回	1 回

4　問題音声には，問題文を読むため，または解答をするために音の流れない時間があります。

5　解答は，設問ごとに解答用紙にマークしなさい。問題冊子に記入しておいて，途中や最後にまとめて解答用紙に転記してはいけません（まとめて転記する時間は用意されていません。）。

6　解答用紙の汚れに気付いた場合は，そのまま解答を続け，解答終了後，監督者に知らせなさい。解答時間中に解答用紙の交換は行いません。

7　解答時間中は，試験問題に関する質問は一切受け付けません。

8　**不正行為について**

① 不正行為に対しては厳正に対処します。

② 不正行為に見えるような行為が見受けられた場合は，監督者がカードを用いて注意します。

③ 不正行為を行った場合は，その時点で受験を取りやめさせ退室させます。

9　試験終了後，問題冊子は持ち帰りなさい。

英　語（リスニング）

（解答番号　1　～　37　）

第1問　(配点　25)　音声は2回流れます。

第1問はAとBの二つの部分に分かれています。

A　第1問Aは問1から問4までの4問です。英語を聞き，それぞれの内容と最もよく合っているものを，四つの選択肢(①~④)のうちから一つずつ選びなさい。

問1　　1

① The speaker doesn't think Mayumi can get a driver's license.
② The speaker doesn't want Mayumi to drive a car.
③ The speaker thinks Mayumi can get a driver's license easily.
④ The speaker thinks Mayumi needs to get a driver's license.

問2　　2

① The exhibition had a large number of visitors.
② The exhibition was not open to everyone.
③ The exhibition was unsuccessful as expected.
④ The exhibition was visited by only a few people.

— ④-4 —

問 3 　 3

① The speaker doesn't want to eat dinner at home.

② The speaker is going to eat out at a restaurant.

③ The speaker is going to order food delivery.

④ The speaker is reluctant to go out for dinner.

問 4 　 4

① Robin had his meeting on Thursday.

② Robin moved to a new place on Saturday.

③ Robin's meeting was put off to the weekend.

④ Robin's meeting was rescheduled to Thursday.

これで第 1 問 A は終わりです。

B 第1問Bは問5から問7までの3問です。英語を聞き、それぞれの内容と最もよく合っている絵を、四つの選択肢(①〜④)のうちから一つずつ選びなさい。

問5 5

①

②

③

④

問 6　6

問7 ７

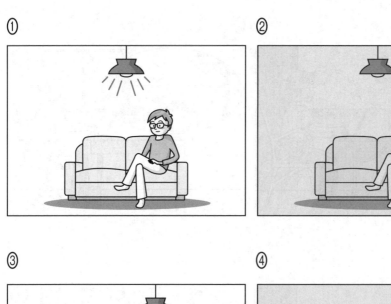

これで第１問Ｂは終わりです。

（下 書 き 用 紙）

リスニングの試験問題は次に続く。

第2問 （配点 16） 音声は2回流れます。

　第2問は問8から問11までの4問です。それぞれの問いについて、対話の場面が日本語で書かれています。対話とそれについての問いを聞き、その答えとして最も適切なものを、四つの選択肢(①〜④)のうちから一つずつ選びなさい。

　問8　家のバルコニーを増築する場所について話をしています。　8

問 9　地元の町への観光客数について話をしています。　9

①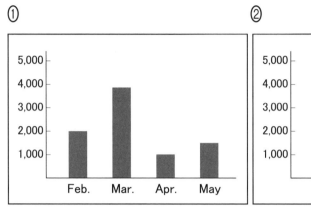

②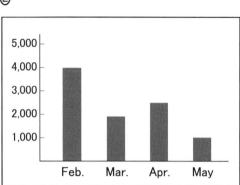

③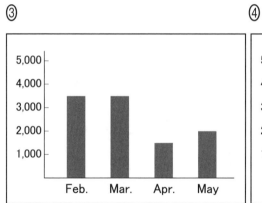

④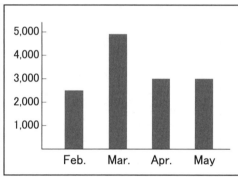

問10 社員が新しいバッジの形について話をしています。 10

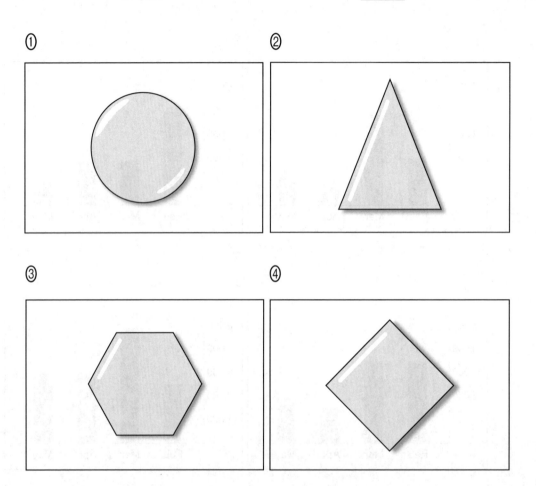

問11　祖母へのお土産について話をしています。　11

これで第２問は終わりです。

第3問 （配点 18） **音声は1回流れます。**

　第3問は**問12**から**問17**までの6問です。それぞれの問いについて，対話の場面が日本語で書かれています。対話を聞き，問いの答えとして最も適切なものを，四つの選択肢(①〜④)のうちから一つずつ選びなさい。（問いの英文は書かれています。）

問12　夫婦が花瓶について電話で話をしています。

What color are the vases the woman will buy?　| 12 |

① Blue and gray

② Gray and yellow

③ Red and blue

④ Yellow and blue

問13　大学の構内で友達同士が話をしています。

Where will the man go next?　| 13 |

① To the administration building

② To the east building

③ To the main building

④ To the west building

問14　男性が売り場の店員に話しかけています。

How does the man feel about black shoes?　| 14 |

① He doesn't like the color.

② He thinks they are the most expensive.

③ He would like to buy a pair.

④ He would like to buy them now.

問15 父親と娘が週末の予定について話をしています。

Which is true according to the conversation? 15

① The girl might change her plans with Mary.

② The girl's father does not want her to go to the beach.

③ The girl's father will speak to Mary on the phone.

④ The girl's father will take her to the beach.

問16 出張先への交通手段について話をしています。

What do the two people agree about? 16

① They are going to get to their destination ahead of time.

② They are going to leave on Monday by train.

③ They are going to take the first train on Tuesday.

④ They are going to use a company car.

問17 イギリスに留学中の学生が，ホストマザーと話をしています。

Why is the host mother surprised? 17

① Akira cut the grass in her yard.

② She learned about a cultural difference.

③ She was asked to cut the grass.

④ Something was missing from her garden.

これで第3問は終わりです。

第 4 問 （配点 12） 音声は 1 回流れます。

第 4 問は **A** と **B** の二つの部分に分かれています。

A　第 4 問 **A** は**問18**から**問25**の 8 問です。話を聞き，それぞれの問いの答えとして最も適切なものを，選択肢から選びなさい。**問題文と図表を読む時間が与えられた後，音声が流れます。**

問18～21　あなたは，授業で配られたワークシートのグラフを完成させようとしています。発表者の説明を聞き，四つの空欄 18 ～ 21 に入れるのに最も適切なものを，四つの選択肢（①〜④）のうちから一つずつ選びなさい。

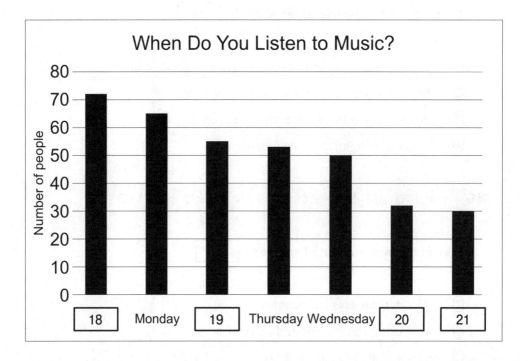

① Tuesday
② Friday
③ Saturday
④ Sunday

問22～25 あなたは，リゾート地のホテルでのアルバイト条件（出勤日数や日給）
について説明を受けています。それを聞き，下の表の四つの空欄 22 ～
25 に入れるのに最も適切なものを，五つの選択肢(①～⑤)のうちから一
つずつ選びなさい。選択肢は2回以上使ってもかまいません。

① $800　② $1,000　③ $1,200　④ $1,400　⑤ $2,000

Hotel	Month	Pay per Day	Total Pay
Hotel Forest	August	$60	$1,200
	September	$50	22
Mountain Inn	August	$60	23
	September	$80	$800
Hotel Luxury	August	$100	24
	September	$100	25

これで第4問Aは終わりです。

— ④ - 17 —

B　　第4問Bは問26の1問です。話を聞き，示された条件に最も合うものを，四つの選択肢（①〜④）のうちから一つ選びなさい。下の表を参考にしてメモを取ってもかまいません。**状況と条件を読む時間が与えられた後，音声が流れます。**

状況

あなたは自分が作った曲に歌詞をつけてくれる人を探しています。その人を選ぶために四人の候補者の話を聞いています。

あなたが考えている条件

A. 作詞・録音を含めて2週間以内でできる人
B. 本人，もしくは依頼した代理の人が，録音できること
C. 作詞・録音を含めて50ドル以内で請け負ってくれる人

	Condition A	Condition B	Condition C
① Bob			
② Helen			
③ Kate			
④ Steve			

問26　| 26 |　is the person you are most likely to choose.

① Bob

② Helen

③ Kate

④ Steve

これで第4問Bは終わりです。

（下 書 き 用 紙）

リスニングの試験問題は次に続く。

第5問 (配点 15) 音声は1回流れます。

第5問は問27から問33の7問です。

最初に講義を聞き，問27から問31に答えなさい。次に問32と問33の音声を聞き，問いに答えなさい。**状況，ワークシート，問い及び図表を読む時間が与えられた後，音声が流れます。**

状況

あなたは大学で，顔認証に関する講義を，ワークシートにメモを取りながら聞いています。

ワークシート

Facial Recognition on Trains

◇ **Method**

◆ Register: passengers register photo and payment information

◆ Board: a camera scans their face

◆ Exit: 〔 **27** 〕

◇ **Benefits**

◆ don't need to carry **28**

◆ need less time to pass the **29**

◇ **Problems**

◆ don't want to share their **30**

◆ some cannot afford the **31**

— ④ - 20 —

問27 ワークシートの空欄 27 に入れるのに最も適切なものを，四つの選択肢(①〜④)のうちから一つ選びなさい。

① the fare is paid automatically
② the passenger pays by credit card
③ the passenger registers with the app
④ the passenger takes a photo

問28〜31 ワークシートの空欄 28 〜 31 に入れるのに最も適切なものを，六つの選択肢(①〜⑥)のうちから一つずつ選びなさい。選択肢は2回以上使ってもかまいません。

① card   ② entrance   ③ information
④ money   ⑤ opinion   ⑥ technology

問32 講義後に，あなたは要約を書くために，グループのメンバーA，Bと，講義内容を口頭で確認しています。それぞれの発言が講義の内容と一致するかどうかについて，最も適切なものを四つの選択肢(①〜④)のうちから一つ選びなさい。 32

① Aの発言のみ一致する
② Bの発言のみ一致する
③ どちらの発言も一致する
④ どちらの発言も一致しない

第5問はさらに続きます。

問33 講義の後で，Sam と Alice が下の図表を見ながらディスカッションをしています。ディスカッションの内容及び講義の内容からどのようなことが言えるか，最も適切なものを，四つの選択肢(①〜④)のうちから一つ選びなさい。 33

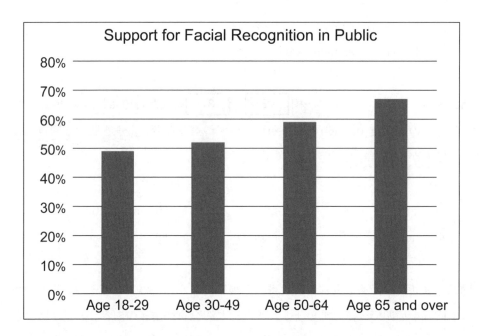

① Older people are more likely to have trouble registering for facial recognition services.

② Support for public facial recognition has been increasing recently especially among the older generation.

③ Young people are more likely to own smartphones, so they support facial recognition less.

④ Young people seem to have more concerns about privacy issues than older people do.

これで第５問は終わりです。

（下 書 き 用 紙）

リスニングの試験問題は次に続く。

第6問 （配点 14） 音声は1回流れます。

第6問はAとBの二つの部分に分かれています。

A 　第6問Aは問34・問35の2問です。二人の対話を聞き，それぞれの問いの答えとして最も適切なものを，四つの選択肢 ①～④ のうちから一つずつ選びなさい。（問いの英文は書かれています。）**状況と問いを読む時間が与えられた後，音声が流れます。**

> 状況
> 　二人の大学生が，男性の育児休暇（paternity leave）について話しています。

問34　**What is Fumi's main point?**　34

① Paternity leave does not always improve the father-baby relationship.

② Paternity leave helps workers enhance their reputation.

③ Paternity leave is not a realistic option for some people.

④ Paternity leave is recommended only if it's a short period of time.

問35　**What is Tyler's main point?**　35

① Companies must take action to change the current situation regarding paternity leave.

② Companies should give longer paternity leave than maternity leave.

③ Fathers are not helpful when it comes to taking care of new babies.

④ Fathers should not take paternity leave for granted.

これで第6問Aは終わりです。

（下 書 き 用 紙）

リスニングの試験問題は次に続く。

B 　第6問**B**は**問36・問37**の２問です。会話を聞き，それぞれの問いの答えとして最も適切なものを，選択肢のうちから一つずつ選びなさい。後の表を参考にしてメモを取ってもかまいません。**状況と問いを読む時間が与えられた後，音声が流れます。**

> 状況
> 　四人の学生（Mark, Misa, Julia, Minoru）が，クリックアンドコレクトについて意見交換をしています。

Mark	
Misa	
Julia	
Minoru	

問36　会話が終わった時点で，クリックアンドコレクトを利用することに**積極的でない人**を，四つの選択肢（①〜④）のうちから一つ選びなさい。　 36

① Julia

② Mark

③ Mark, Minoru

④ Minoru, Misa

— ④ - 26 —

問37 会話を踏まえて、Markの意見を最もよく表している図表を、四つの選択肢（①〜④）のうちから一つ選びなさい。 37

①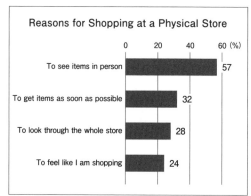

②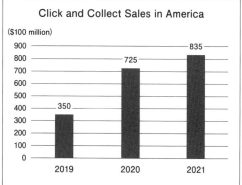

③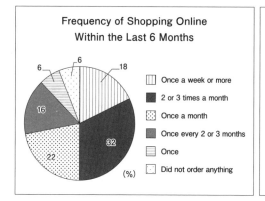

④

	Items Bought Most Online	
1	Home appliances	60%
2	Books	59%
3	PC appliances	57%
4	Daily necessities	54%
5	CDs / DVDs	50%

これで第６問Ｂは終わりです。

※この問題冊子の『注意事項』は，実際の共通テストを想定して掲載しました。なお，本番の形式と同じく，問題ページは 4 ページを始まりとしています。

模試　第 5 回

(100点)
(30分)

〔英　　語（リスニング）〕

リスニング音声は，右の二次元コードを読み込むか，下記URLから2026年3月末まで聞くことができます。
https://ex2.zkai.co.jp/books/2025JM/2025JM5_full.mp3

（※設問ごとの個別音声には，目次ページの二次元コードからアクセスできます。）

注　意　事　項

1　解答用紙に，正しく記入・マークされていない場合は，採点できないことがあります。

2　問題冊子の異常で解答に支障がある場合は，ためらわずに黙って手を高く挙げなさい。監督者が筆談用の用紙を渡しますので，トラブルの内容を記入しなさい。試験が終わってから申し出ることはできません。

3　この試験では，聞き取る英語の音声を 2 回流す問題と，1 回流す問題があります。流す回数は下の表のとおりです。また，流す回数は，各問題の指示文にも書かれています。

問題	第1問	第2問	第3問	第4問	第5問	第6問
流す回数	2 回	2 回	1 回	1 回	1 回	1 回

4　問題音声には，問題文を読むため，または解答をするために音の流れない時間があります。

5　解答は，設問ごとに解答用紙にマークしなさい。問題冊子に記入しておいて，途中や最後にまとめて解答用紙に転記してはいけません（まとめて転記する時間は用意されていません。）。

6　解答用紙の汚れに気付いた場合は，そのまま解答を続け，解答終了後，監督者に知らせなさい。解答時間中に解答用紙の交換は行いません。

7　解答時間中は，試験問題に関する質問は一切受け付けません。

8　不正行為について
　① 不正行為に対しては厳正に対処します。
　② 不正行為に見えるような行為が見受けられた場合は，監督者がカードを用いて注意します。
　③ 不正行為を行った場合は，その時点で受験を取りやめさせ退室させます。

9　試験終了後，問題冊子は持ち帰りなさい。

英　語（リスニング）

（解答番号 [1] ～ [37]）

第1問 （配点 25） 音声は2回流れます。

第1問はAとBの二つの部分に分かれています。

A　第1問Aは問1から問4までの4問です。英語を聞き，それぞれの内容と最もよく合っているものを，四つの選択肢（①～④）のうちから一つずつ選びなさい。

問1　[1]

① The speaker cannot find the post office.

② The speaker received a letter.

③ The speaker wants to send a letter.

④ The speaker works at the post office.

問2　[2]

① The speaker found some glasses on a desk.

② The speaker is sitting at a desk.

③ The speaker is trying to find his glasses.

④ The speaker wants to buy glasses.

— ⑤ - 4 —

問 3　　3

① Kenji is now on vacation.

② Kenji is watching a movie.

③ Kenji plans to take a vacation.

④ Kenji will work all this summer.

問 4　　4

① Sarah called the speaker about a meeting.

② Sarah knows that the meeting will be tomorrow.

③ Sarah will call the speaker tomorrow.

④ Sarah will get a call from the speaker today.

これで第 1 問 A は終わりです。

B 第1問Bは問5から問7までの3問です。英語を聞き，それぞれの内容と最もよく合っている絵を，四つの選択肢(①〜④)のうちから一つずつ選びなさい。

問5 [5]

①

②

③

④

問6　　6

①

②

③

④

問7 ☐7☐

①
②
③
④

これで第１問Bは終わりです。

（下書き用紙）

リスニングの試験問題は次に続く。

第2問 （配点 16） 音声は2回流れます。

第2問は問8から問11までの4問です。それぞれの問いについて，対話の場面が日本語で書かれています。対話とそれについての問いを聞き，その答えとして最も適切なものを，四つの選択肢（①〜④）のうちから一つずつ選びなさい。

問8　新しいコンピューターの購入について話をしています。　8

問9 どの帽子をかぶるかについて話をしています。　9

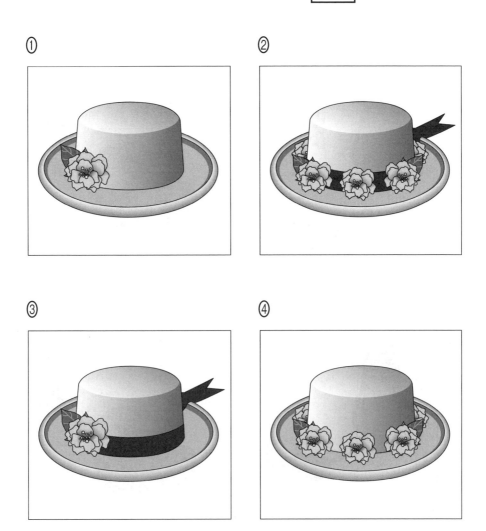

問10 生徒同士が，遠足に何を持参するかについて話をしています。 10

①

②

③

④

問11　美術館を訪れた人が案内係に質問をしています。　11

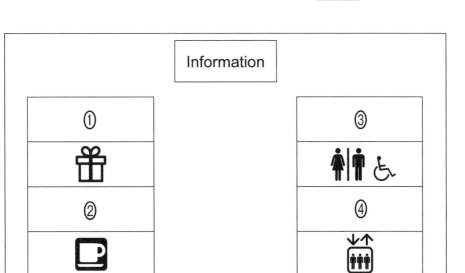

これで第2問は終わりです。

第3問 （配点 18） <u>音声は1回流れます。</u>

第3問は問12から問17までの6問です。それぞれの問いについて，対話の場面が日本語で書かれています。対話を聞き，問いの答えとして最も適切なものを，四つの選択肢（①～④）のうちから一つずつ選びなさい。（問いの英文は書かれています。）

問12　生徒同士が放課後に話をしています。

What will Yuki do on September 10th?　　12

① Attend a party

② Host a student

③ Return home

④ Travel to Germany

問13　ツアーガイドが旅行者と今日の予定について話をしています。

Where will the group visit first?　　13

① A house

② A museum

③ A restaurant

④ Gardens

問14　レストランで客とウェイターが注文した料理について話をしています。

What is true according to the conversation?　　14

① The man brought a soup and a salad.

② The man wrote down the correct order.

③ The woman decided to order different food.

④ The woman wanted to have soup.

— ⑤ － 14 —

問15　高校生が教員と将来について話をしています。

What does the woman think about the student's plan? 　15

① He does not study hard enough to become a nurse.

② He will be good at helping other people.

③ He will learn a lot from the classes he is taking.

④ The classes for nurses are not very interesting.

問16　友人同士でバスケットボールの試合について話をしています。

Why is the woman upset? 　16

① She didn't get basketball tickets.

② She isn't a member of the team.

③ The man didn't go to basketball practice.

④ The man didn't invite her to the game.

問17　祖父と孫がテレビ番組について話をしています。

What did the grandfather do? 　17

① He misunderstood an actor's role.

② He played a cat in a show.

③ He told the girl some jokes.

④ He wore a brown jacket.

これで第3問は終わりです。

第4問 （配点 12） 音声は1回流れます。

第4問はAとBの二つの部分に分かれています。

A 　第4問Aは問18から問25の8問です。話を聞き，それぞれの問いの答えとして最も適切なものを，選択肢から選びなさい。**問題文と図表を読む時間が与えられた後，音声が流れます。**

問18〜21　あなたは，授業で配られたワークシートのグラフを完成させようとしています。先生の説明を聞き，四つの空欄 18 〜 21 に入れるのに最も適切なものを，四つの選択肢 ①〜④ のうちから一つずつ選びなさい。

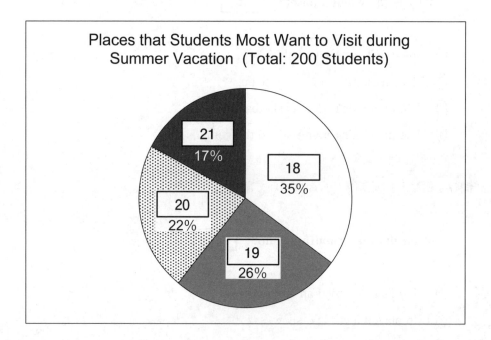

① Australia
② Egypt
③ France
④ Korea

問22～25　あなたは，夏休みに近所の生花店で手伝いをしていて，配送料について
の説明を聞いています。話を聞き，下の表の四つの空欄 22 ～ 25 に
入れるのに最も適切なものを，五つの選択肢（①～⑤）のうちから一つずつ選び
なさい。選択肢は2回以上使ってもかまいません。

Customer	Distance	Delivery price
Mr. Ibrahim Antar	15 miles	
Mr. Gilbert Forsythe	35 miles	22
Ms. Leila Franklin	4 miles	23
** Mr. Ross O'Toole	8 miles	
Ms. Apinya Saetang	12 miles	24
** Ms. Diane Ramsten	26 miles	25

① $5

② $8

③ $10

④ $20

⑤ Free

これで第4問Aは終わりです。

B 　　第4問Bは問26の1問です。話を聞き，示された条件に最も合うものを，四つの選択肢（①〜④）のうちから一つ選びなさい。後の表を参考にしてメモを取ってもかまいません。**状況と条件を読む時間が与えられた後，音声が流れます。**

状況

　あなたは，海外のホームステイ先で，週末に遊びに行く場所を決めるために，四人の友人のアドバイスを聞いています。

あなたが考えている条件
　A．公共の交通機関で行きやすいこと
　B．地元の歴史について学べること
　C．店やレストランがあること

Locations	Condition A	Condition B	Condition C
① Maple Grove			
② Ocean View			
③ Pride Peak			
④ Walt's Crossing			

問26 | 26 | is the place you are most likely to visit.

① Maple Grove
② Ocean View
③ Pride Peak
④ Walt's Crossing

これで第4問Bは終わりです。

（下 書 き 用 紙）

リスニングの試験問題は次に続く。

第5問 （配点 15） **音声は1回流れます。**

第5問は問27から問33の7問です。

最初に講義を聞き，**問27**から**問31**に答えなさい。次に**問32**と**問33**の音声を聞き，問いに答えなさい。**状況，ワークシート，問い及び図表を読む時間が与えられた後，音声が流れます。**

状況
　あなたはアメリカの大学で，SDGs についての講義を，ワークシートにメモを取りながら聞いています。

ワークシート

○ **Sustainable Development Goals**

· Contain 17 goals to make a better world

· Accepted by _____〔 **27** 〕_____ in 2015

· Hope to achieve goals by 2030

○ **One way to achieve SDGs: Plan2Inclusivize**

	For Adults	For Disabled Children
System	28	29
Goals	30	31
Guinea Program	80 staff	1,020 children

— ⑤ － 20 —

問27 ワークシートの空欄 27 に入れるのに最も適切なものを，四つの選択肢（①〜④）のうちから一つ選びなさい。

① all countries in the United Nations
② disabled children around the world
③ every resident of Guinea
④ the chairperson of UNESCO

問28〜31 ワークシートの空欄 28 〜 31 に入れるのに最も適切なものを，六つの選択肢（①〜⑥）のうちから一つずつ選びなさい。選択肢は2回以上使ってもかまいません。

① Accept people with disabilities   ② Acquire teaching skills
③ Gain confidence   ④ Promote sports
⑤ Provide books   ⑥ Travel to new places

問32 講義後に，あなたは要約を書くために，グループのメンバーA，Bと，講義内容を口頭で確認しています。それぞれの発言が講義の内容と一致するかどうかについて，最も適切なものを四つの選択肢（①〜④）のうちから一つ選びなさい。 32

① Aの発言のみ一致する
② Bの発言のみ一致する
③ どちらの発言も一致する
④ どちらの発言も一致しない

第5問はさらに続きます。

問33 講義の後で，Mary と Tom が下の図表を見ながらディスカッションをしています。ディスカッションの内容及び講義の内容からどのようなことが言えるか，最も適切なものを，四つの選択肢(①〜④)のうちから一つ選びなさい。 33

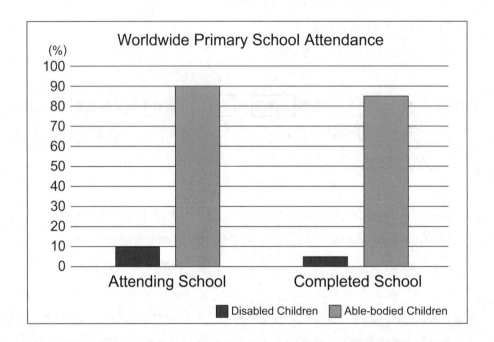

① If Plan2Inclusivize is successful, then fewer able-bodied children might complete primary school.

② More schools for disabled children only should be built to improve their completion rate.

③ Since most able-bodied children attend schools, programs like Plan2Inclusivize are not necessary.

④ The difference in school attendance between disabled and other children might decrease due to Plan2Inclusivize.

これで第5問は終わりです。

（下 書 き 用 紙）

リスニングの試験問題は次に続く。

第6問 （配点 14）　**音声は1回流れます。**

第6問はＡとＢの二つの部分に分かれています。

Ａ　　第6問Ａは問34・問35の2問です。二人の対話を聞き，それぞれの問いの答えとして最も適切なものを，四つの選択肢（①～④）のうちから一つずつ選びなさい。（問いの英文は書かれています。）**状況と問いを読む時間が与えられた後，音声が流れます。**

> 状況
> 　Peter が Kana と夏の語学キャンプについて話をしています。

問34　**What is Peter's main point?**　　34

①　It is best to study language in a classroom.

②　Most native speakers learn vocabulary by playing sports.

③　Real life situations allow students to think more carefully.

④　Sports can also be useful in learning a foreign language.

問35　**What choice does Kana need to make?**　　35

①　Whether to attend the summer language camp or not

②　Whether to choose a sports program or a camp program

③　Whether to learn new vocabulary about sports or not

④　Whether to take a class from Peter or another native speaker

---

これで第6問Ａは終わりです。

（下 書 き 用 紙）

リスニングの試験問題は次に続く。

B　第6問Bは問36・問37の2問です。会話を聞き，それぞれの問いの答えとして最も適切なものを，選択肢のうちから一つずつ選びなさい。後の表を参考にしてメモを取ってもかまいません。**状況と問いを読む時間が与えられた後，音声が流れます。**

状況
　四人の学生（Naomi, Violet, Carl, Pedro）が，あるテレビ番組を見た後に女性指導者について意見交換をしています。

Naomi	
Violet	
Carl	
Pedro	

問36　会話が終わった時点で，今より多くの女性が指導者になるべきだという考えに**肯定的な人**は四人のうち何人でしたか。四つの選択肢（**①**〜**④**）のうちから一つ選びなさい。 36

① 1人
② 2人
③ 3人
④ 4人

問37 会話を踏まえて，Carl の意見を最もよく表している図表を，四つの選択肢（①〜④）のうちから一つ選びなさい。 37

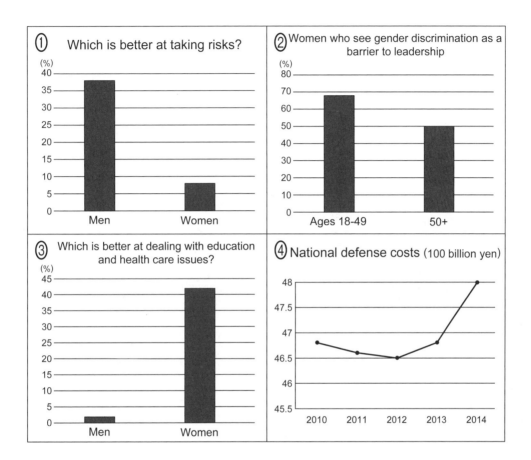

これで第6問Bは終わりです。

試作問題

〔英　　語（リスニング）〕

リスニング音声は，右の二次元コードを読み込むか，下記URLから2026年3月末まで聞くことができます。
https://ex2.zkai.co.jp/books/2025JM/R7Shisaku_full.mp3

試作問題掲載の趣旨と注意点

　この試作問題は，独立行政法人大学入試センターが公表している，大学入学共通テスト「令和7年度試験の問題作成の方向性、試作問題等」のウェブサイトに記載のある内容を再掲したものです。本書では，学習に取り組まれる皆様のために，これに詳細の解答解説を作成し，より学びを深めていただけるように工夫をしました。

　本問題は，令和7年度大学入学共通テストについての具体的なイメージを共有することを目的として作成されていますが，過去の大学入試センター試験や大学入学共通テストと同様の問題作成や点検のプロセスは経ていないものとされています。本問題と同じような内容，形式，配点等の問題が必ず出題されることを保証するものではありませんので，その点につきましてご注意ください。

※なお，音声については2021年度本試第5問を基に，Z会側で再構成・編集を行ったものです。

第C問 (配点 15) 音声は1回流れます。

第C問は**問27**から**問33**の7問です。

最初に講義を聞き，**問27**から**問31**に答えなさい。次に**問32**と**問33**の音声を聞き，問いに答えなさい。**状況，ワークシート，問い及び図表を読む時間が与えられた後，音声が流れます。**

状況

あなたはアメリカの大学で，幸福観についての講義を，ワークシートにメモを取りながら聞いています。

ワークシート

○ **World Happiness Report**

・Purpose: To promote 〔 27 〕 happiness and well-being

・Scandinavian countries: Consistently happiest in the world (since 2012)

Why? ⇒ **"Hygge"** lifestyle in Denmark

⬇ spread around the world in 2016

○ **Interpretations of Hygge**

	Popular Image of Hygge	Real Hygge in Denmark
What	28	29
Where	30	31
How	special	ordinary

— 試作 - 2 —

問27 ワークシートの空欄 27 に入れるのに最も適切なものを，四つの選択肢 (①～④) のうちから一つ選びなさい。

① a sustainable development goal beyond

② a sustainable economy supporting

③ a sustainable natural environment for

④ a sustainable society challenging

問28～31 ワークシートの空欄 28 ～ 31 に入れるのに最も適切なものを，六つの選択肢 (①～⑥) のうちから一つずつ選びなさい。選択肢は2回以上使ってもかまいません。

① goods　　　② relationships　　　③ tasks
④ everywhere　⑤ indoors　　　　　⑥ outdoors

問32 講義後に，あなたは要約を書くために，グループのメンバーA，Bと，講義内容を口頭で確認しています。それぞれの発言が講義の内容と一致するかどうかについて，最も適切なものを四つの選択肢 (①～④) のうちから一つ選びなさい。 32

① Aの発言のみ一致する

② Bの発言のみ一致する

③ どちらの発言も一致する

④ どちらの発言も一致しない

— 試作 – 3 —

問33 講義の後で，Joe と May が下の図表を見ながらディスカッションをしています。ディスカッションの内容及び講義の内容からどのようなことが言えるか，最も適切なものを，四つの選択肢(①〜④)のうちから一つ選びなさい。　33

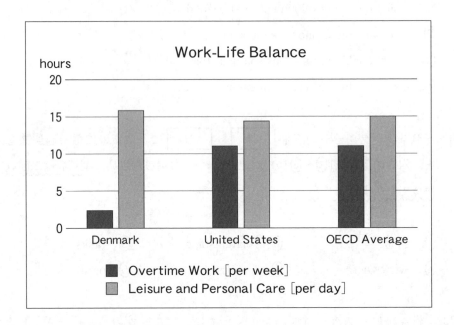

① People in Denmark do less overtime work while maintaining their productivity.
② People in Denmark enjoy working more, even though their income is guaranteed.
③ People in OECD countries are more productive because they work more overtime.
④ People in the US have an expensive lifestyle but the most time for leisure.

※この問題冊子の『注意事項』は，実際の共通テストを想定して掲載しました。
なお，本番の形式と同じく，問題ページは 4 ページを始まりとしています。

2024 本試

(100点 / 30分)

〔英　　語（リスニング）〕

リスニング音声は，右の二次元コードを読み込むか，下記URLから 2026 年 3 月末まで聞くことができます。
https://ex2.zkai.co.jp/books/2025JM/2024Honshi_full.mp3

注 意 事 項

1　解答用紙に，正しく記入・マークされていない場合は，採点できないことがあります。

2　問題冊子の異常で解答に支障がある場合は，ためらわずに黙って手を高く挙げなさい。監督者が筆談用の用紙を渡しますので，トラブルの内容を記入しなさい。試験が終わってから申し出ることはできません。

3　この試験では，聞き取る英語の音声を 2 回流す問題と，1 回流す問題があります。流す回数は下の表のとおりです。また，流す回数は，各問題の指示文にも書かれています。

問題	第1問	第2問	第3問	第4問	第5問	第6問
流す回数	2回	2回	1回	1回	1回	1回

4　問題音声には，問題文を読むため，または解答をするために音の流れない時間があります。

5　解答は，設問ごとに解答用紙にマークしなさい。問題冊子に記入しておいて，途中や最後にまとめて解答用紙に転記してはいけません（まとめて転記する時間は用意されていません。）。

6　解答用紙の汚れに気付いた場合は，そのまま解答を続け，解答終了後，監督者に知らせなさい。解答時間中に解答用紙の交換は行いません。

7　解答時間中は，試験問題に関する質問は一切受け付けません。

8　不正行為について

① 不正行為に対しては厳正に対処します。

② 不正行為に見えるような行為が見受けられた場合は，監督者がカードを用いて注意します。

③ 不正行為を行った場合は，その時点で受験を取りやめさせ退室させます。

9　試験終了後，問題冊子は持ち帰りなさい。

英　語（リスニング）

$\left(\text{解答番号}\ \boxed{1}\ \sim\ \boxed{37}\ \right)$

第1問 (配点 25) 音声は2回流れます。

第1問はAとBの二つの部分に分かれています。

A　第1問Aは問1から問4までの4問です。英語を聞き，それぞれの内容と最もよく合っているものを，四つの選択肢（①～④）のうちから一つずつ選びなさい。

問1　　$\boxed{1}$

① The speaker brought her pencil.

② The speaker forgot her notebook.

③ The speaker needs a pencil.

④ The speaker wants a notebook.

問2　　$\boxed{2}$

① Ken is offering to buy their lunch.

② Ken paid for the tickets already.

③ The speaker is offering to buy the tickets.

④ The speaker paid for their lunch yesterday.

問 3　3

① The speaker doesn't know where the old city hall is.

② The speaker has been to the new city hall just one time.

③ The speaker hasn't been to the old city hall before.

④ The speaker wants to know the way to the new city hall.

問 4　4

① The speaker didn't cook enough food.

② The speaker made enough sandwiches.

③ The speaker will serve more pasta.

④ The speaker won't prepare more dishes.

これで第1問Aは終わりです。

B 第1問Bは問5から問7までの3問です。英語を聞き，それぞれの内容と最もよく合っている絵を，四つの選択肢(①~④)のうちから一つずつ選びなさい。

問5　　5

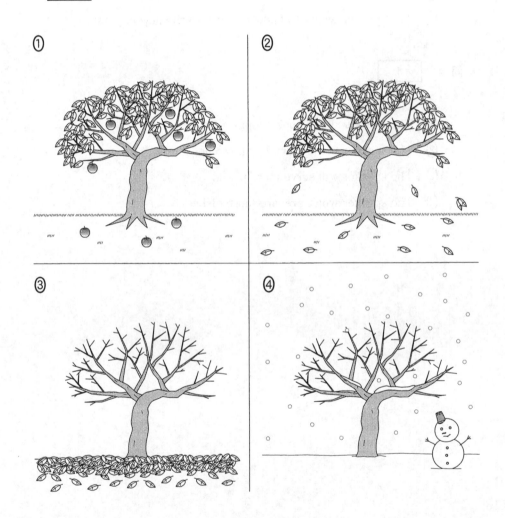

問 6 6

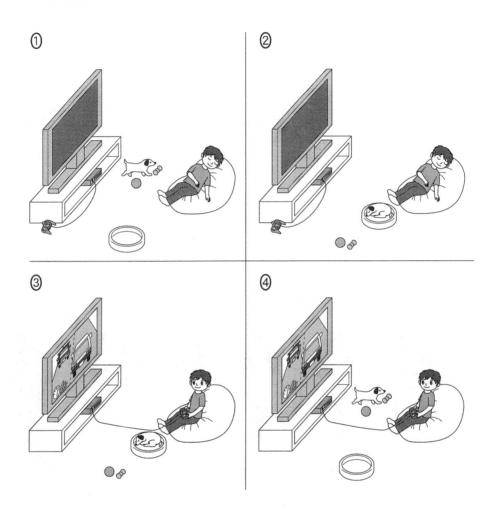

問7 [7]

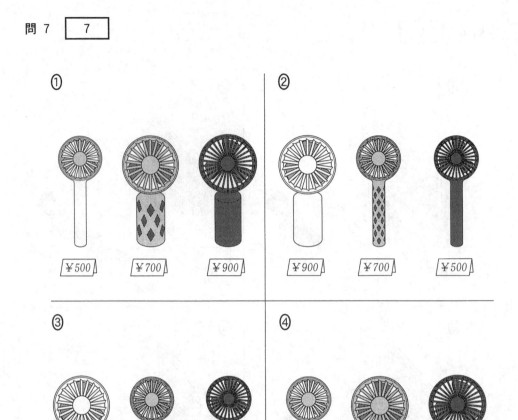

これで第1問Bは終わりです。

（下 書 き 用 紙）

英語（リスニング）の試験問題は次に続く。

第2問 (配点 16) 音声は2回流れます。

第2問は問8から問11までの4問です。それぞれの問いについて，対話の場面が日本語で書かれています。対話とそれについての問いを聞き，その答えとして最も適切なものを，四つの選択肢(①~④)のうちから一つずつ選びなさい。

問8 交番で，迷子になった猫の説明をしています。 8

問9 女性の子ども時代の写真を見ています。 9

問10 母親が，職場から電話をしてきました。 10

問11　レストランに予約の電話をかけています。　11

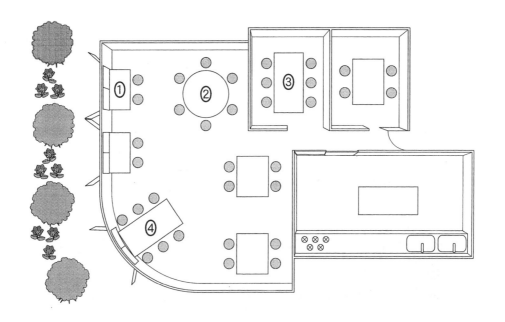

これで第２問は終わりです。

第3問 (配点 18) **音声は1回流れます。**

第3問は問12から問17までの6問です。それぞれの問いについて，対話の場面が日本語で書かれています。対話を聞き，問いの答えとして最も適切なものを，四つの選択肢(①～④)のうちから一つずつ選びなさい。(問いの英文は書かれています。)

問12 カフェのカウンターで，店員と客が話をしています。

What will the man do this time? 　12

① Ask for a discount
② Pay the full price
③ Purchase a new cup
④ Use his personal cup

問13 男性と女性が，楽器について話をしています。

What is the man going to do? 　13

① Begin taking piano lessons
② Buy an electronic keyboard
③ Consider getting another piano
④ Replace the headphones for his keyboard

問14 友人同士が，買い物について話をしています。

What will the woman do? 　14

① Buy a jacket at her favorite store
② Go to a used-clothing store today
③ Shop for second-hand clothes next week
④ Take her friend to a bargain sale

— 2024本 - 14 —

問15 荷造りをしている二人が，話をしています。

What is the woman doing now? 15

① Getting things ready in the bedroom

② Helping the man finish in the bedroom

③ Moving everything into the living room

④ Packing all the items in the living room

問16 男性が，友人の女性と明日の予定について話をしています。

What will the man do tomorrow? 16

① Learn to ride a farm horse

② Ride horses with his friend

③ Take pictures of his friend

④ Visit his grandfather's farm

問17 高校生同士が，理科の宿題について話をしています。

What did the boy do? 17

① He finished writing a science report.

② He put off writing a science report.

③ He read two pages from the textbook.

④ He spent a long time reading the textbook.

これで第3問は終わりです。

第4問 （配点 12） 音声は1回流れます。

第4問はAとBの二つの部分に分かれています。

A 　第4問Aは問18から問25までの8問です。話を聞き，それぞれの問いの答えとして最も適切なものを，選択肢から選びなさい。**問題文と図表を読む時間が与えられた後，音声が流れます。**

問18〜21　友人が，週末に行なったことについて話をしています。話を聞き，その内容を表した四つのイラスト（①〜④）を，行なった順番に並べなさい。

18 → 19 → 20 → 21

①

②

③

④

問22～25　あなたは，留学先の大学で，アドバイザーから夏季講座のスケジュールの説明を聞いています。次のスケジュールの四つの空欄 22 ～ 25 に入れるのに最も適切なものを，六つの選択肢（①～⑥）のうちから一つずつ選びなさい。選択肢は2回以上使ってもかまいません。

Summer Class Schedule

	Monday	Tuesday	Wednesday	Thursday	Friday
1st	Social Welfare	23	Biology	Social Welfare	World History
2nd	22	Business Studies	Environmental Studies	24	25

① Biology

② Business Studies

③ Environmental Studies

④ Languages

⑤ Math

⑥ World History

┌─────────────────────────────┐
│   これで第4問Aは終わりです。   │
└─────────────────────────────┘

B　第4問Bは問26の1問です。話を聞き，次に示された条件に最も合うもの
を，四つの選択肢(①～④)のうちから一つ選びなさい。後の表を参考にしてメ
モを取ってもかまいません。**状況と条件を読む時間が与えられた後，音声が流
れます。**

状況

あなたは，クラスで行う文化祭の出し物を決めるために，四人のクラスメー
トからアイデアを聞いています。

あなたが考えている条件

A．参加者が20分以内で体験できること

B．一度に10人以下で運営できること

C．費用が全くかからないこと

	Ideas	Condition A	Condition B	Condition C
①	Bowling game			
②	Face painting			
③	Fashion show			
④	Tea ceremony			

問26　" 　26　 " is what you are most likely to choose.

①　Bowling game

②　Face painting

③　Fashion show

④　Tea ceremony

これで第4問Bは終わりです。

（下 書 き 用 紙）

英語（リスニング）の試験問題は次に続く。

第5問 (配点 15) 音声は1回流れます。

第5問は問27から問33までの7問です。

最初に講義を聞き，問27から問32に答えなさい。次に続きを聞き，問33に答えなさい。状況，ワークシート，問い及び図表を読む時間が与えられた後，音声が流れます。

状況
あなたは大学で，ガラスに関する講義を，ワークシートにメモを取りながら聞いています。

ワークシート

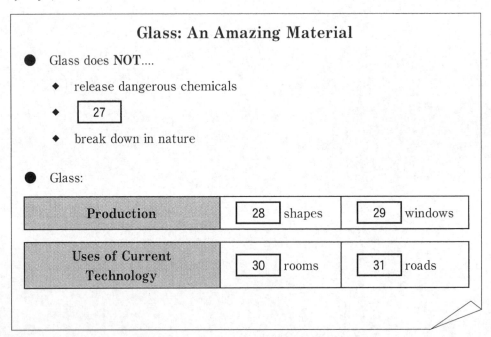

問27　ワークシートの空欄　27　に入れるのに最も適切なものを，四つの選択肢
（①〜④）のうちから一つ選びなさい。

① allow for repeated recycling

② have unique recycling qualities

③ keep bacteria out of medicine

④ permit bacteria to go through

問28〜31　ワークシートの空欄　28　〜　31　に入れるのに最も適切なもの
を，六つの選択肢（①〜⑥）のうちから一つずつ選びなさい。選択肢は2回以上
使ってもかまいません。

① Adjusts sound in　　② Arranged in　　③ Blown into

④ Improves safety of　⑤ Reflects views of　⑥ Spread into

問32　講義の内容と一致するものはどれか。最も適切なものを，四つの選択肢
（①〜④）のうちから一つ選びなさい。　32

① Glass has been improved in many ways by technology for modern life.

② Glass has been replaced in buildings by inexpensive new materials.

③ Glass is a material limited in use by its weight, fragility, and expense.

④ Glass is a modern invention necessary in many aspects of our daily life.

第5問はさらに続きます。

問33 講義の続きを聞き、次の図から読み取れる情報と講義全体の内容からどのようなことが言えるか、最も適切なものを、四つの選択肢(①〜④)のうちから一つ選びなさい。 33

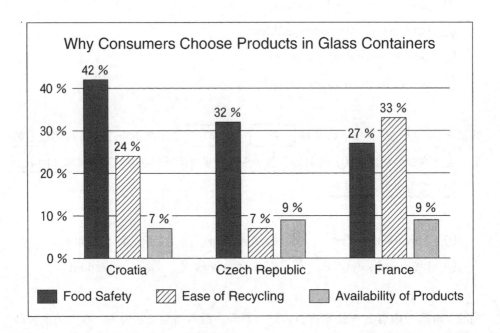

① Glass can be recycled repeatedly, but "ease of recycling" is the least common reason in the Czech Republic and Croatia.
② Glass is harmful to the environment, but "food safety" is the most common reason in the Czech Republic and Croatia.
③ Glass products are preferred by half of Europeans, and "ease of recycling" is the most common reason in France and Croatia.
④ Glass products can be made using ancient techniques, and "availability of products" is the least common reason in France and Croatia.

これで第5問は終わりです。

（下 書 き 用 紙）

英語（リスニング）の試験問題は次に続く。

第6問 (配点 14) **音声は1回流れます。**

第6問はAとBの二つの部分に分かれています。

A 　第6問Aは**問34・問35**の2問です。二人の対話を聞き，それぞれの問いの答えとして最も適切なものを，四つの選択肢(①～④)のうちから一つずつ選びなさい。(問いの英文は書かれています。)**状況と問いを読む時間が与えられた後，音声が流れます。**

状況

　Michelle が，いとこの Jack と旅行中の移動の方法について話をしています。

問34　**Which opinion did Michelle express during the conversation?**

　　34

① Booking a hotel room with a view would be reasonable.

② Looking at the scenery from the ferry would be great.

③ Smelling the sea air on the ferry would be unpleasant.

④ Taking the ferry would be faster than taking the train.

問35　**What did they decide to do by the end of the conversation?**

　　35

① Buy some medicine

② Change their hotel rooms

③ Check the ferry schedule

④ Take the train to France

これで第6問Aは終わりです。

（下 書 き 用 紙）

英語（リスニング）の試験問題は次に続く。

B 　第6問Bは**問36・問37**の2問です。会話を聞き，それぞれの問いの答えとして最も適切なものを，選択肢のうちから一つずつ選びなさい。後の表を参考にしてメモを取ってもかまいません。**状況と問いを読む時間が与えられた後，音声が流れます。**

状況

　四人の学生(Chris, Amy, Haruki, Linda)が，運動を始めることについて話をしています。

Chris	
Amy	
Haruki	
Linda	

問36 　会話が終わった時点で，**ウォーキングをすることに決めた人**を，四つの選択肢(**①~④**)のうちから一つ選びなさい。 　**36**

① Amy

② Haruki

③ Amy, Chris

④ Chris, Linda

— 2024本 - 26 —

問37 会話を踏まえて，Linda の考えの根拠となる図表を，四つの選択肢(①～④)のうちから一つ選びなさい。 37

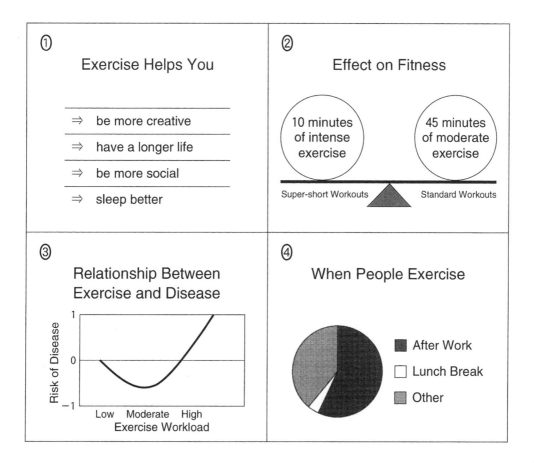

これで第6問Bは終わりです。

※この問題冊子の『注意事項』は，実際の共通テストを想定して掲載しました。
なお，本番の形式と同じく，問題ページは 4 ページを始まりとしています。

2023 本試

(100点/30分)

〔英　語（リスニング）〕

リスニング音声は，右の二次元コードを読み込むか，下記URLから
2026年3月末まで聞くことができます。
https://ex2.zkai.co.jp/books/2025JM/2023Honshi_full.mp3

注　意　事　項

1　解答用紙に，正しく記入・マークされていない場合は，採点できないことがあります。

2　問題冊子の異常で解答に支障がある場合は，ためらわずに黙って手を高く挙げなさい。監督者が筆談用の用紙を渡しますので，トラブルの内容を記入しなさい。試験が終わってから申し出ることはできません。

3　この試験では，聞き取る英語の音声を2回流す問題と，1回流す問題があります。流す回数は下の表のとおりです。また，流す回数は，各問題の指示文にも書かれています。

問題	第1問	第2問	第3問	第4問	第5問	第6問
流す回数	2回	2回	1回	1回	1回	1回

4　問題音声には，問題文を読むため，または解答をするために音の流れない時間があります。

5　解答は，設問ごとに解答用紙にマークしなさい。問題冊子に記入しておいて，途中や最後にまとめて解答用紙に転記してはいけません（まとめて転記する時間は用意されていません。）。

6　解答用紙の汚れに気付いた場合は，そのまま解答を続け，解答終了後，監督者に知らせなさい。解答時間中に解答用紙の交換は行いません。

7　解答時間中は，試験問題に関する質問は一切受け付けません。

8　**不正行為について**
　①　不正行為に対しては厳正に対処します。
　②　不正行為に見えるような行為が見受けられた場合は，監督者がカードを用いて注意します。
　③　不正行為を行った場合は，その時点で受験を取りやめさせ退室させます。

9　試験終了後，問題冊子は持ち帰りなさい。

英　語（リスニング）

$$\left(\text{解答番号}\boxed{\text{1}}\sim\boxed{\text{37}}\right)$$

第 1 問 (配点 25) 音声は 2 回流れます。

第1問は**A**と**B**の二つの部分に分かれています。

A　第1問**A**は問1から問4までの4問です。英語を聞き，それぞれの内容と最もよく合っているものを，四つの選択肢(**①**~**④**)のうちから一つずつ選びなさい。

問 1　| 1 |

①　The speaker is asking Sam to shut the door.

②　The speaker is asking Sam to turn on the TV.

③　The speaker is going to open the door right now.

④　The speaker is going to watch TV while working.

問 2　| 2 |

①　The speaker finished cleaning the bowl.

②　The speaker finished washing the pan.

③　The speaker is cleaning the pan now.

④　The speaker is washing the bowl now.

問 3　　3

① The speaker received a postcard from her uncle.

② The speaker sent the postcard to her uncle in Canada.

③ The speaker's uncle forgot to send the postcard.

④ The speaker's uncle got a postcard from Canada.

問 4　　4

① There are fewer than 20 students in the classroom right now.

② There are 22 students in the classroom right now.

③ There will be just 18 students in the classroom later.

④ There will be more than 20 students in the classroom later.

これで第 1 問 A は終わりです。

B 第1問Bは問5から問7までの3問です。英語を聞き，それぞれの内容と最もよく合っている絵を，四つの選択肢(①〜④)のうちから一つずつ選びなさい。

問 5　　　5

— 2023本 - 6 —

問 6　　6

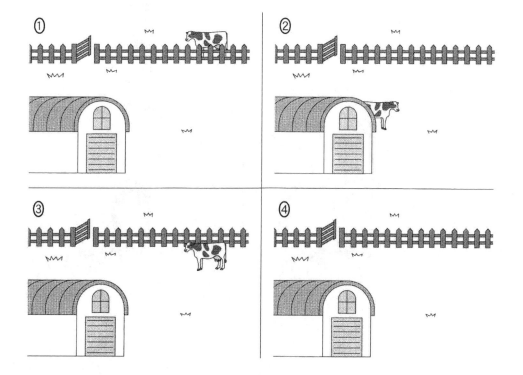

問7 | 7 |

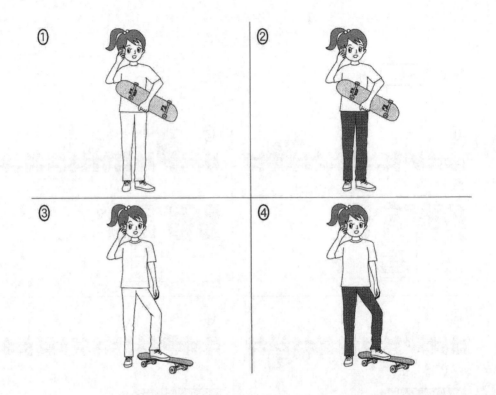

これで第1問Bは終わりです。

（下 書 き 用 紙）

英語（リスニング）の試験問題は次に続く。

第 2 問 (配点 16) 音声は 2 回流れます。

第 2 問は問 8 から問 11 までの 4 問です。それぞれの問いについて，対話の場面が日本語で書かれています。対話とそれについての問いを聞き，その答えとして最も適切なものを，四つの選択肢 (① ~ ④) のうちから一つずつ選びなさい。

問 8　バーチャルイベントで，友人同士のプロフィール画像 (avatar) を当てあっています。　8

①

②

③

④

問 9 ホームパーティーの後で，ゴミの分別をしています。 9

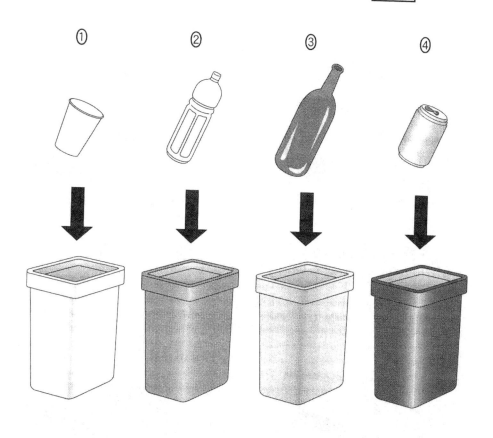

問10 靴屋で，店員と客が会話をしています。 10

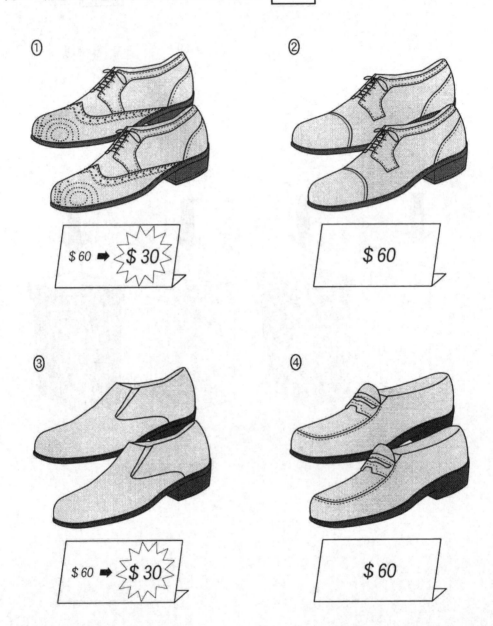

問11　友人同士が，野球場の案内図を見ながら，待ち合わせ場所を決めています。

11

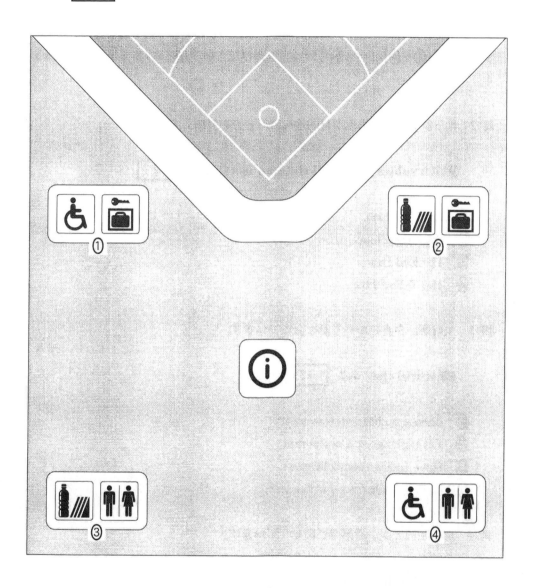

これで第2問は終わりです。

第3問 (配点 18) **音声は1回流れます。**

第3問は問12から問17までの6問です。それぞれの問いについて，対話の場面が日本語で書かれています。対話を聞き，問いの答えとして最も適切なものを，四つの選択肢(①～④)のうちから一つずつ選びなさい。(問いの英文は書かれています。)

問12 地下鉄の駅で，男性が目的地への行き方を質問しています。

Which subway line will the man use first? ☐ 12

① The Blue Line
② The Green Line
③ The Red Line
④ The Yellow Line

問13 夫婦が，夕食について話し合っています。

What will they do? ☐ 13

① Choose a cheaper restaurant
② Eat together at a restaurant
③ Have Indian food delivered
④ Prepare Indian food at home

問14 高校生同士が，授業後に話をしています。

What did the boy do? ☐ 14

① He checked his dictionary in class.
② He left his backpack at his home.
③ He took his backpack to the office.
④ He used his dictionary on the bus.

— 2023本 - 14 —

問15　寮のパーティーで，先輩と新入生が話をしています。

What is true about the new student?　15

① He grew up in England.

② He is just visiting London.

③ He is studying in Germany.

④ He was born in the UK.

問16　同僚同士が話をしています。

What will the man do?　16

① Buy some medicine at the drugstore

② Drop by the clinic on his way home

③ Keep working and take some medicine

④ Take the allergy pills he already has

問17　友人同士が，ペットについて話をしています。

What is the man going to do?　17

① Adopt a cat

② Adopt a dog

③ Buy a cat

④ Buy a dog

これで第 3 問は終わりです。

第4問 （配点 12） 音声は1回流れます。

第4問はAとBの二つの部分に分かれています。

A 　第4問Aは問18から問25までの8問です。話を聞き，それぞれの問いの答えとして最も適切なものを，選択肢から選びなさい。**問題文と図表を読む時間が与えられた後，音声が流れます。**

問18～21　あなたは，大学の授業で配られたワークシートのグラフを完成させようとしています。先生の説明を聞き，四つの空欄 18 ～ 21 に入れるのに最も適切なものを，四つの選択肢（①～④）のうちから一つずつ選びなさい。

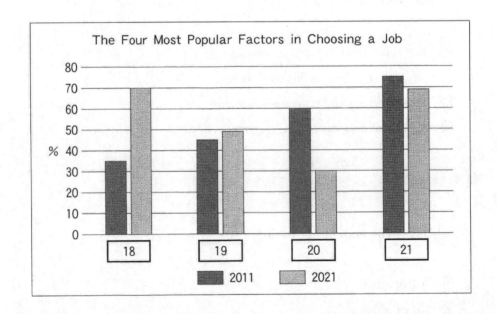

① Content of work
② Income
③ Location
④ Working hours

問22～25　あなたは，自宅のパソコンから，ゲームの国際大会にオンラインで参加しています。結果と賞品に関する主催者の話を聞き，次の表の四つの空欄 22 ～ 25 に入れるのに最も適切なものを，六つの選択肢(①～⑥)のうちから一つずつ選びなさい。選択肢は2回以上使ってもかまいません。

International Game Competition: Summary of the Results

Teams	Stage A	Stage B	Final Rank	Prize
Dark Dragons	3rd	3rd	4th	22
Elegant Eagles	1st	2nd	1st	23
Shocking Sharks	4th	1st	2nd	24
Warrior Wolves	2nd	4th	3rd	25

① Game

② Medal

③ Trophy

④ Game, Medal

⑤ Game, Trophy

⑥ Medal, Trophy

これで第4問Aは終わりです。

B 　　第4問Bは問26の1問です。話を聞き，示された条件に最も合うものを，四つの選択肢 (①~④) のうちから一つ選びなさい。後の表を参考にしてメモを取ってもかまいません。**状況と条件を読む時間が与えられた後，音声が流れます。**

状況

　あなたは，交換留学先の高校で，生徒会の会長選挙の前に，四人の会長候補者の演説を聞いています。

あなたが考えている条件

　A．全校生徒のための行事を増やすこと

　B．学校の食堂にベジタリアン向けのメニューを増やすこと

　C．コンピューター室を使える時間を増やすこと

Candidates	Condition A	Condition B	Condition C
① Charlie			
② Jun			
③ Nancy			
④ Philip			

問26 　| 26 | 　is the candidate you are most likely to choose.

　① Charlie
　② Jun
　③ Nancy
　④ Philip

これで第4問Bは終わりです。

（下 書 き 用 紙）

英語（リスニング）の試験問題は次に続く。

第5問 (配点 15) **音声は1回流れます。**

第5問は問27から問33までの7問です。

最初に講義を聞き，問27から問32に答えなさい。次に続きを聞き，問33に答えなさい。状況，ワークシート，問い及び図表を読む時間が与えられた後，音声が流れます。

状況

あなたは大学で，アジアゾウに関する講義を，ワークシートにメモを取りながら聞いています。

ワークシート

Asian Elephants

◇ **General Information**

- Size: Largest land animal in Asia
- Habitats: South and Southeast Asia
- Characteristics: 〔 **27** 〕

◇ **Threats to Elephants**

Threat 1: Illegal Commercial Activities

- using elephant body parts for

  accessories, **28** , medicine

- capturing live elephants for **29**

Threat 2: Habitat Loss Due to Land Development

- a decrease in elephant **30** interaction
- an increase in human and elephant **31**

— 2023本 – 20 —

問27 ワークシートの空欄 27 に入れるのに最も適切なものを，四つの選択肢 (①〜④) のうちから一つ選びなさい。

① Aggressive and strong
② Cooperative and smart
③ Friendly and calm
④ Independent and intelligent

問28〜31 ワークシートの空欄 28 〜 31 に入れるのに最も適切なものを，六つの選択肢 (①〜⑥) のうちから一つずつ選びなさい。選択肢は2回以上使ってもかまいません。

① clothing   ② cosmetics   ③ deaths
④ friendship ⑤ group   ⑥ performances

問32 講義の内容と一致するものはどれか。最も適切なものを，四つの選択肢 (①〜④) のうちから一つ選びなさい。 32

① Efforts to stop illegal activities are effective in allowing humans to expand their housing projects.
② Encounters between different elephant groups are responsible for the decrease in agricultural development.
③ Helping humans and Asian elephants live together is a key to preserving elephants' lives and habitats.
④ Listing the Asian elephant as an endangered species is a way to solve environmental problems.

第5問はさらに続きます。

問33 グループの発表を聞き，次の図から読み取れる情報と講義全体の内容からどのようなことが言えるか，最も適切なものを，四つの選択肢(①〜④)のうちから一つ選びなさい。 33

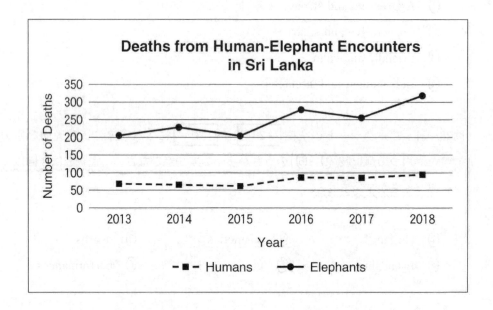

① Efforts to protect endangered animals have increased the number of elephants in Sri Lanka.
② Monitoring illegal activities in Sri Lanka has been effective in eliminating elephant deaths.
③ Sri Lanka has not seen an increase in the number of elephants that have died due to human-elephant encounters.
④ Steps taken to protect elephants have not produced the desired results in Sri Lanka yet.

これで第5問は終わりです。

（下 書 き 用 紙）

英語（リスニング）の試験問題は次に続く。

第 6 問 (配点 14) 音声は 1 回流れます。

第 6 問は A と B の二つの部分に分かれています。

A 　第 6 問 A は問 34・問 35 の 2 問です。二人の対話を聞き，それぞれの問いの答えとして最も適切なものを，四つの選択肢 (①〜④) のうちから一つずつ選びなさい。(問いの英文は書かれています。) 状況と問いを読む時間が与えられた後，音声が流れます。

状況

David と母の Sue が，ハイキングについて話をしています。

問34　Which statement would David agree with the most?　　34

① Enjoyable hiking requires walking a long distance.

② Going on a group hike gives you a sense of achievement.

③ Hiking alone is convenient because you can choose when to go.

④ Hiking is often difficult because nobody helps you.

問35　Which statement best describes Sue's opinion about hiking alone by the end of the conversation?　　35

① It is acceptable.

② It is creative.

③ It is fantastic.

④ It is ridiculous.

これで第 6 問 A は終わりです。

（下 書 き 用 紙）

英語（リスニング）の試験問題は次に続く。

B 　第6問Bは問36・問37の2問です。会話を聞き，それぞれの問いの答えとして最も適切なものを，選択肢のうちから一つずつ選びなさい。後の表を参考にしてメモを取ってもかまいません。**状況と問いを読む時間が与えられた後，音声が流れます。**

状況

寮に住む四人の学生(Mary, Jimmy, Lisa, Kota)が，就職後に住む場所について話し合っています。

Mary	
Jimmy	
Lisa	
Kota	

問36　会話が終わった時点で，**街の中心部に住むことに決めた人**を，四つの選択肢 (①~④)のうちから一つ選びなさい。　　36

① Jimmy

② Lisa

③ Jimmy, Mary

④ Kota, Mary

問37 会話を踏まえて，Lisa の考えの根拠となる図表を，四つの選択肢(①〜④)のうちから一つ選びなさい。 37

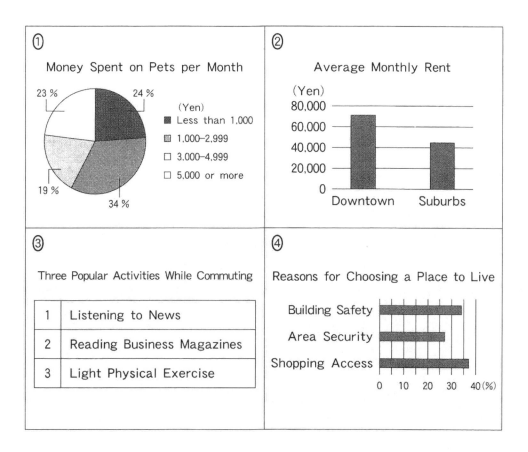

毎月の効率的な実戦演習で本番までに共通テストを攻略できる！

[専科] 共通テスト攻略演習

―― 7教科17科目セット　教材を毎月1回お届け ――

セットで1カ月あたり **3,910円** (税込) ※「12カ月一括払い」の講座料金

セット内容
英語(リーディング)／英語(リスニング)／数学I／数学A／数学II／数学B／数学C／国語／化学基礎／生物基礎／地学基礎／物理／化学／生物／歴史総合、世界史探究／歴史総合、日本史探究／地理総合、地理探究／公共、倫理／公共、政治・経済／情報I

※答案の提出や添削指導はありません。
※学習には「Z会学習アプリ」を使用するため、対応OSのスマートフォンやタブレット、パソコンなどの端末が必要です。

※「共通テスト攻略演習」は1月までの講座です。

POINT 1　共通テストに即した問題に取り組み、万全の対策ができる！

2024年度の共通テストでは、英語・リーディングで読解量（語数）が増えるなど、これまで以上に速読即解力や情報処理力が必要とされました。新指導要領で学んだ高校生が受験する2025年度の試験は、この傾向がより強まることが予想されます。

本講座では、毎月お届けする教材で、共通テスト型の問題に取り組んでいきます。傾向の変化に対応できるようになるとともに、「自分で考え、答えを出す力」を伸ばし、万全の対策ができます。

新設「情報I」にも対応！
国公立大志望者の多くは、共通テストで「情報I」が必須となります。本講座では、「情報I」の対応教材も用意しているため、万全な対策が可能です。

8月…基本問題　12月・1月…本番形式の問題
※3～7月、9～11月は、大学入試センターから公開された「試作問題」や、「情報I」の内容とつながりの深い「情報関係基礎」の過去問の解説を、「Z会学習アプリ」で提供します。
※「情報I」の取り扱いについては各大学の要項をご確認ください。

POINT 2　月60分の実戦演習で、効率的な時短演習を！

全科目を毎月バランスよく継続的に取り組めるよう工夫された内容と分量で、本科の講座と併用しやすく、着実に得点力を伸ばせます。

1. 教材に取り組む
本講座の問題演習は、1科目あたり月60分（英語のリスニングと理科基礎、情報Iは月30分）。無理なく自分のペースで学習を進められます。

2. 自己採点する／復習する
問題を解いたらすぐに自己採点して結果を確認。わかりやすい解説で効率よく復習できます。
英語、数学、国語は、毎月の出題に即した「ポイント映像」を視聴できます。1授業10分程度なので、スキマ時間を活用できます。共通テストならではの攻略ポイントや、各月に押さえておきたい内容を厳選した映像授業で、さらに理解を深められます。

POINT 3　戦略的なカリキュラムで、得点力アップ！

本講座は、本番での得意科目9割突破へ向けて、毎月着実にレベルアップできるカリキュラム。基礎固めから最終仕上げまで段階的な対策で、万全の態勢で本番に臨めます。

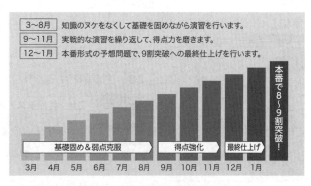

3～8月	知識のヌケをなくして基礎を固めながら演習を行います。
9～11月	実戦的な演習を繰り返して、得点力を磨きます。
12～1月	本番形式の予想問題で、9割突破への最終仕上げを行います。

必要な科目を全部対策できる 7教科17科目セット

＊12月・1月は、共通テスト本番に即した学習時間（解答時間）となります。
※2023年度の「共通テスト攻略演習」と一部同じ内容があります。

英語（リーディング）
学習時間（問題演習） 60分×月1回＊

月	内容
3月	情報の検索
4月	情報の整理
5月	情報の検索・整理
6月	概要・要点の把握①
7月	概要・要点の把握②
8月	テーマ・分野別演習のまとめ
9月	速読速解力を磨く①
10月	速読速解力を磨く②
11月	速読速解力を磨く③
12月	直前演習1
1月	直前演習2

英語（リスニング）
学習時間（問題演習） 30分×月1回＊

月	内容
3月	情報の聞き取り①
4月	情報の聞き取り②
5月	情報の比較・判断など
6月	概要・要点の把握①
7月	概要・要点の把握②
8月	テーマ・分野別演習のまとめ
9月	多めの語数で集中力を磨く
10月	速めの速度で聞き取る
11月	1回聞きで聞き取る
12月	直前演習1
1月	直前演習2

数学Ⅰ、数学A
学習時間（問題演習） 60分×月1回＊

月	内容
3月	2次関数
4月	数と式
5月	データの分析
6月	図形と計量、図形の性質
7月	場合の数と確率
8月	テーマ・分野別演習のまとめ
9月	日常の事象〜もとの事象の意味を考える〜
10月	数学の事象〜一般化と発展〜
11月	数学の事象〜批判的考察〜
12月	直前演習1
1月	直前演習2

数学Ⅱ、数学B、数学C
学習時間（問題演習） 60分×月1回＊

月	内容
3月	三角関数、指数・対数関数
4月	微分・積分、図形と方程式
5月	数列
6月	ベクトル
7月	平面上の曲線・複素数平面、統計的な推測
8月	テーマ・分野別演習のまとめ
9月	日常の事象〜もとの事象の意味を考える〜
10月	数学の事象〜一般化と発展〜
11月	数学の事象〜批判的考察〜
12月	直前演習1
1月	直前演習2

国語
学習時間（問題演習） 60分×月1回＊

月	内容
3月	評論
4月	文学的文章
5月	古文
6月	漢文
7月	テーマ・分野別演習のまとめ1
8月	テーマ・分野別演習のまとめ2
9月	図表から情報を読み取る
10月	複数の文章を対比する
11月	読み取った内容をまとめる
12月	直前演習1
1月	直前演習2

化学基礎
学習時間（問題演習） 30分×月1回＊

月	内容
3月	物質の構成（物質の構成、原子の構造）
4月	物質の構成（化学結合、結晶）
5月	物質量
6月	酸と塩基
7月	酸化還元反応
8月	テーマ・分野別演習のまとめ
9月	解法強化〜計算〜
10月	知識強化1〜文章の正誤判断〜
11月	知識強化2〜組合せの正誤判断〜
12月	直前演習1
1月	直前演習2

生物基礎
学習時間（問題演習） 30分×月1回＊

月	内容
3月	生物の特徴1
4月	生物の特徴2
5月	ヒトの体の調節1
6月	ヒトの体の調節2
7月	生物の多様性と生態系
8月	テーマ・分野別演習のまとめ
9月	知識強化
10月	実験強化
11月	考察力強化
12月	直前演習1
1月	直前演習2

地学基礎
学習時間（問題演習） 30分×月1回＊

月	内容
3月	地球のすがた
4月	活動する地球
5月	大気と海洋
6月	移り変わる地球
7月	宇宙の構成、地球の環境
8月	テーマ・分野別演習のまとめ
9月	資料問題に強くなる1〜図・グラフの理解〜
10月	資料問題に強くなる2〜図・グラフの活用〜
11月	知識活用・考察問題に強くなる〜探究活動〜
12月	直前演習1
1月	直前演習2

物理
学習時間（問題演習） 60分×月1回＊

月	内容
3月	力学（放物運動、剛体、運動量と力積、円運動）
4月	力学（単振動、慣性力）、熱力学
5月	波動（波の伝わり方、レンズ）
6月	波動（干渉）、電磁気（静電場、コンデンサー）
7月	電磁気（回路、電流と磁場、電磁誘導）、原子
8月	テーマ・分野別演習のまとめ
9月	解法強化〜図・グラフ、小問対策〜
10月	考察力強化1〜実験・考察問題対策〜
11月	考察力強化2〜実験・考察問題対策〜
12月	直前演習1
1月	直前演習2

化学
学習時間（問題演習） 60分×月1回＊

月	内容
3月	結晶、気体、熱
4月	溶液、電気分解
5月	化学平衡
6月	無機物質
7月	有機化合物
8月	テーマ・分野別演習のまとめ
9月	解法強化〜計算〜
10月	知識強化〜正誤判断〜
11月	読解・考察力強化
12月	直前演習1
1月	直前演習2

生物
学習時間（問題演習） 60分×月1回＊

月	内容
3月	生物の進化
4月	生命現象と物質
5月	遺伝情報の発現と発生
6月	生物の環境応答
7月	生態と環境
8月	テーマ・分野別演習のまとめ
9月	考察力強化1〜考察とその基礎知識〜
10月	考察力強化2〜データの読解・計算〜
11月	分野融合問題対応力強化
12月	直前演習1
1月	直前演習2

歴史総合、世界史探究
学習時間（問題演習） 60分×月1回＊

月	内容
3月	古代の世界
4月	中世〜近世初期の世界
5月	近世の世界
6月	近・現代の世界1
7月	近・現代の世界2
8月	テーマ・分野別演習のまとめ
9月	能力別強化1〜諸地域の結びつきの理解〜
10月	能力別強化2〜情報処理・分析の演習〜
11月	能力別強化3〜史料読解の演習〜
12月	直前演習1
1月	直前演習2

歴史総合、日本史探究
学習時間（問題演習） 60分×月1回＊

月	内容
3月	古代
4月	中世
5月	近世
6月	近代（江戸後期〜明治期）
7月	近・現代（大正期〜現代）
8月	テーマ・分野別演習のまとめ
9月	能力別強化1〜事象の比較・関連〜
10月	能力別強化2〜事象の推移／資料読解〜
11月	能力別強化3〜多面的・多角的考察〜
12月	直前演習1
1月	直前演習2

地理総合、地理探究
学習時間（問題演習） 60分×月1回＊

月	内容
3月	地図／地域調査／地形
4月	気候／農林水産業
5月	鉱工業／現代社会の諸課題
6月	グローバル化する世界／都市・村落
7月	民族・領土問題／地誌
8月	テーマ・分野別演習のまとめ
9月	能力別強化1〜資料の読解〜
10月	能力別強化2〜地誌〜
11月	能力別強化3〜地形図の読図〜
12月	直前演習1
1月	直前演習2

公共、倫理
学習時間（問題演習） 60分×月1回＊

月	内容
3月	青年期の課題／源流思想1
4月	源流思想2
5月	日本の思想
6月	近・現代の思想1
7月	近・現代の思想2／現代社会の諸課題
8月	テーマ・分野別演習のまとめ
9月	分野別強化1〜源流思想・日本思想〜
10月	分野別強化2〜西洋思想・現代思想〜
11月	分野別強化3〜青年期・現代社会の諸課題〜
12月	直前演習1
1月	直前演習2

公共、政治・経済
学習時間（問題演習） 60分×月1回＊

月	内容
3月	政治1
4月	政治2
5月	経済
6月	国際政治・国際経済
7月	現代社会の諸課題
8月	テーマ・分野別演習のまとめ
9月	分野別強化1〜政治〜
10月	分野別強化2〜経済〜
11月	分野別強化3〜国際政治・国際経済〜
12月	直前演習1
1月	直前演習2

情報Ⅰ
学習時間（問題演習） 30分×月1回＊

月	内容
3月	※情報Ⅰの共通テスト対策に役立つコンテンツを「Z会学習アプリ」で提供。
4月	
5月	
6月	
7月	
8月	演習問題
9月	※情報Ⅰの共通テスト対策に役立つコンテンツを「Z会学習アプリ」で提供。
10月	
11月	
12月	直前演習1
1月	直前演習2

Z会の通信教育「共通テスト攻略演習」のお申し込みはWebで

Web　Z会　共通テスト攻略演習　検索

https://www.zkai.co.jp/juken/lineup-ktest-kouryaku-s/

共通テスト対策 おすすめ書籍

❶ 基本事項からおさえ、知識・理解を万全に　問題集・参考書タイプ

ハイスコア！共通テスト攻略

Z会編集部 編／A5判／リスニング音声はWeb対応
定価：数学Ⅱ・B・C、化学基礎、生物基礎、地学基礎 1,320円（税込）
それ以外 1,210円（税込）

全9冊
- 英語リーディング
- 英語リスニング
- 数学Ⅰ・A
- 数学Ⅱ・B・C
- 国語 現代文
- 国語 古文・漢文
- 化学基礎
- 生物基礎
- 地学基礎

ここがイイ！
新課程入試に対応！

こう使おう！
- 例題・類題と、丁寧な解説を通じて戦略を知る
- ハイスコアを取るための思考力・判断力を磨く

❷ 過去問5回分＋試作問題で実力を知る　過去問タイプ

共通テスト 過去問 英数国

Z会編集部 編／A5判／定価 1,870円（税込）
リスニング音声はWeb対応

収録科目
- 英語リーディング｜英語リスニング
- 数学Ⅰ・A｜数学Ⅱ・B｜国語

収録内容
| 2024年本試 | 2023年本試 | 2022年本試 |
| 試作問題 | 2023年追試 | 2022年追試 |

→ 2025年度からの試験の問題作成の方向性を示すものとして大学入試センターから公表されたものです

ここがイイ！
3教科5科目の過去問がこの1冊に！

こう使おう！
- 共通テストの出題傾向・難易度をしっかり把握する
- 目標と実力の差を分析し、早期から対策する

❸ 実戦演習を積んでテスト形式に慣れる　模試タイプ

共通テスト 実戦模試

Z会編集部編／B5判
リスニング音声はWeb対応
解答用のマークシート付
※1 定価 各1,540円（税込）
※2 定価 各1,210円（税込）
※3 定価 各 880円（税込）
※4 定価 各 660円（税込）

全13冊
- 英語リーディング※1
- 英語リスニング※1
- 数学Ⅰ・A※1
- 数学Ⅱ・B・C※1
- 国語※1
- 化学基礎※2
- 生物基礎※2
- 物理※1
- 化学※1
- 生物※1
- 歴史総合、日本史探究※3
- 歴史総合、世界史探究※3
- 地理総合、地理探究※4

ここがイイ！
オリジナル模試は、答案にスマホをかざすだけで「自動採点」ができる！
得点に応じて、大問ごとにアドバイスメッセージも！

こう使おう！
- 予想模試で難易度・形式に慣れる
- 解答解説もよく読み、共通テスト対策に必要な重要事項をおさえる

❹ 本番直前に全教科模試でリハーサル　模試タイプ

共通テスト 予想問題パック

Z会編集部編／B5箱入／定価 1,650円（税込）
リスニング音声はWeb対応

収録科目（7教科17科目を1パックにまとめた1回分の模試形式）

英語リーディング｜英語リスニング｜数学Ⅰ・A｜数学Ⅱ・B・C｜国語｜物理｜化学｜化学基礎
生物｜生物基礎｜地学基礎｜歴史総合、世界史探究｜歴史総合、日本史探究｜地理総合、地理探究
公共、倫理｜公共、政治・経済｜情報Ⅰ

ここがイイ！
- ☑ 答案にスマホをかざすだけで「自動採点」ができ、時短で便利！
- ☑ 全国平均点やランキングもわかる

こう使おう！
- 予想模試で難易度・形式に慣れる
- 解答解説もよく読み、共通テスト対策に必要な重要事項をおさえる

書籍の詳細閲覧・ご購入が可能です　Z会の本　検索

https://www.zkai.co.jp/books/

> 書籍のアンケートにご協力ください

抽選で**図書カード**を
プレゼント！

Ｚ会の「個人情報の取り扱いについて」はＺ会
Webサイト(https://www.zkai.co.jp/home/policy/)
に掲載しておりますのでご覧ください。

2025年用　共通テスト実戦模試
②英語リスニング

初版第1刷発行…2024年7月1日

編者…………Ｚ会編集部
発行人………藤井孝昭
発行…………Ｚ会

〒411-0033　静岡県三島市文教町1-9-11
【販売部門：書籍の乱丁・落丁・返品・交換・注文】
TEL 055-976-9095
【書籍の内容に関するお問い合わせ】
https://www.zkai.co.jp/books/contact/
【ホームページ】
https://www.zkai.co.jp/books/

装丁…………犬飼奈央
印刷・製本…株式会社 リーブルテック

ⓒＺ会　2024　★無断で複写・複製することを禁じます
定価は表紙に表示してあります
乱丁・落丁はお取り替えいたします
ISBN978-4-86531-614-8 C7382

英 語 （リスニング） 模 試 第 1 回 解 答 用 紙

519

マーク例

良い例	悪い例
●	⊙ ⊗ ◑ ○

解答欄（解答番号 1〜20）

解答番号	解 答 欄 1 2 3 4 5 6
1	① ② ③ ④ ⑤ ⑥
2	① ② ③ ④ ⑤ ⑥
3	① ② ③ ④ ⑤ ⑥
4	① ② ③ ④ ⑤ ⑥
5	① ② ③ ④ ⑤ ⑥
6	① ② ③ ④ ⑤ ⑥
7	① ② ③ ④ ⑤ ⑥
8	① ② ③ ④ ⑤ ⑥
9	① ② ③ ④ ⑤ ⑥
10	① ② ③ ④ ⑤ ⑥
11	① ② ③ ④ ⑤ ⑥
12	① ② ③ ④ ⑤ ⑥
13	① ② ③ ④ ⑤ ⑥
14	① ② ③ ④ ⑤ ⑥
15	① ② ③ ④ ⑤ ⑥
16	① ② ③ ④ ⑤ ⑥
17	① ② ③ ④ ⑤ ⑥
18	① ② ③ ④ ⑤ ⑥
19	① ② ③ ④ ⑤ ⑥
20	① ② ③ ④ ⑤ ⑥

解答欄（解答番号 21〜40）

解答番号	解 答 欄 1 2 3 4 5 6
21	① ② ③ ④ ⑤ ⑥
22	① ② ③ ④ ⑤ ⑥
23	① ② ③ ④ ⑤ ⑥
24	① ② ③ ④ ⑤ ⑥
25	① ② ③ ④ ⑤ ⑥
26	① ② ③ ④ ⑤ ⑥
27	① ② ③ ④ ⑤ ⑥
28	① ② ③ ④ ⑤ ⑥
29	① ② ③ ④ ⑤ ⑥
30	① ② ③ ④ ⑤ ⑥
31	① ② ③ ④ ⑤ ⑥
32	① ② ③ ④ ⑤ ⑥
33	① ② ③ ④ ⑤ ⑥
34	① ② ③ ④ ⑤ ⑥
35	① ② ③ ④ ⑤ ⑥
36	① ② ③ ④ ⑤ ⑥
37	① ② ③ ④ ⑤ ⑥
38	① ② ③ ④ ⑤ ⑥
39	① ② ③ ④ ⑤ ⑥
40	① ② ③ ④ ⑤ ⑥

受験番号欄

	千位	百位	十位	一位	英字
	⓪ ① ② ③ ④ ⑤ ⑥ ⑦ ⑧ ⑨	⓪ ① ② ③ ④ ⑤ ⑥ ⑦ ⑧ ⑨	⓪ ① ② ③ ④ ⑤ ⑥ ⑦ ⑧ ⑨	① ② ③ ④ ⑤ ⑥ ⑦ ⑧ ⑨	Ⓐ Ⓑ Ⓒ Ⓗ Ⓚ Ⓜ Ⓡ Ⓤ Ⓧ Ⓨ Ⓩ

フリガナ

氏 名

試験場コード

十万位	万位	千位	百位	十位	一位

英 語 （リスニング） 模 試 第 2 回 解 答 用 紙

マーク例

良い例 ●
悪い例 ⊙ ⊗ ◑ ○

520

受験番号欄

氏名

フリガナ

試験場コード

解答番号	解答欄 1 2 3 4 5 6
1	① ② ③ ④ ⑤ ⑥
2	① ② ③ ④ ⑤ ⑥
3	① ② ③ ④ ⑤ ⑥
4	① ② ③ ④ ⑤ ⑥
5	① ② ③ ④ ⑤ ⑥
6	① ② ③ ④ ⑤ ⑥
7	① ② ③ ④ ⑤ ⑥
8	① ② ③ ④ ⑤ ⑥
9	① ② ③ ④ ⑤ ⑥
10	① ② ③ ④ ⑤ ⑥
11	① ② ③ ④ ⑤ ⑥
12	① ② ③ ④ ⑤ ⑥
13	① ② ③ ④ ⑤ ⑥
14	① ② ③ ④ ⑤ ⑥
15	① ② ③ ④ ⑤ ⑥
16	① ② ③ ④ ⑤ ⑥
17	① ② ③ ④ ⑤ ⑥
18	① ② ③ ④ ⑤ ⑥
19	① ② ③ ④ ⑤ ⑥
20	① ② ③ ④ ⑤ ⑥

解答番号	解答欄 1 2 3 4 5 6
21	① ② ③ ④ ⑤ ⑥
22	① ② ③ ④ ⑤ ⑥
23	① ② ③ ④ ⑤ ⑥
24	① ② ③ ④ ⑤ ⑥
25	① ② ③ ④ ⑤ ⑥
26	① ② ③ ④ ⑤ ⑥
27	① ② ③ ④ ⑤ ⑥
28	① ② ③ ④ ⑤ ⑥
29	① ② ③ ④ ⑤ ⑥
30	① ② ③ ④ ⑤ ⑥
31	① ② ③ ④ ⑤ ⑥
32	① ② ③ ④ ⑤ ⑥
33	① ② ③ ④ ⑤ ⑥
34	① ② ③ ④ ⑤ ⑥
35	① ② ③ ④ ⑤ ⑥
36	① ② ③ ④ ⑤ ⑥
37	① ② ③ ④ ⑤ ⑥
38	① ② ③ ④ ⑤ ⑥
39	① ② ③ ④ ⑤ ⑥
40	① ② ③ ④ ⑤ ⑥

英語(リスニング) 模試 第3回 解答用紙

英語（リスニング）模試　第4回　解答用紙

マーク例

良い例 ●　悪い例 ⊙ ⊗ ◖ ○

522

キリトリ線

受験番号欄

千位	百位	十位	一位	英字
—	—	—	—	
⑨⑧⑦⑥⑤④③②①	⑨⑧⑦⑥⑤④③②①⓪	⑨⑧⑦⑥⑤④③②①⓪	⑨⑧⑦⑥⑤④③②①⓪	ⓏⓎⓍⓊⓇⓂⓀⒽⒸⒷⒶ

A B C H K M R U X Y Z

フリガナ

氏名

試験場コード

十万位	万位	千位	百位	十位	一位

試験場

解答欄

解答番号	1	2	3	4	5	6
1	①	②	③	④	⑤	⑥
2	①	②	③	④	⑤	⑥
3	①	②	③	④	⑤	⑥
4	①	②	③	④	⑤	⑥
5	①	②	③	④	⑤	⑥
6	①	②	③	④	⑤	⑥
7	①	②	③	④	⑤	⑥
8	①	②	③	④	⑤	⑥
9	①	②	③	④	⑤	⑥
10	①	②	③	④	⑤	⑥
11	①	②	③	④	⑤	⑥
12	①	②	③	④	⑤	⑥
13	①	②	③	④	⑤	⑥
14	①	②	③	④	⑤	⑥
15	①	②	③	④	⑤	⑥
16	①	②	③	④	⑤	⑥
17	①	②	③	④	⑤	⑥
18	①	②	③	④	⑤	⑥
19	①	②	③	④	⑤	⑥
20	①	②	③	④	⑤	⑥

解答番号	1	2	3	4	5	6
21	①	②	③	④	⑤	⑥
22	①	②	③	④	⑤	⑥
23	①	②	③	④	⑤	⑥
24	①	②	③	④	⑤	⑥
25	①	②	③	④	⑤	⑥
26	①	②	③	④	⑤	⑥
27	①	②	③	④	⑤	⑥
28	①	②	③	④	⑤	⑥
29	①	②	③	④	⑤	⑥
30	①	②	③	④	⑤	⑥
31	①	②	③	④	⑤	⑥
32	①	②	③	④	⑤	⑥
33	①	②	③	④	⑤	⑥
34	①	②	③	④	⑤	⑥
35	①	②	③	④	⑤	⑥
36	①	②	③	④	⑤	⑥
37	①	②	③	④	⑤	⑥
38	①	②	③	④	⑤	⑥
39	①	②	③	④	⑤	⑥
40	①	②	③	④	⑤	⑥

キリトリ線

英語（リスニング）模試 第5回 解答用紙

マーク例

良い例	悪い例
●	⊙ ⊗ ◐ O

523

受験番号欄

千位	百位	十位	一位	英字	
—	⓪	⓪	⓪	Ⓐ	A
①	①	①	①	Ⓑ	B
②	②	②	②	Ⓒ	C
③	③	③	③	Ⓗ	H
④	④	④	④	Ⓚ	K
⑤	⑤	⑤	⑤	Ⓜ	M
⑥	⑥	⑥	⑥	Ⓡ	R
⑦	⑦	⑦	⑦	Ⓤ	U
⑧	⑧	⑧	⑧	Ⓧ	X
⑨	⑨	⑨	⑨	Ⓨ	Y
—	—	—	—	Ⓩ	Z

フリガナ	
氏名	

試験場コード	十万位	万位	千位	百位	十位	一位

解答番号	解答欄					
	1	2	3	4	5	6
1	①	②	③	④	⑤	⑥
2	①	②	③	④	⑤	⑥
3	①	②	③	④	⑤	⑥
4	①	②	③	④	⑤	⑥
5	①	②	③	④	⑤	⑥
6	①	②	③	④	⑤	⑥
7	①	②	③	④	⑤	⑥
8	①	②	③	④	⑤	⑥
9	①	②	③	④	⑤	⑥
10	①	②	③	④	⑤	⑥
11	①	②	③	④	⑤	⑥
12	①	②	③	④	⑤	⑥
13	①	②	③	④	⑤	⑥
14	①	②	③	④	⑤	⑥
15	①	②	③	④	⑤	⑥
16	①	②	③	④	⑤	⑥
17	①	②	③	④	⑤	⑥
18	①	②	③	④	⑤	⑥
19	①	②	③	④	⑤	⑥
20	①	②	③	④	⑤	⑥

解答番号	解答欄					
	1	2	3	4	5	6
21	①	②	③	④	⑤	⑥
22	①	②	③	④	⑤	⑥
23	①	②	③	④	⑤	⑥
24	①	②	③	④	⑤	⑥
25	①	②	③	④	⑤	⑥
26	①	②	③	④	⑤	⑥
27	①	②	③	④	⑤	⑥
28	①	②	③	④	⑤	⑥
29	①	②	③	④	⑤	⑥
30	①	②	③	④	⑤	⑥
31	①	②	③	④	⑤	⑥
32	①	②	③	④	⑤	⑥
33	①	②	③	④	⑤	⑥
34	①	②	③	④	⑤	⑥
35	①	②	③	④	⑤	⑥
36	①	②	③	④	⑤	⑥
37	①	②	③	④	⑤	⑥
38	①	②	③	④	⑤	⑥
39	①	②	③	④	⑤	⑥
40	①	②	③	④	⑤	⑥

※試作問題は自動採点に対応していません。

英語（リスニング）試作問題 解答用紙

※試作問題の解答番号は, 27〜33です。

マーク例

良い例	悪い例
●	· ⊗ ◖ ○

受験番号欄

千位	百位	十位	一位	英字
—	—	—	—	Ⓐ A
①	⓪	⓪	⓪	Ⓑ B
②	①	①	①	Ⓒ C
③	②	②	②	Ⓗ H
④	③	③	③	Ⓚ K
⑤	④	④	④	Ⓜ M
⑥	⑤	⑤	⑤	Ⓡ R
⑦	⑥	⑥	⑥	Ⓤ U
⑧	⑦	⑦	⑦	Ⓧ X
⑨	⑧	⑧	⑧	Ⓨ Y
	⑨	⑨	⑨	Ⓩ Z

フリガナ

氏名

試験場コード

十万位	万位	千位	百位	十位	一位

解答欄

解答番号	解答欄 1 2 3 4 5 6
1	① ② ③ ④ ⑤ ⑥
2	① ② ③ ④ ⑤ ⑥
3	① ② ③ ④ ⑤ ⑥
4	① ② ③ ④ ⑤ ⑥
5	① ② ③ ④ ⑤ ⑥
6	① ② ③ ④ ⑤ ⑥
7	① ② ③ ④ ⑤ ⑥
8	① ② ③ ④ ⑤ ⑥
9	① ② ③ ④ ⑤ ⑥
10	① ② ③ ④ ⑤ ⑥
11	① ② ③ ④ ⑤ ⑥
12	① ② ③ ④ ⑤ ⑥
13	① ② ③ ④ ⑤ ⑥
14	① ② ③ ④ ⑤ ⑥
15	① ② ③ ④ ⑤ ⑥
16	① ② ③ ④ ⑤ ⑥
17	① ② ③ ④ ⑤ ⑥
18	① ② ③ ④ ⑤ ⑥
19	① ② ③ ④ ⑤ ⑥
20	① ② ③ ④ ⑤ ⑥

解答番号	解答欄 1 2 3 4 5 6
21	① ② ③ ④ ⑤ ⑥
22	① ② ③ ④ ⑤ ⑥
23	① ② ③ ④ ⑤ ⑥
24	① ② ③ ④ ⑤ ⑥
25	① ② ③ ④ ⑤ ⑥
26	① ② ③ ④ ⑤ ⑥
27	① ② ③ ④ ⑤ ⑥
28	① ② ③ ④ ⑤ ⑥
29	① ② ③ ④ ⑤ ⑥
30	① ② ③ ④ ⑤ ⑥
31	① ② ③ ④ ⑤ ⑥
32	① ② ③ ④ ⑤ ⑥
33	① ② ③ ④ ⑤ ⑥
34	① ② ③ ④ ⑤ ⑥
35	① ② ③ ④ ⑤ ⑥
36	① ② ③ ④ ⑤ ⑥
37	① ② ③ ④ ⑤ ⑥
38	① ② ③ ④ ⑤ ⑥
39	① ② ③ ④ ⑤ ⑥
40	① ② ③ ④ ⑤ ⑥

キ リ ト リ 線

英語（リスニング）2024 本試 解答用紙

※過去問は自動採点に対応していません。

マーク例

良い例	●
悪い例	⊗ ◐ ○

解答欄

解答番号	1	2	3	4	5	6
1	①	②	③	④	⑤	⑥
2	①	②	③	④	⑤	⑥
3	①	②	③	④	⑤	⑥
4	①	②	③	④	⑤	⑥
5	①	②	③	④	⑤	⑥
6	①	②	③	④	⑤	⑥
7	①	②	③	④	⑤	⑥
8	①	②	③	④	⑤	⑥
9	①	②	③	④	⑤	⑥
10	①	②	③	④	⑤	⑥
11	①	②	③	④	⑤	⑥
12	①	②	③	④	⑤	⑥
13	①	②	③	④	⑤	⑥
14	①	②	③	④	⑤	⑥
15	①	②	③	④	⑤	⑥
16	①	②	③	④	⑤	⑥
17	①	②	③	④	⑤	⑥
18	①	②	③	④	⑤	⑥
19	①	②	③	④	⑤	⑥
20	①	②	③	④	⑤	⑥

解答番号	1	2	3	4	5	6
21	①	②	③	④	⑤	⑥
22	①	②	③	④	⑤	⑥
23	①	②	③	④	⑤	⑥
24	①	②	③	④	⑤	⑥
25	①	②	③	④	⑤	⑥
26	①	②	③	④	⑤	⑥
27	①	②	③	④	⑤	⑥
28	①	②	③	④	⑤	⑥
29	①	②	③	④	⑤	⑥
30	①	②	③	④	⑤	⑥
31	①	②	③	④	⑤	⑥
32	①	②	③	④	⑤	⑥
33	①	②	③	④	⑤	⑥
34	①	②	③	④	⑤	⑥
35	①	②	③	④	⑤	⑥
36	①	②	③	④	⑤	⑥
37	①	②	③	④	⑤	⑥
38	①	②	③	④	⑤	⑥
39	①	②	③	④	⑤	⑥
40	①	②	③	④	⑤	⑥

受験番号欄

英字	一位	十位	百位	千位
Ⓐ	⓪	⓪	⓪	
Ⓑ	①	①	①	①
Ⓒ	②	②	②	②
Ⓗ	③	③	③	③
Ⓚ	④	④	④	④
Ⓜ	⑤	⑤	⑤	⑤
Ⓡ	⑥	⑥	⑥	⑥
Ⓤ	⑦	⑦	⑦	⑦
Ⓧ	⑧	⑧	⑧	⑧
Ⓨ	⑨	⑨	⑨	⑨
Ⓩ	－	－	－	－

A B C H K M R U X Y Z

フリガナ

氏名

試験場コード

十万位	万位	千位	百位	十位	一位

英　語　(リスニング)　2023　本　試　解　答　用　紙

※過去問は自動採点に対応していません。

マーク例

良い例	悪い例
●	⊙ ⊗ ◑ ○

フリガナ

氏　名

コード

試験場	十万位	万位	千位	百位	十位	一位

受験番号欄

千位	百位	十位	一位	英字
—	①	①	①	Ⓐ
②	②	②	②	Ⓑ
③	③	③	③	Ⓒ
④	④	④	④	Ⓗ
⑤	⑤	⑤	⑤	Ⓚ
⑥	⑥	⑥	⑥	Ⓜ
⑦	⑦	⑦	⑦	Ⓡ
⑧	⑧	⑧	⑧	Ⓤ
⑨	⑨	⑨	⑨	Ⓧ
	⓪	⓪	⓪	Ⓨ
				Ⓩ

解答番号	解答欄 1 2 3 4 5 6
1	① ② ③ ④ ⑤ ⑥
2	① ② ③ ④ ⑤ ⑥
3	① ② ③ ④ ⑤ ⑥
4	① ② ③ ④ ⑤ ⑥
5	① ② ③ ④ ⑤ ⑥
6	① ② ③ ④ ⑤ ⑥
7	① ② ③ ④ ⑤ ⑥
8	① ② ③ ④ ⑤ ⑥
9	① ② ③ ④ ⑤ ⑥
10	① ② ③ ④ ⑤ ⑥
11	① ② ③ ④ ⑤ ⑥
12	① ② ③ ④ ⑤ ⑥
13	① ② ③ ④ ⑤ ⑥
14	① ② ③ ④ ⑤ ⑥
15	① ② ③ ④ ⑤ ⑥
16	① ② ③ ④ ⑤ ⑥
17	① ② ③ ④ ⑤ ⑥
18	① ② ③ ④ ⑤ ⑥
19	① ② ③ ④ ⑤ ⑥
20	① ② ③ ④ ⑤ ⑥

解答番号	解答欄 1 2 3 4 5 6
21	① ② ③ ④ ⑤ ⑥
22	① ② ③ ④ ⑤ ⑥
23	① ② ③ ④ ⑤ ⑥
24	① ② ③ ④ ⑤ ⑥
25	① ② ③ ④ ⑤ ⑥
26	① ② ③ ④ ⑤ ⑥
27	① ② ③ ④ ⑤ ⑥
28	① ② ③ ④ ⑤ ⑥
29	① ② ③ ④ ⑤ ⑥
30	① ② ③ ④ ⑤ ⑥
31	① ② ③ ④ ⑤ ⑥
32	① ② ③ ④ ⑤ ⑥
33	① ② ③ ④ ⑤ ⑥
34	① ② ③ ④ ⑤ ⑥
35	① ② ③ ④ ⑤ ⑥
36	① ② ③ ④ ⑤ ⑥
37	① ② ③ ④ ⑤ ⑥
38	① ② ③ ④ ⑤ ⑥
39	① ② ③ ④ ⑤ ⑥
40	① ② ③ ④ ⑤ ⑥

キ　リ　ト　リ　線

2025年用 共通テスト実戦模試

❷ 英語リスニング

解答・解説編

Z会編集部 編

共通テスト書籍のアンケートにご協力ください
ご回答いただいた方の中から、抽選で毎月50名様に「図書カード500円分」をプレゼント！
※当選者の発表は賞品の発送をもって代えさせていただきます。

学習診断サイトのご案内[※1]

『実戦模試』シリーズ（試作問題・過去問を除く）では，以下のことができます。

- マークシートをスマホで撮影して自動採点
- 自分の得点と，本サイト登録者平均点との比較
- 登録者のランキング表示（総合・志望大別）
- Ｚ会編集部からの直前対策用アドバイス

手順

① 本書を解いて，以下のサイトにアクセス（スマホ・PC対応）

　　Ｚ会共通テスト学習診断　検索　→　二次元コード　

　　https://service.zkai.co.jp/books/k-test/

② 購入者パスワード **97182** を入力し，ログイン

③ 必要事項を入力（志望校・ニックネーム・ログインパスワード）[※2]

④ スマホ・タブレットでマークシートを撮影　→**自動採点**[※3]，アドバイスGet！

　※1　学習診断サイトは2025年5月30日まで利用できます。
　※2　ID・パスワードは次回ログイン時に必要になりますので，必ず記録して保管してください。
　※3　スマホ・タブレットをお持ちでない場合は事前に自己採点をお願いします。

リスニング音声は，右の二次元コードを読み込むか，下記URLから2026年3月末まで聞くことができます。
https://service.zkai.co.jp/books/zbooks_data/dlstream?c=3174

目次

模試　第1回
模試　第2回
模試　第3回
模試　第4回
模試　第5回
大学入学共通テスト　試作問題
大学入学共通テスト　2024 本試
大学入学共通テスト　2023 本試

リスニング模試　第1回　解答

| 第1問小計 | 第2問小計 | 第3問小計 | 第4問小計 | 第5問小計 | 第6問小計 | 合計点 | /100 |

問題番号(配点)	設問	解答番号	正解	配点	自己採点	問題番号(配点)	設問	解答番号	正解	配点	自己採点
第1問 (25)	A	1	③	4		第4問 (12)	A	18	②	4※	
		2	①	4				19	①		
		3	①	4				20	③		
		4	③	4				21	④		
	B	5	③	3				22	①	1	
		6	①	3				23	①	1	
		7	③	3				24	②	1	
第2問 (16)		8	③	4				25	④	1	
		9	④	4			B	26	③	4	
		10	④	4		第5問 (15)		27	③	3	
		11	①	4				28	③	2※	
第3問 (18)		12	③	3				29	⑥		
		13	①	3				30	④	2※	
		14	④	3				31	①		
		15	④	3				32	③	4	
		16	①	3				33	③	4	
		17	④	3		第6問 (14)	A	34	②	3	
								35	④	3	
							B	36	③	4	
								37	④	4	

(注)　※は，全部正解の場合のみ点を与える。

第1問

A

問1 ┃ 1 ┃ ③

スクリプト	和訳
It's getting late. It's been fun, but I should get going.	時間が遅くなってきました。楽しかったけれど，そろそろ行かなければなりません。

① The speaker is going somewhere fun. （話者はどこか楽しい場所へ行くところだ。）

② The speaker is late for an appointment. （話者は約束に遅れている。）

③ **The speaker is leaving soon. （話者はもうすぐ出発する。）**

④ The speaker is not having a good time. （話者は楽しい時間を過ごしていない。）

> このlateは「遅れている」ではなく「（時間的に）遅い」の意味。get goingをleave（出発する；立ち去る）と言い換えている③が正解。
>
> 語句
> ◇ get *doing*「…し始める」（get goingで「おいとまする」といった意味になる）

問2 ┃ 2 ┃ ①

スクリプト	和訳
I heard the doorbell ring. I'd better go and see who it is.	呼び鈴が鳴るのが聞こえました。誰だか見に行った方がよさそうです。

① **The speaker doesn't know who has come. （話者は誰が来たのか知らない。）**

② The speaker is visiting his neighbor. （話者は隣人を訪問している。）

③ The speaker needs to fix the doorbell. （話者は呼び鈴を修理する必要がある。）

④ The speaker will not answer the phone. （話者は電話に出ないだろう。）

> 1文目から，誰かが訪問してきたことがわかる。2文目のwho it isのitは，その訪問者のこと。go and see who it is（それが誰であるかを見に行く）と言っていることから，話者は訪ねてきたのが誰であるかを知らないと推測できる。よって①が正解。

問3 ┃ 3 ┃ ①

スクリプト	和訳
Yoko wants her own television in her room, but her parents won't let her have one.	ヨウコは部屋に自分のテレビを欲しがっていますが，両親はヨウコにテレビを持たせてくれません。

① **Yoko doesn't have her own television. （ヨウコは自分のテレビを持っていない。）**

② Yoko doesn't like to watch television. （ヨウコはテレビを見るのが好きではない。）

③ Yoko's parents bought a new television. （ヨウコの両親は新しいテレビを買った。）

④ Yoko's parents don't watch television. （ヨウコの両親はテレビを見ない。）

> 文末のoneはher own televisionを指す。「両親が彼女に，自分のテレビを持つことを許さない」ということだから，ヨウコは自分のテレビを持っていないとわかる。よって①が正解。
>
> 語句
> ◇ own「自分自身の」

— ①-2 —

問4 4 ③

スクリプト	和訳
I went to the band practice before everyone else got there so that I could practice by myself.	私は，1人だけで練習できるよう，他のみんなが来る前にバンドの練習に行きました。

① The speaker left before the band came. （話者はバンドが来る前に立ち去った。）
② The speaker missed the band practice. （話者はバンドの練習を欠席した。）
③ **The speaker played alone before group practice. （話者はグループ練習の前に1人で演奏した。）**
④ The speaker was upset that no one came. （話者は，誰も来ないので困惑した。）

「他のみんながそこ〔練習場所〕に着く前に，私はバンドの練習に行った」とあり，その目的は「自分1人だけで練習できるように」と述べられている。よって③が正解。band practice が選択肢では group practice と言い換えられている。

語句
◇ everyone else「他のみんな」
◇ so that ～ can ...「～が…できるように」（目的を表す）

B

問5 5 ③

スクリプト	和訳
She went out for a run in the morning even though it was raining.	雨が降っていたけれども，彼女は午前中にランニングに出かけました。

選択肢にイラストが含まれる問題では，音声が流れる前に各イラストの違いを確認しておく。イラストの相違点は「外で走っているのか，室内でトレーニングをしているのか」「午前か午後か」の2つ。この観点から音声に合うものを選ぶと正解は③。

語句
◇ run「走ること：ランニング」
◇ even though ...「…にもかかわらず：…だけれども」

問6 6 ①

スクリプト	和訳
The girl didn't start reading the book until she got a seat on the bus.	その女の子は，席が取れてから本を読み始めた。

not ～ until ... は「…するまで～しない」→「…してから～する」という意味だから，席が空いて座ってから本を読み始めたと判断できる。よって①が正解。didn't と reading から「本を読んでいなかった」と勘違いしないように注意する。

問7 7 ③

スクリプト	和訳
Tsutomu stopped to get some coffee and snacks on his way home from school.	ツトムは学校から家に帰る途中，コーヒーとお菓子を買うために（カフェに）立ち寄った。

— ①-3 —

「男の子が学校に向かっているか，家に向かっているか」，また，「カフェに立ち寄った〔コーヒーとお菓子を持っている〕かどうか」の2つの観点から音声に合うものを選ぶ。③が正解。

語句

◇ stop to *do*「…するために立ち止まる」

◇ on *one's* way home from ～「～から家に帰る途中で」

第2問

問8 8 ③

スクリプト	和訳
W：How about on the counter under the window?	女：窓の下のカウンターの上ではどうかしら。
M：I don't want to put anything there except fruit.	男：そこには果物以外には何も置きたくないよ。
W：Then in that back corner, next to the sink?	女：じゃあ，流しの隣の奥の角は？
M：Let's put it on the other side of the sink.	男：流しのその反対側に置こう。

問　Where does the man want to put the rice cooker?（男性は炊飯器をどこに置きたがっているか。）

イラストに描かれている4つの場所を，音声を聞きながら，順にチェックしていけばよい。「窓の下のカウンターの上には果物以外何も置きたくない」ということから②と④は外れる。①に当たる「流しの奥の角」ではなく，「その反対側」と言っているので，③が正解とわかる。

語句

◇ except ～「～以外は；～を除いて」

◇ the other side of ～「～のもう一方の側；～の反対側」

問9 9 ④

スクリプト	和訳
M：Are you going to be a lion like last year?	男：去年みたいにライオンになるつもりかい。
W：I'm not going to be an animal.	女：動物にはならないわ。
M：Are you thinking of a superhero?	男：スーパーヒーローを考えているの？
W：No. Something more traditional.	女：いいえ。何かもっと昔ながらのものよ。

問　Which costume will the woman probably wear?（女性はおそらくどの衣装を着るか。）

発言中に否定されたものを消去し，イラストを絞り込んでいく。「動物にはならない」から①と③は不正解。「スーパーヒーロー」についてもNoと答えているので②も不正解。④の魔女はtraditional（伝統的な；昔ながらの）という言葉に当てはまる。

語句

◇ traditional「伝統的な；伝説上の」

問10 10 ④

スクリプト	和訳
M：Do you want to try this?	男：これを試してみるかい。
W：Um … I'd rather not be in the water for a long time.	女：うーん，水の中に長時間いたくはないわ。

— ①-4 —

M : OK. Then let's do this!	男：わかった。じゃあこれをしよう！
W : I'm not comfortable going too fast, either.	女：あんまりスピードが出るのも不安だわ。

問 Which is the best sport for the woman to try?（女性がやってみるのに最適なスポーツはどれか。）

「水の中に長時間いる」のは②のダイビング。「スピードが出る」のは①の水上スキーと③のジェットスキー。消去法で絞っていくことで，正解として④のカヤックが導かれる。

語句
◇ would rather not *do*「（どちらかというと）…したくない」
◇ not comfortable *doing*「…するのが快適ではない」

問11 11 ①

スクリプト	和訳
W : Is it going to rain today?	女：今日，雨が降るかしら。
M : It's nice now, but the forecast said that the chance of rain will be 70% at noon and stay that way for the entire afternoon.	男：今は天気がいいけど，予報では，正午の降水確率は70%で，午後はずっとそんなふうだってさ。
W : Then it'll stop raining?	女：そのあと雨はやむのかしら。
M : Yeah, around 9.	男：うん，9時ぐらいにね。

問 Which weather forecast is the man looking at?（男性はどの天気予報を見ているか。）

「（今は天気がいいが）正午以降，午後はずっと降水確率70%」から③は不正解。「（午後）9時に雨がやむ」から午後6時の降水確率が10%の②，午後9時の降水確率が80%の④も不正解。今（午前中）晴れていて，正午，午後3時，6時の降水確率が70%，9時に晴れとなっている①が正解。

語句
◇ chance「可能性；見込み」
◇ that way「そのように」

第3問

問12 12 ③

スクリプト	和訳
M : Would you like whipped cream or caramel syrup in your coffee?	男：コーヒーにホイップクリームかキャラメルシロップをお入れしますか。
W : Neither thanks. Um, actually, can I have a little bit of milk in it?	女：どちらもいりません。ええと，じゃあ，ミルクを少し入れてもらえますか。
M : Sure. Here you go. And if you'd like some sugar, help yourself at the counter over there.	男：かしこまりました。はい，どうぞ。もし砂糖をお使いでしたら，あちらのカウンターでお取りください。

問 What does the woman want to add to her coffee?（女性はコーヒーに何を入れたがっているか。）

① Caramel syrup and sugar（キャラメルシロップと砂糖）

② Honey（ハチミツ）

③ **Milk（ミルク）**

④ Whipped cream（ホイップクリーム）

— ①-5 —

それぞれについて「女性がコーヒーに入れたがっているかどうか」を確実に聞き取る。まず「ホイップクリーム」「キャラメルシロップ」については Neither thanks.（どちらもいりません）と断っているので①と④は不正解。can I have ～?（～をもらえますか）という**依頼の言葉から，女性が欲しがっているのはミルクとわかる**。③が正解。「砂糖」については，店員が最後に挙げているだけで，女性の反応は述べられていない。②の「ハチミツ」は音声に出てこない。

語句
◇ neither「どちらも…ない」
◇ help *oneself*「自分で取って食べる〔飲む〕」

問13 　13　 ①

スクリプト	和訳
M：I have $80 left of this year's allowance. Do you want to see a movie and go shopping?	男：今年のお年玉があと80ドル残ってるんだ。映画を見て買い物に行かない？
W：Didn't you say you wanted a new bike? You should save money for it.	女：新しい自転車が欲しいって言ってなかった？自転車のためにお金を貯めた方がいいわよ。
M：You are right. I'm going to do that.	男：そのとおりだ。そうすることにするよ。

問　What will the boy use the money for?（男の子はお金を何に使うつもりか。）

① **To buy a bike**（自転車を買う）
② To get new clothes（新しい服を買う）
③ To go to a restaurant（レストランに行く）
④ To see a movie（映画を見る）

男性（兄）は最初，映画を見て買い物に行くことを提案するが，女性（妹）に，You should save money for it. と言われ，同意している。it はその前の文の a new bike のこと。したがって，兄が最後に do that と言っているのは，save money for a new bike ということになる。お金を映画や買い物に使わず取っておいて，最終的には自転車を買うために使うと判断できるので正解は①。

語句
◇ have ～ left「～が残っている」
◇ this year's allowance「今年のおこづかい」（ここではお年玉のことを言っている）

問14 　14　 ④

スクリプト	和訳
M：Hey, you look different.	男：あれ，いつもと感じが違うね。
W：I got my hair permed. I thought it would look nice, but it turned out it's a lot of work to maintain.	女：髪にパーマをかけたの。素敵に見えると思ったんだけど，形を保つのが大変だとわかったわ。
M：Well, as long as you are happy with it	男：まあ，それが気に入ってるなら…。
W：And it doesn't even look good.	女：それに，見た目もよくないのよ。
M：Come on. It's not that bad.	男：大丈夫だよ。そんなに悪くないよ。

問　How does the woman feel about her new hairstyle?（女性は自分の新しい髪型をどう思っているか。）

① It is bad for her hair.（それは彼女の髪によくない。）
② It is longer than she wanted.（それは彼女が望んだよりも長い。）
③ It looks good on her.（それは彼女に似合っている。）

— ①-6 —

④ She doesn't like it. (彼女はそれを気に入っていない。)

女性の最初の発言の2文目にI thought it would look nice, but ....とあり，このbut 以下に女性の気持ちが述べられていることをとらえる。「形を保つのが大変」，そして次の発言で「見た目もよくない」と言っていることから，④の「気に入っていない」が正解とわかる。

語句
◇〈get＋O＋過去分詞〉「Oを…された状態にする」
◇ perm「～にパーマをかける」
◇ it turns out (that) ...「…ということがわかる：判明する」
◇ as long as ...「…である限りは」
◇ that bad「そんなに悪い」(that は「それほど」の意味の副詞)

問15　15　④

スクリプト	和訳
W : Can you come in early tomorrow?	女：明日，早く来てもらえる？
M : Yes, of course. What do you need me to do?	男：もちろん。何をすればいいの？
W : I want to get the room ready for the meeting. Some visitors are coming.	女：会議のために部屋の準備をしたいの。何人かお客様がいらっしゃるから。
M : Can't we do that before we leave tonight?	男：今晩，帰る前に準備することはできないの？
W : No. The room's being used this evening.	女：ええ。今晩はその部屋は使われているから。

問　Which is true according to the conversation? (会話によると，どれが正しいか。)

① A meeting time has been changed. (会議の時間が変更された。)

② Some visitors will come this evening. (今晩，何人かお客様が来る。)

③ The meeting room is available tonight. (今晩，会議室は利用可能である。)

④ **The speakers will prepare a room tomorrow.** (話者たちは明日，部屋の準備をする。)

会議室の準備をいつするかと，会議室の使用状況がポイント。**女性は男性に明朝早く来るよう頼んでおり，それは会議室の準備のためである。**準備をするのは明日だから④が正解。①会議の時間変更については言及がない。②客は会議のために来るのであり，会議は明日だからthis eveningは誤り。③女性の最後の発言に「今晩はその部屋は使われているから」とあるから③も不正解。's (＝ is) being usedは受動態の現在進行形。

語句
◇ get ～ ready for ...「…のために～を準備する」

問16　16　①

スクリプト	和訳
W : Are you going to Ms. Norris's farewell party tomorrow?	女：明日のノリス先生のお別れ会には行くつもり？
M : It starts kind of late, doesn't it?	男：始まるのがちょっと遅いよね。
W : Not really. It starts at five.	女：そんなことないわ。5時に始まるわよ。
M : I don't know. I don't like crowds ... But I guess I should at least say good-bye to Ms. Norris.	男：どうかな。人ごみは好きじゃないんだ…でも，少なくともノリス先生にさよならを言った方がいいよね。

— ①-7 —

| W : Exactly. She's been a great teacher. | 女：もちろんよ。素晴らしい先生だったもの。 |

問　What do the two people agree about? (2人は何について意見が合っているか。)

① It's important that they show up at the party. (彼らがパーティーに出ることは重要だ。)

② The party starts late at night. (パーティーは夜遅くに始まる。)

③ Their teacher was a punctual person. (彼らの先生は時間に正確だった。)

④ There won't be too many people at the party. (パーティーに人が多く来過ぎることはないだろう。)

> 男性が「少なくともノリス先生にさよならを言った方がいい」と言ったのに対して女性は Exactly.（もちろんよ）と同意し，「素晴らしい先生だった」と応じていることから，正解は①と判断できる。②については女性が2つ目の発言で Not really. と否定している。③については特に言及はなく，④についても，男性が「人ごみが好きではない」と言っているだけで，実際の参加者数についての発言はない。
>
> **語句**
> ◇ kind of ... 「ちょっと…」（ぼかす言い方）
> ◇ I don't know. 「どうかな；そうかな」（軽い疑義）

問17　17　④

スクリプト	和訳
W : Excuse me. Could you tell me the way to South Kensington Underground Station?	女：すみません。地下鉄のサウス・ケンジントン駅への行き方を教えていただけますか。
M : It's a bit far. Are you walking?	男：少し遠いですよ。歩いていくのですか。
W : Yes. I need to get to the Natural History Museum by twelve.	女：ええ。12時までに自然史博物館に着く必要があるのですが。
M : It's already twenty past eleven.	男：すでに11時20分ですよ。
W : I know. I have a job interview. Will I make it in time?	女：承知しています。仕事の面接があるんです。間に合うでしょうか。
M : Not unless you get a taxi to the station. It won't cost too much from here.	男：駅までタクシーで行かないと無理でしょう。ここからならそれほど高くありませんよ。

問　What does the man think about the woman's plan? (女性の計画について，男性はどう考えているか。)

① It is too complicated. (複雑すぎる。)

② It is too expensive. (高すぎる。)

③ It might work. (うまくいくかもしれない。)

④ It will take too long. (時間がかかりすぎるだろう。)

> 男性の最後の発言 Not unless ... は，前の女性の発言を受けて「…しなければ間に合わないだろう」という意味。その前に「歩いていくのですか」という男性の質問に女性は Yes と答えているから，**男性は「歩いていくのは時間がかかりすぎる」と考えている**と判断できる。④が正解。女性の発言内容に複雑なところはないので①は適さない。費用については，最後に「それほど高くありません」と言っているが，これは女性の計画（歩き）とは違う手段に対するもの。駅まで歩いていくのに費用はかからないから②も不正解。女性が考えている「歩いていく」では間に合わないと考えているから③も不正解。
>
> **語句**
> ◇ ① complicated 「複雑な；込み入った」

— ①-8 —

第4問

A

問18～21　　18　②　　19　①　　20　③　　21　④

スクリプト

Library users in this city aged 16 and older were asked what activities they had done in the past 12 months. The most common answer was borrowing books, which was followed by reading. It was interesting to see that some non-traditional activities were quite common. These days, libraries have a variety of other services available for users. Almost half as many people as borrowed books from the library went there to attend classes and lectures. 18 percent went to the library to make use of high-tech devices such as 3D printers. The second least popular activity on the list was accessing the Internet.

和訳

この市の16歳以上の図書館利用者が，ここ12か月間にどのような活動をしたかを質問されました。最も多かった回答は「本を借りる」で，次は「読書」でした。従来とは異なるいくつかの活動が，かなり一般的であるとわかったことは興味深いことでした。最近は，図書館で利用者が使えるさまざまなほかのサービスがあります。図書館から本を借りた人数のほぼ半分の人数が，教室や講座に参加するために図書館へ行きました。18パーセントは3Dプリンターのようなハイテク機器を利用するために図書館へ行きました。リストで2番目に人気のない活動はインターネットにアクセスすることでした。

図書館の利用者が図書館でどのような活動をしたかをまとめたレポートである。最も多い回答は「本を借りる」で，グラフの左端に当たる。それに続くのがreading（読書）で，グラフでは2番目に数が多いのが　20　だから，ここに③が入る。「本を借りた人数のほぼ半分の人数」がattend classes and lectures（教室や講座に参加する）と述べているから，グラフで「本を借りる」のほぼ半分の　18　には②が入る。18パーセントがmake use of high-tech devices（ハイテク機器を利用する）と言っていたから，④はグラフの　21　に入る。最後の文のthe second least popularは「2番目に人気がない」，つまりグラフで2番目に人数が少ないものを表している。グラフの　19　がそれに当たり，accessing the Internet（インターネットにアクセスすること）である①がここに入る。

語句
◇ make use of ～「～を使う」
◇ high-tech device「ハイテク機器」

問22～25　　22　①　　23　①　　24　②　　25　④

スクリプト

This list shows the type of glasswork a visitor can make and how long each item will take to cool down before the visitor can take it home. The time to cool down depends on the weight of the item. The wait time is one full day for an item up to 350 grams ... and 36 hours for an object up to 800 grams. If it weighs more than that, it will take additional 4 hours for every 100 grams.

和訳

このリストには，お客様が作ることのできるガラス製品の種類と，それぞれの品物が冷めてお客様が持ち帰ることができるまでにかかる時間が書かれています。冷める時間は品物の重さによります。350グラムまでの品物の待ち時間は丸1日…そして800グラムまでのものは36時間です。それより重い場合は，100グラムごとに追加で4時間ずつかかります。

— ①-9 —

ガラス製品が冷めるまでの待ち時間が問われている。リストでは3種類の製品が，さらに重さで分類されているが，待ち時間は製品の重さだけで決まり，種類は関係ないということに注意。350グラムまでは1日，つまり24時間。800グラムまでは36時間。800グラムより重いものは100グラムごとに4時間を加える。 22 と 23 は350グラム以下なので①， 24 は800グラムなので②， 25 は800グラムを200グラム超過しているため，36＋4×2＝44で④がそれぞれ正解となる。

[語句]
◇ glasswork「ガラス製品」
◇ ～ take ― to do「～が…するのに―（の時間）がかかる」
◇ one full day「丸1日」
◇ weigh「～の重さがある」
◇ additional「余分の；追加の」
◇ every「～ごとに」

B

問26　26　③

スクリプト	和訳
1. You should definitely take Business Management if you are a business major. You must have taken Business Fundamentals in order to take this class. The lectures are informative, and discussions are always lively. Grades will be based on discussions, presentations, and projects.	1. あなたがビジネス専攻なのであれば，絶対に「ビジネス・マネジメント」を取るべきです。このクラスを取るためには，「ビジネス基礎」を取っていなければなりません。講義は中身が豊富で，ディスカッションはいつも活発です。成績はディスカッション，発表，自主研究に基づいて決まります。
2. Anyone interested in education should take Education Psychology. No prior knowledge is necessary. The professor does a good job balancing lectures and group discussions. There aren't any assignments during the semester, but you have to do well in the final exam because your grade depends on it.	2. 教育に関心のある人なら，「教育心理学」を取るべきです。予備知識はまったく必要ありません。教授は，講義とグループディスカッションのバランスをうまく取ってくれます。学期中は宿題はありませんが，成績は期末試験で決まるので，期末試験でよい点を取らなければなりません。
3. The Mystery of Water is such a fun class to take. Interesting lectures, useful discussions, and cool experiments! Your attendance, participation, and everything you do in class will affect your grade. You don't need to know anything about water beforehand.	3.「水の謎」は，履修するとても楽しいクラスです。興味深い講義，役に立つディスカッション，面白い実験があります！　出席や参加の様子，クラスでするすべてのことが，あなたの成績を左右します。事前に水について何も知っている必要はありません。
4. World Languages and Cultures was my favorite class. The final paper is challenging, and it's the only thing that determines your grade. But if you participate in all the lectures and discussions, you'll be fine with the paper. You don't need any special knowledge, just a love of languages.	4.「世界の言語と文化」は，私のお気に入りのクラスでした。期末論文はかなり難しいもので，それだけであなたの成績が決まります。しかし，すべての講義とディスカッションに参加すれば，論文は問題ないでしょう。特別な知識は必要ありません。必要なのは言語を愛する気持ちだけです。

問 26 is the class you are most likely to choose. （ 26 が，あなたが選ぶ可能性の最も高い科目です。）

履修科目の4つの候補について説明を聞きながら，条件である「A. 予備知識」「B. クラス形態」「C. 成績の評価方法」について表に○×などでメモを書き込んでいくことで，正解を導くことができる。①はBusiness Fundamentalsの履修が前提になるのでAの条件に合わない。②，④はそれぞれ期末試験，期末論文で成績が決まるのでCの条件に合わない。③は，**講義とディスカッションがあり，出席や参加の様子，クラスでするすべてのことで成績がつけられ，事前に知識は必要ないのですべての条件に合う**。よって③が正解。

語句
◇ must have taken ～「（すでに）～を取っていなければならない」
◇ project「研究課題；自主研究」
◇ challenging「力量を問われるような；困難な；やりがいのある」

第5問

スクリプト

Chocolate is loved around the world, but have you ever stopped to think about where chocolate comes from? These days, about 70% of the chocolate sold globally comes from West Africa. While this area produces the highest quality chocolate, growing and harvesting cocoa beans is causing some serious environmental and social problems.

One major environmental problem caused by chocolate production is deforestation. Farmers want to grow more cocoa trees, so they cut down forests and turn them into farms. It is estimated that 70% of the illegal deforestation in Cote d'Ivoire, or the Ivory Coast, a West African nation, is caused by chocolate production, and around the world, two to three million hectares of forest have been lost. Such deforestation can lead to animals going extinct and to increased global warming.

Chocolate production is also causing social problems in cocoa-growing areas. Farmers often receive only a small amount from the overall profit from chocolate sales, with large food companies keeping most of the money. This keeps the cocoa farmers poor and makes it difficult for them to improve their farming methods and living conditions.

和訳

チョコレートは世界中で愛されていますが，チョコレートがどこから来るのかをあらためて考えてみたことはありますか。現在，世界中で販売されているチョコレートの約70％は西アフリカ産です。この地域では最高品質のチョコレートが作られていますが，カカオ豆の栽培と収穫は深刻な環境問題や社会問題を引き起こしています。

チョコレートの製造によって引き起こされる大きな環境問題の1つは森林破壊です。農家はより多くのカカオの木を栽培したいと考え，森林を伐採して農場に変えます。「象牙海岸」と呼ばれる西アフリカの国コートジボワールでは，違法森林伐採の70％はチョコレート製造のためのものと推定されており，世界中で200万から300万ヘクタールの森林が失われています。このような森林伐採は動物の絶滅や地球温暖化の進行につながる可能性があります。

チョコレート製造はカカオ栽培地域で社会問題も引き起こしています。多くの場合，農家はチョコレート販売から得られる利益全体のうち少額しか受け取っていません。売上金の大部分は大手食品会社が保有しているからです。このためカカオ農家は貧しいままであり，彼らの農法や生活条件を改善することが困難になっています。

Another social problem with chocolate production is that it often uses child labor. The work is difficult and dangerous, but farmers often feel they have to hire children because farmers can force them to work for low wages. Even though there are laws against children under 18 years old working, an estimated two million children are still being forced to work on cocoa farms.

Governments and large chocolate companies are trying to make these problems better, but progress is slow. How can we make chocolate production better for the environment and better for the people who grow and harvest cocoa beans?

チョコレート製造に関する別の社会問題は，児童労働が横行していることです。その仕事は困難で危険ですが，子供は低賃金で働かせることができるため，多くの場合，農家は子供を雇わなければならないと思うのです。18歳未満の子供の労働を禁じる法律があるにもかかわらず，推定200万人の子供たちが依然としてカカオ農場で働かされています。

政府や大手チョコレート会社はこれらの問題を改善しようとしていますが，なかなか進展していません。チョコレート製造を環境にとって，またカカオ豆を栽培し収穫する人々にとってよりよくするにはどうすればよいでしょうか。

ワークシート

○チョコレート製造についての報告
・目的：チョコレート製造 27 を探ること。
・チョコレート製造は環境問題や社会問題を引き起こしている。

○チョコレート製造は具体的にどのような問題を引き起こし，またその影響はどのようなことがあるか。

	環境問題	社会問題
原因	28	29
影響	30	31

○政府とチョコレート会社はこれらの問題を解決するためにもっと何かをしなければならない。

問27 27 ③

① solutions to problems caused by（に起因する問題の解決策）
② the effect of global warming on（に地球温暖化が及ぼす影響）
③ **the issues caused by（に起因する問題）**
④ ways to improve the speed of（の速度を向上させる方法）

チョコレート製造についての報告の目的を完成させる問題。第1段落最終文にも growing and harvesting cocoa beans is causing some serious environmental and social problems「カカオ豆の栽培と収穫は深刻な環境問題や社会問題を引き起こしています」とある。また，ワークシートの 27 を含む文の次の文に「チョコレート製造は環境問題や社会問題を引き起こしている。」ともあり，これが報告内容である。したがって「チョコレート製造に起因する問題を探ること。」が報告の目的とわかるので，③が正解。第5段落第1文に「政府や大手チョコレート会社はこれらの問題を改善しようとしていますが，なかなか進展していません。」，ワークシートの最終文に「政府とチョコレート会社はこれらの問題を解決するためにもっと何かをしなければならない。」とあることから，これらの問題の有効な解決策について述べている内容ではないことがわかるので⓪は不正解。第2段落から，「チョコレート製造に起因する森林伐採が地球温暖化の進行につながる可能性がある」ことがわかる。本文中

では，チョコレート製造が地球温暖化に影響を及ぼすとあり，因果関係が逆なので，②も不正解。④のようなことは述べられていないので，これも不正解。

問28 28 ③ **問29** 29 ⑥ **問30** 30 ④ **問31** 31 ①

① child labor（児童労働） ② dangerous work（危険な仕事） ③ deforestation（森林破壊）
④ global warming（地球温暖化） ⑤ natural disasters（自然災害） ⑥ poor farmers（貧しい農家）

チョコレート製造に起因する2つの問題の原因とその影響を示す表を完成させる問題。 28 と 30 は，チョコレート製造が引き起こす環境問題の原因とその影響を答えればよい。これらは第2段落で述べられている。第2段落第1文にOne major environmental problem caused by chocolate production is deforestation.「チョコレートの製造によって引き起こされる大きな環境問題の1つは森林破壊です。」とあるので， 28 には「森林破壊（③）」が入る。第2段落最終文にSuch deforestation can lead to ... increased global warming.「このような森林伐採は…地球温暖化の進行につながる可能性があります。」とあるので， 30 には「地球温暖化（④）」が入る。 29 と 31 は，チョコレート製造が引き起こす社会問題の原因とその影響を答えればよい。これらは第3〜4段落で述べられている。第3段落第2〜3文にFarmers often receive only a small amount from the overall profit .... This keeps the cocoa farmers poor「多くの場合，農家はチョコレート販売から得られる利益全体のうち少額しか受け取っていません。…このためカカオ農家は貧しいままであり」とあるので， 29 には「貧しい農家（⑥）」が入る。第4段落第1〜2文にAnother social problem with chocolate production is that it often uses child labor. ... farmers often feel they have to hire children because farmers can force them to work for low wages.「チョコレート製造に関する別の社会問題は，児童労働が横行していることです。…子供は低賃金で働かせることができるため，多くの場合，農家は子供を雇わなければならないと思うのです。」とあるので， 31 には「児童労働（①）」が入る。

語句
◇ cocoa bean「カカオ豆」（チョコレートの原材料）発音[kóukou]に注意
◇ environmental「環境の」
◇ deforestation「森林破壊；森林伐採」
◇ estimate「〜を見積もる；〜と推定する」
◇ illegal「違法な」
◇ Cote d'Ivoire「コートジボワール共和国」 cf. the Ivory Coast「コートジボワール共和国」（国名・英語表記）
◇ hectare「ヘクタール」（広さの単位）
◇ extinct「絶滅した」
◇ global warming「地球温暖化」
◇ profit「利益」
◇ wage「賃金」

問32 32 ③

スクリプト	和訳
Student A：Farmers are struggling because chocolate companies do not pay them enough.	生徒A：チョコレート会社が十分な対価を払ってくれないから，農家は苦しんでいるんだよ。
Student B：The problems with chocolate production are not being solved quickly enough.	生徒B：チョコレート製造に関する問題の解決のスピードは十分ではないね。

① Aの発言のみ一致する
② Bの発言のみ一致する
③ **どちらの発言も一致する**
④ どちらの発言も一致しない

講義の第3段落第2～3文にFarmers often receive only a small amount from the overall profit from chocolate sales, with large food companies keeping most of the money. This keeps the cocoa farmers poor and makes it difficult for them to improve their farming methods and living conditions.「多くの場合，農家はチョコレート販売から得られる利益全体のうち少額しか受け取っていません。売上金の大部分は大手食品会社が保有しているからです。このためカカオ農家は貧しいままであり，彼らの農法や生活条件を改善することが困難になっています。」とあるので，生徒Aの発言は講義内容と一致する。また，第5段落第1文にGovernments and large chocolate companies are trying to make these problems better, but progress is slow.「政府や大手チョコレート会社はこれらの問題を改善しようとしていますが，なかなか進展していません。」とあるので，これは生徒Bの発言と一致する。以上より③が正解。

語句
◇ struggle「苦しむ」

問33 33 ③

スクリプト	和訳
Ann：Look at this, Dave. We've researched child labor in cocoa bean production.	アン：これを見て，デイブ。私たちはカカオ豆生産における児童労働について調べてみたんだ。
Dave：A large number of children are still involved in hard physical work. Do you think the situation will get better?	デイブ：多くの子供たちが今も過酷な肉体労働に従事しているね。君はこの状況がよくなっていくと思う？
Ann：Governments are trying to improve the situation, but they have not reached the desired goal.	アン：各国の政府は状況の改善に努めているけれど，望ましい目標には達していないね。

（グラフタイトル：カカオ生産国では依然として児童労働が蔓延している
ガーナとコートジボワールのカカオ生産地域の農家で働く児童の数(2018/19年)）
（項目：調査対象の児童の割合／過去12か月間に何らかの労働／過去7日間に何らかの労働／年齢不相応な労働（児童労働)*／危険労働（児童労働)*）
（調査が実施された時に関連する時期。児童労働とは年齢不相応な労働時間及び／または危険な労働を定義する／*カカオ生産のみ／出典：NORC／シカゴ大学）

— ①－14 —

① Chocolate production has nothing to do with global warming or animal extinction.
（チョコレート製造は地球温暖化や動物の絶滅とは何の関係もない。）

② Farmers are demanding higher pay in order to increase sustainability.
（農家は持続可能性を高めるためにより高い対価を要求している。）

③ **Governments have not yet been able to find effective solutions to the problems caused by chocolate production.**
（各国政府はチョコレート製造に起因する問題への効果的な解決策をまだ見つけることができていない。）

④ Rising chocolate prices and profits are helping farmers invest in sustainable farms.
（チョコレートの価格と利益の上昇は，農家が持続可能な農場へ投資するのを手助けしている。）

図はチョコレートの原材料であるカカオ豆生産に関わる，ガーナとコートジボワールにおける児童労働の状況を示しており，すべての項目において**多くの子供がいまだに過酷な労働に従事していること**が読み取れる。そして，講義の第3～5段落からは「**チョコレート製造の社会的問題として児童労働があり，政府やチョコレート会社は改善しようとしているが，なかなか進展していない**」ことがわかり，またディスカッションの最後でアンがGovernments are trying to improve the situation, but they have not reached the desired goal.「**各国政府は状況の改善に努めているけれど，望ましい目標には達していない。**」と言っている。これらのことから，正解は③とわかる。講義の第2段落最終文にSuch deforestation can lead to animals going extinct and to increased global warming.「このような森林伐採は動物の絶滅や地球温暖化の進行につながる可能性があります。」とあるので，①は不正解。講義の第3段落第2～3文にFarmers often receive only a small amount from the overall profit from chocolate sales, with large food companies keeping most of the money. This keeps the cocoa farmers poor and makes it difficult for them to improve their farming methods and living conditions.「多くの場合，農家はチョコレート販売から得られる利益全体のうち少額しか受け取っていません。売上金の大部分は大手食品会社が保有しているからです。このためカカオ農家は貧しいままであり，彼らの農法や生活条件を改善することが困難になっています。」とある。これとは反対の内容なので，④も不正解。また，農家が高い対価を要求しているとは述べられていないので，②も不正解。

語句
◇ be involved in ～「～に従事する；～に関与する」
◇ desired「望ましい」
◇ 図 prevalent「蔓延している」
◇ 図 household「世帯，家庭」
◇ 図 Ghana「ガーナ」（国名）
◇ 図 hazardous「危険な」
◇ ① extinction「絶滅」
◇ ② sustainability「持続可能性」（名詞）　*cf.* sustainable「持続可能な」（形容詞）
◇ ④ invest「投資する」

第6問

A

スクリプト	和訳
Ben：Look, Yuki. This actress had another plastic surgery.	ベン：ほら，ユキ。この女優はまた形成手術〔美容整形手術〕をしたよ。
Yuki：Wow, she looks gorgeous. You don't think so, Ben?	ユキ：わあ，すごい美人ね。あなたはそう思わないの，ベン？
Ben：No. I don't understand why people do that.	ベン：思わないね。どうしてみんな形成手術をするのか理解できないよ。
Yuki：Well, they're not happy with how they look. It's their choice if they want to do something about it.	ユキ：ええと，みんな自分の見た目に満足していないのね。それについて何かしたいと思うかどうかは，自分で選ぶことだわ。
Ben：Yeah, but when celebrities like her undergo plastic surgery, they're sending a message that appearances matter the most.	ベン：そうだけど，彼女のような有名人が形成手術を受けると，外見が最も大切だというメッセージを送っていることになるよね。
Yuki：But appearances do matter. Researchers say that good-looking people tend to get hired more easily and even get paid more.	ユキ：でも，実際，外見は大切でしょう。研究者によれば，見た目のいい人は雇用されやすく，さらには給料も多くもらえる傾向があるそうよ。
Ben：That's because we've created a society where it's okay to judge people based on physical features.	ベン：それは，僕たちが身体的特徴に基づいて人を判断してもかまわないという社会を作ってきたからだよ。
Yuki：If that's the case, who can blame those people who get plastic surgery? They simply want a competitive advantage.	ユキ：もしそうだとして，形成手術を受ける人々を誰が責められるかしら。みんなはただ，人と張り合える強みが欲しいだけよ。
Ben：I think I'm going to face the world with what I've got.	ベン：僕は自分の持っているもので世の中に立ち向かおうと思うよ。

問34 | **34** | **②**

問　What is Yuki's main point?（ユキの話の要点は何か。）

① Plastic surgery does not help improve self-esteem.
（形成手術は自尊心を向上させるのには役立たない。）

② Plastic surgery is a reasonable option for some people today.
（今日，形成手術は一部の人にとって，理にかなった選択肢である。）

③ Plastic surgery is the best way to advance one's career.
（形成手術はキャリアアップするための最善の方法である。）

④ Plastic surgery makes people feel they are not beautiful enough.
（形成手術をすると，人々は自分が十分に美しくないと感じる。）

> ユキは2つ目の発言でIt's their choice if they want to do something about it.と述べ，最後の発言ではwho can blame those people who get plastic surgery?と述べている。ここからわかるのは，①や③のような形成手術そのものの善悪に対する評価をユキはしておらず，**形成手術を受ける人々の動機を理解し，容認している**ということである。よって正解は②。ユキは「見た目に満足していない人が形成手術を受ける」と言っており，④はその逆なので，不正解。

— ① － 16 —

問35 **35** ④

問　What is Ben's main point?（ベンの話の要点は何か。）

① Celebrities have no choice but to get plastic surgery.
　（有名人は形成手術を受けざるを得ない。）

② It is impossible to change people's standards of beauty.
　（人々の美の基準を変えることは不可能だ。）

③ It is wrong for the society to treat people unequally.
　（社会が人々を不平等に扱うのは間違っている。）

④ **People should not value appearances so much.**
　（人々はそんなに外見を重んじるべきではない。）

外見をよくするために形成手術を受ける人に理解を示すユキに対して，ベンは一貫して形成手術の必要性や意義に疑問を呈している。3つ目の発言「有名人が形成手術を受けることで外見が最も大切だというメッセージを送っている」，4つ目の発言「身体的特徴に基づいて人を判断してもかまわないという社会を作ってきた」の裏には**「外見が重要だ」という社会的風潮に対する批判**，言い換えれば④の思いがあることが推測できる。①②のようなことは述べられておらず，またベンの4つ目の発言には，③のような気持ちがあるとも考えられるが，ここでは形成手術の話をしているので，これが要点とは言えない。

語句
◇ plastic surgery「形成外科・形成手術（病気やけがによる外見上の問題を改善するもの）；美容整形手術（＝ cosmetic surgery）」
◇ celebrity「有名人；セレブ」
◇ matter「重要である」
◇ do matter「実際に重要である」（do は強調を表す助動詞）
◇ based on ～「～に基づいて」
◇ physical「肉体の；身体的な」
◇ that's the case「それが事実である」
◇ who can blame ～?「誰が～を非難できるか，誰も非難できない」
◇ competitive「競争力のある；他に負けない」
◇ face「～に直面する；立ち向かう」
◇ 問34 ① self-esteem「自尊心」

B

スクリプト	和訳
Keita: I heard outlets for charging will be installed on local trains.	ケイタ：普通電車に充電用のコンセントが設置されると聞いたよ。
Mike: That helps a lot.	マイク：それはとても役立つね。
Aya: But wait, Mike! It sounds a little dangerous. Don't you think so, Chloe?	アヤ：でも待って，マイク！ ちょっと危険だと思うわ。クロエ，そう思わない？
Chloe: Why do you think so, Aya?	クロエ：どうしてそう思うの，アヤ？
Mike: Yeah, we won't have to worry about how much battery life our smartphones have left. It seems very useful.	マイク：そうだよ，僕たちはスマートフォンの充電残量を気にしなくてよくなるんだ。とても役立つと思うよ。
Aya: I can see the good side, but what if people with bad manners use the outlets? What do you think, Keita?	アヤ：よい点があるのはわかるけど，もしマナーの悪い人がコンセントを使ったらどうなるかしら？ ケイタ，どう思う？
Keita: That's true, Aya. Some people might make instant noodles on the train!	ケイタ：その通りだね，アヤ。電車の中でインスタントラーメンを作る人も出てくるかもしれないね！
Chloe: Ordinary people wouldn't do such a thing!	クロエ：普通の人はそんなことはしないでしょう！
Mike: In Europe, they can charge their electrical bicycles on trains. It's cool!	マイク：ヨーロッパでは，電車の中で電動自転車を充電できるんだよ。かっこいいね！
Keita: But Mike, not all passengers will be able to use the outlets, right? I'm concerned some people might get into fights over them.	ケイタ：でもマイク，すべての乗客がコンセントを使えるわけではないよね？ 一部の人がコンセントを巡って争うんじゃないかと心配だよ。
Aya: Yeah, that's possible, Keita.	アヤ：ええ，その可能性はあるわ，ケイタ。
Chloe: Plus, there are also a lot of people with bad manners on trains these days. They pay too much attention to their smartphones and don't care about the people around them.	クロエ：それに，最近は電車内でのマナーが悪い人もたくさんいるわ。彼らはスマートフォンに気を取られすぎて，周囲の人々のことを気にしないのよ。
Aya: You're right, Chloe.	アヤ：そうね，クロエ。
Keita: It might get worse when we start charging smartphones from outlets on trains.	ケイタ：電車のコンセントからスマートフォンを充電し始めると，もっと悪くなるかもしれないね。
Mike: It's surprising many of you are opposed! How about you, Chloe?	マイク：君たちの多くが反対なのは驚きだよ！ クロエ，君はどう？
Chloe: I can see both sides.	クロエ：両方の言い分がわかるわ。

問36 　36　　③

マイクは1つ目の発言で，That(=outlets for charging will be installed on local trains) helps a lot. 「それ（＝普通電車に充電用のコンセントが設置されること）はとても役立つね。」と言い，それ以降も「スマートフォンの充電残量を気にしなくてよい」「電動自転車を充電できる」と肯定的な意見を述べており，設置には賛成である。アヤは1つ目の発言で，It sounds a little dangerous. 「ちょっと危険だと思うわ。」と言い，その後も，マナーの悪い人が使用する懸念を述べたり，ケイタやクロエの懸念に賛同したりと否定的な意見を述べており，設置には反対である。ケイタも「インスタントラーメンを作る人が出てくるかもしれない」「コンセントの奪い合いが起こるかもしれない」「マナーの悪い人

— ①－18 —

の態度がもっと悪くなるかもしれない」と懸念を述べているので，設置には反対と思われる。クロエについては，最後のやり取りでマイクに意見を求められて，I can see both sides. 「両方の言い分がわかるわ。」と述べているので，賛成でも反対でもないことがわかる。したがって，電車内にコンセントを設置することに反対なのはアヤとケイタの２人なので，正解は③。

問37 37 ④

①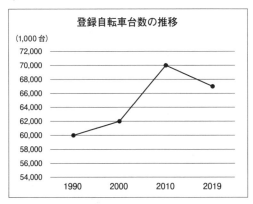

②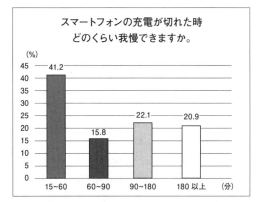

③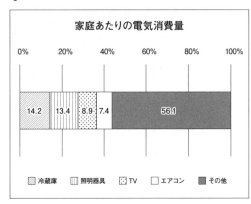

④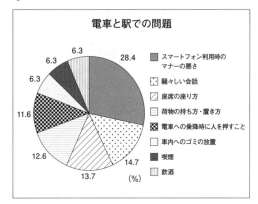

クロエの3つ目の発言の，there are also a lot of people with bad manners on trains these days. They pay too much attention to their smartphones and don't care about the people around them. 「最近は電車内でのマナーが悪い人もたくさんいるわ。彼らはスマートフォンに気を取られすぎて，周囲の人々のことを気にしないのよ。」から，「電車と駅での問題」というタイトルで，最大の問題が「スマートフォン利用時のマナーの悪さ」である④のグラフがクロエの意見と合う。したがって④が正解。電動自転車についてはマイクの3つ目の発言に出てくるが，登録自転車の台数についての会話ではないので，①は不正解。電車内のコンセントでスマートフォンを充電できるという話題ではあるが，スマートフォンの充電が切れた際に我慢できる時間についての会話は出てこないので，②も不正解。家庭における電気消費割合についての会話はまったく出てこないので，③も不正解。

語句

◇ charge「～を充電する」

◇ install「～を設置する」

◇ battery life「充電残量」

◇ What if ...?「もし…としたらどうなるか。」

◇ ordinary「普通の」

◇ electrical bicycle「電動自転車」

◇ get into ～「～に足を踏み入れる」

◇ pay attention to ～「～に気を取られる；～に注意を払う」

◇ get worse「より悪くなる」

◇ opposed「反対して」

◇ side「(対立する個人や集団の) 側」

◇ 問37 ③ consumption「消費量」

◇ 問37 ④ push on and off trains「電車での人を押しのけての乗り降り」

リスニング模試 第2回 解答

| 第1問小計 | 第2問小計 | 第3問小計 | 第4問小計 | 第5問小計 | 第6問小計 | 合計点 | /100 |

問題番号(配点)	設問		解答番号	正解	配点	自己採点	問題番号(配点)	設問		解答番号	正解	配点	自己採点
第1問 (25)	A	1	1	④	4		第4問 (12)	A	18	18	③	4※	
		2	2	①	4				19	19	②		
		3	3	③	4				20	20	④		
		4	4	②	4				21	21	①		
	B	5	5	④	3				22	22	⑤	1	
		6	6	①	3				23	23	③	1	
		7	7	③	3				24	24	①	1	
第2問 (16)		8	8	④	4				25	25	②	1	
		9	9	②	4			B	26	26	②	4	
		10	10	②	4		第5問 (15)		27	27	③	3	
		11	11	④	4				28	28	⑤	2※	
第3問 (18)		12	12	③	3				29	29	③		
		13	13	③	3				30	30	①	2※	
		14	14	④	3				31	31	②		
		15	15	①	3				32	32	②	4	
		16	16	①	3				33	33	③	4	
		17	17	③	3		第6問 (14)	A	34	34	④	3	
(注) ※は,全部正解の場合のみ点を与える。									35	35	④	3	
								B	36	36	③	4	
									37	37	②	4	

第1問

A

問1　1　④

スクリプト	和訳
Most of my friends like traveling abroad, and so do I.	私の友達のほとんどは海外旅行が好きで，私もそうです。

① The speaker doesn't want to make domestic trips.（話者は国内旅行をしたくない。）

② The speaker hasn't traveled abroad yet.（話者は海外旅行をまだしたことがない。）

③ The speaker is traveling abroad right now.（話者はちょうど今海外旅行をしている。）

④ The speaker likes to make trips overseas.（話者は海外旅行をするのが好きである。）

> 後半のso do I（私もそうです）のsoは，前半の「海外旅行が好きだ」を受けている。つまり，**話者も海外旅行が好きだということ**である。④が正解。
>
> **語句**
> ◇ so do S「Sも（また）そうである」

問2　2　①

スクリプト	和訳
The man tried to make himself understood in English, but I didn't catch what he said.	その男性は英語で意思を伝えようとしましたが，私は彼の言ったことが聞き取れませんでした。

① The speaker couldn't understand the man's English.（話者は男性の英語を理解できなかった。）

② The speaker got a good score in English.（話者は英語でいい点数を取った。）

③ The speaker knew where the man had been born.（話者はその男性がどこで生まれたかを知っていた。）

④ The speaker shouldn't have spoken English so fast.（話者はそんなに速く英語を話すべきではなかった。）

> catch what he saidは「彼の言ったことを聞き取る」という意味。英語で意思を伝えようとしている男性の言ったことが聞き取れなかった，つまり，**男性の英語が理解できなかった**ということである。①が正解。
>
> **語句**
> ◇ make *oneself* understood「自分の考え〔言葉〕を人に理解してもらう」

問3　3　③

スクリプト	和訳
Miranda would be the last person to break her word. I believe her.	ミランダは最も約束を破りそうにない人です。私は彼女を信じています。

① The speaker doesn't think Miranda is calm.（話者はミランダが冷静だと思っていない。）

② The speaker doesn't think Miranda keeps her promises.（話者はミランダが約束を守ると思っていない。）

③ The speaker thinks Miranda is reliable.（話者はミランダが信頼できると思っている。）

④ The speaker thinks Miranda should take a break.（話者はミランダが休憩をするべきだと思っている。）

第1文で話者はミランダについて約束を破らない人だと評価し，第2文で彼女を信じていると言っている。つまり，**ミランダを信頼している**ということである。③が正解。

語句
◇ the last 〜 to *do*「最も…しそうにない〜」
◇ break *one's* word「約束を破る」

問4　**4**　②

スクリプト	和訳
Everybody is concentrating on studying in the library. Would you stop talking on your cell phone here?	誰もが図書館で勉強に集中しています。ここでは携帯電話で話すのをやめていただけますか。

① The speaker doesn't have a cell phone now.（話者は今携帯電話を持っていない。）
② **The speaker doesn't want cell phones to be used.**（話者は携帯電話が使われてほしくない。）
③ The speaker has very good concentration.（話者はとても高い集中力を持っている。）
④ The speaker usually studies in the library.（話者は普段図書館で勉強している。）

第2文で，携帯電話で話すのをやめてほしいと頼んでいるということは，携帯電話を使ってほしくない，つまり，**携帯電話が使われてほしくない**ということである。②が正解。

語句
◇ concentrate on 〜「〜に集中する」
◇ ② want 〜 to *do*「〜に…してほしい」

B

問5　**5**　④

スクリプト	和訳
Allan was almost hit by a bicycle while he was crossing the street.	アランは通りを渡っている間に自転車に衝突されそうになりました。

場所と副詞almostがポイント。**「通りを渡っている」**間に**「衝突されそうになった」**のであり，「歩道」で「衝突された」のではない。したがって，④が正解。①と②は，男性が歩道にいるので不適。③は，自転車の女性が男性にぶつかってしまっているので不適。

語句
◇ almost「もう少しで（…するところだ）」

問6　**6**　①

スクリプト	和訳
When Julia arrived at the station, it was a quarter to ten.	ジュリアが駅に到着した時，9時45分でした。

駅に到達しているかどうかと，時刻の聞き取りがポイント。a quarter to tenは「10時まで15分」，つまり**「9時45分」**を表すので，①が正解。②と④は，女性がまだ駅に到着しておらず，④は時刻も異なるので不適。③は，時刻が誤っているので不適。

— ②-3 —

語句
◇ quarter to 〔of〕 + 時刻「〜時の15分前」。「〜時の15分後」は〈quarter past 〔after〕 + 時刻〉の形。

問7 7 ③

スクリプト	和訳
Jonathan wishes he could go scuba diving to see a lot of beautiful fish.	ジョナサンはたくさんの美しい魚を見るためにスキューバダイビングに行けたらいいのにと思っています。

wish + 仮定法過去の形がポイント。ジョナサンは実際にスキューバダイビングに行って魚を見ているのではなく，そうできたらいいのにと思っているということなので，③が正解。①は，実際にスキューバダイビングで魚を見ているし，②は水族館で見ているので不適。④は，水族館で魚を見ることを思い描いているので不適。

第2問

問8 8 ④

スクリプト	和訳
W：Where's your new seat?	女：あなたの新しい席はどこにあるの？
M：In the fourth row from the front in the block by the window.	男：窓のそばのブロックの前から4列目だよ。
W：I see. How about George?	女：そうなんだ。ジョージは？
M：The same row as mine, but he's in the middle block.	男：僕と同じ列だけど，彼は真ん中のブロックにいるよ。

問　Where is George's seat?（ジョージの席はどこにあるか。）

会話からわかる情報は，男性の席が「窓のそばのブロック」で「前から4列目」であること，ジョージの席が「男性と同じ列」で「真ん中のブロック」であることなので，④が正解。
語句
◇ row「列」

問9 9 ②

スクリプト	和訳
M：The most popular place for men is McQueen Castle.	男：男性に最も人気の場所はマックイーン城だよ。
W：Yeah, as for Alice Zoo, it's popular with about twice as many women as men.	女：そうね。アリス動物園については，女性には男性の約2倍人気があるわよ。
M：Less than half both men and women like Joe Museum.	男：ジョー博物館を好きなのは男性と女性の半数未満なんだね。
W：That's interesting.	女：それは興味深いわね。

問　Which graph are the speakers talking about?（話者たちはどのグラフについて話しているか。）

— ②-4 —

会話からわかるグラフの特徴は、「マックイーン城が男性に最も人気が高い」「アリス動物園の人気が女性は男性の約2倍」「ジョー博物館を好きなのは男女ともに半数未満」である。すべての条件を満たすのは②。

語句
◇ as for ～「～については」

問10 10 ②

スクリプト	和訳
W：Are there rainbows painted on the bus your daughter takes?	女：あなたの娘さんが乗るバスには虹が描かれているの？
M：No, there are animals on it.	男：いいや，そこに描かれているのは動物たちだよ。
W：The front part is a bit special?	女：前の部分は少し特別なのかしら？
M：Yeah, it looks like a dog.	男：そうだね，イヌのように見えるね。

問 Which bus are the speakers talking about?（話者たちはどのバスについて話しているか。）

会話からわかるバスの特徴は、「虹が描かれていない」「動物が描かれている」「前面がイヌの顔のように見える」である。すべてを満たすのは②。男性の2番目の発言の主語itは，その前の女性の発言のthe front partを指していることを聞き取るのがポイント。

問11 11 ④

スクリプト	和訳
M：Dad likes eating chocolate and steak, playing tennis, and playing the guitar.	男：お父さんはチョコレートやステーキを食べたり，テニスをしたり，ギターを弾いたりするのが好きだよ。
W：He's been gaining weight, so we shouldn't buy him food.	女：彼は体重が増えているから，食べ物を買うべきではないね。
M：How about picks for his guitar?	男：ギター用のピックはどうかな？
W：He already has plenty of picks.	女：彼はすでにピックをたくさん持っているわ。

問 What will the speakers probably buy for their father?（話者たちは父親におそらく何を買うか。）

会話から，話者たちが買わないと思われるものは，「食べ物」「ギター用のピック」である。これらを消していくと，残る候補は④のテニスボール。父親はテニスをするのも好きとあるので，これが正解となる。

語句
◇ gain weight「体重が増える」
◇ plenty of ～「たくさんの～」

第3問

問12 `12` ③

スクリプト	和訳
W：Who are the beautiful flowers for?	女：そのきれいな花は誰に対してのものなの？
M：My wife. Today is our wedding anniversary, so they're a surprise for her.	男：僕の妻にだよ。今日は僕たちの結婚記念日だから，それらは彼女へのサプライズなんだ。
W：She definitely will be pleased! What else are you planning to do? Have a party?	女：彼女は間違いなく喜ぶわ！ 他には何か計画しているの？ パーティーでも開くの？
M：Well, I'll give her a card, and we'll go out for dinner and see a movie.	男：ええと，彼女にカードをあげて，僕たちは食事に出かけて映画を見るつもりだよ。

問 What will the man NOT do?（男性がしないことは何か。）
① Eat out（外食する）
② Give some flowers（花をあげる）
③ **Have a party（パーティーをする）**
④ Send a card（カードを送る）

男性は最初の発言で，**妻に花をあげる**と述べており，また，2番目の発言では，**妻にカードをあげる，食事に出かける，映画を見る**と述べている。一方，女性が2番目の発言でパーティーを開くかとたずねたのに対し，何も答えていない。したがって，③が正解。

語句
◇ anniversary「（～周年の）記念日」
◇ definitely「間違いなく」

問13 `13` ③

スクリプト	和訳
M：It's been a long time since you came to the USA, but you haven't always been here, right?	男：君はアメリカに来てから長くなるけど，ずっとここにいたわけではないよね？
W：You're right.	女：あなたの言う通りよ。
M：Where have you lived before?	男：今までどこに住んだことがあるの？
W：Let me see … in New York for one year first, and then in Boston for three years, and for two years here in Seattle.	女：そうね…最初はニューヨークに1年いて，そのあとはボストンに3年いて，それからここシアトルに2年いるわ。

問 How long has the woman been living in the USA?（女性はアメリカにどのくらいの間住んでいるか。）
① For two years（2年間）
② For four years（4年間）
③ **For six years（6年間）**
④ For seven years（7年間）

女性は2番目の発言で，今まで住んだ場所について「ニューヨークに1年，ボストンに3年，シアトルに2年」と言っているので，その期間を足すと6年になる。したがって，③が正解。

— ②-6 —

問14   14   ④

スクリプト	和訳
W：You're not usually one to be late. Why did you come late?	女：あなたは普段は遅刻する人じゃないわ。どうして遅れたの？
M：Terribly sorry! I seem to have dropped off again after turning off my alarm clock.	男：本当にごめん！　目覚まし時計を止めたあとにまた寝入ってしまったみたいなんだ。
W：Did you go to bed late last night?	女：昨晩は遅くに寝たの？
M：Yes, I did. I watched an exciting soccer game last night!	男：そうなんだ。昨日の夜はすごいサッカーの試合を観ちゃったんだよ！

問　What did the man do?（男性は何をしたか。）

① He came much earlier than usual.（彼は普段よりもとても早く来た。）

② He forgot to set his alarm clock.（彼は目覚まし時計をセットするのを忘れた。）

③ He played soccer with his friends.（彼は友達とサッカーをした。）

④ **He stayed up late.（彼は夜更かしをした。）**

> 女性の２番目の発言で，**男性に遅くに寝たのかとたずね，男性がYesと答えているので，④が正解。**女性の最初の発言から男性が遅れたことがわかるので，①は不適。男性の最初の発言で，目覚まし時計を止めたと言っているので，②は不適。また，サッカーをしたのではなく観たので，③は不適。
>
> 語句
> ◇ drop off「居眠りを始める」

問15   15   ①

スクリプト	和訳
M：Have you got this pen in pink?	男：このペンのピンク色はありますか。
W：I'm sorry. We only have what you see on display here. Our shop in Manchester has a bigger selection.	女：申し訳ありません。ここに展示中でご覧いただいているものしかありません。私どものマンチェスター店にはより豊富な品ぞろえがございます。
M：I see. Do you think you could call them for me and ask if they have one in stock?	男：そうですか。私のためにそちらへ電話をして在庫があるかどうか尋ねていただくことはできますか。
W：Yes, of course. Wait a moment, please.	女：もちろんです。少々お待ちくださいませ。

問　What does the man ask the woman to do?（男性は女性に何をすることを頼んでいるか。）

① **Contact a colleague（同僚に連絡を取る）**

② Display some goods（商品を展示する）

③ Lend him a pen（男性にペンを貸す）

④ Sell a larger size（もっと大きいサイズを販売する）

> 問われているのは，男性が女性に頼んでいる内容だから，男性の発言に着目する。男性の２番目の発言のcall themのthemはマンチェスター店の店員を指しており，**在庫があるかどうかを確認するよう頼んでいる。**したがって①が正解。商品を展示することは求めていないので②は不正解。男性はピンク色のペンを購入したいと考えており，ペンを貸してもらうことや大きいサイズのものを望んではいないので③，④も不正解。

語句

◇ on display「展示して；陳列中で」

◇ selection「品ぞろえ」

◇ ① colleague「同僚；仲間」

問16 16 ①

スクリプト	和訳
M：Our school trip was really fun. W：Yeah, I liked the museum the best. The large garden in the temple was impressive, too. M：You're right. For me, feeding koalas in the zoo was a good experience. W：My only regret is that I didn't like the dinner.	男：修学旅行は本当に楽しかったな。 女：そうね，博物館が一番よかったわ。お寺の中の大きな庭も印象的だったね。 男：君の言う通りだよ。僕にとっては，動物園でのコアラのえさやりはいい経験だったな。 女：唯一残念なのは，夕食が好みではなかったことね。

問　What did the speakers do on their school trip?（話者たちは修学旅行で何をしたか。）

① **The boy gave some animals food.（男の子は動物に食べ物をあげた。）**

② The boy held a koala in his arms.（男の子はコアラを腕に抱いた。）

③ The girl enjoyed the dinner at the hotel.（女の子はホテルで夕食を楽しんだ。）

④ The girl looked at the garden in the museum.（女の子は博物館で庭を見た。）

男の子の2番目の発言で，**コアラのえさやりをした**ことがわかるので，①が正解。コアラを抱いたとは言っていないので，②は不適。女の子は夕食が好みでなかったと言っているので，③は不適。女の子が話している庭はお寺の庭なので，④は不適。

語句

◇ feed「〜（＝動物）にえさをやる」

◇ regret「残念」

問17 17 ③

スクリプト	和訳
M：Those two cafés look cool. W：It's nice outside, so shall we go to that one? M：You like the sun, don't you? But I want to eat indoors. W：Why? There's no traffic near the street. M：Not now, but I heard sightseeing buses often drive past here.	男：あの2軒のカフェは素敵だね。 女：外はいい天気だから，あちらのカフェに行きましょうか。 男：君は太陽が好きだね。でも僕は屋内で食べたいな。 女：どうして？　通りの近くに車は通っていないわ。 男：今は通っていないけど，観光バスがよくここを通ると聞いたよ。

問　What is the man's problem?（男性にとって何が問題か。）

① He doesn't like the appearance of the café.（彼はカフェの外観が気に入らない。）

② He doesn't like to take a sightseeing bus.（彼は観光バスに乗るのが好きではない。）

③ **He doesn't want to eat outside.（彼は屋外で食べたくない。）**

④ He is hungry, but they don't serve meals.（彼は空腹だが，カフェでは食事を出していない。）

— ②-8 —

①は男性の最初の発言と合わない。次の女性の発言は，「外はいい天気だから，外の席に座りたい」という気持ちを含む。それに対する男性の２番目の発言「**屋内で食べたい**」は，要するに③の「**屋外では食べたくない**」ということになる。よって③が正解。②はバスに乗るという話は出てないし，④の内容にはふれられていない。

語句
◇ appearance「外見；外観」
◇ traffic「交通；往来」
◇ drive past ～「（車などが）～のそばを通り過ぎる」

第４問

A

問18～21	18	③	19	②	20	④	21	①

スクリプト

One hundred high school students in a school answered the question: "How many times a week do you read a newspaper?" They were asked to choose one from the following options: "Almost every day," "Four or five times," "Two or three times," "Once," and "Don't read at all." Nearly 30% of the students read two or three times weekly. The percentage answering "Four or five times" was just twice as high as the percentage answering "Almost every day." One out of five students read a newspaper only once a week. The rest of the students didn't read newspapers at all.

和訳

ある高校の生徒100人が「あなたは週に何回新聞を読みますか」という質問に答えました。生徒たちは，以下の選択肢「ほぼ毎日」「4，5回」「2，3回」「1回」「全く読まない」から1つ選んで回答しました。ほぼ30％の生徒が週に2，3回新聞を読んでいました。「4，5回」と答えた生徒の割合は「ほぼ毎日」と答えた生徒のちょうど2倍でした。5人に1人の生徒が週に1度しか新聞を読みませんでした。残りの生徒は全く新聞を読まないということでした。

① Almost every day （ほぼ毎日）
② Four or five times （4，5回）
③ Two or three times （2，3回）
④ Once （1回）

グラフのタイトルは「あなたは週に何回新聞を読みますか」である。グラフに関する問題は数字に着目して取り組もう。第３文の冒頭のNearly は「ほぼ，ほとんど」の意味なので，**主語は「ほぼ30％の生徒」**となり，この生徒たちが「週に２，３回」読んでいる。よって，グラフで29％を占める 18 に③が入る。第４文では「4，5回」と答えた生徒の割合と，「ほぼ毎日」と答えた生徒の割合が，倍数表現を用いて比較されている。**～ was just twice as high as …（～は…のちょうど２倍でした）**とあることから，グラフにおける12％の部分と24％の部分が該当すると考えられる。よって，19 には②，21 には①が入る。第５文のOne out of five students（5人に1人の生徒）は，すなわち全体の20％を指すので 20 には④が入る。

語句
◇ following「次の；下記の」
◇ option「選択肢」
◇ weekly「毎週」

— ②-9 —

問22〜25	**22**	⑤	**23**	③	**24**	③	**25**	②

スクリプト	和訳
Could you complete the list of recommended plans by filling in the prices? If a customer rents up to four new DVDs, the price is four dollars per DVD; for five or more, the price is three dollars per DVD. If a customer rents semi-new or old DVDs, the price is two dollars per DVD; the special sets of 5 semi-new or old DVDs are five dollars.	おすすめプランのリストを，料金を記入して完成していただけませんか？　お客様が新作DVDを4枚まで借りるなら，DVD1枚当たりの料金は4ドルで，5枚以上なら，DVD1枚当たりの料金は3ドルです。お客様が準新作または旧作DVDを借りるなら，DVD1枚当たりの料金は2ドルで，準新作または旧作DVD5枚組の特別セットは5ドルです。

新作が5枚以上なら1枚につき3ドルなので，**22** は3×5＝15ドル（⑤），新作は4枚までなら1枚4ドルなので，**23** は4×2＝8ドル（③），準新作または旧作は1枚2ドルなので **24** は4×1＋2×2＝8ドル（③），準新作または旧作5枚の特別セットは5ドルなので，**25** は5ドル（②）が入る。

語句
◇ complete「〜を完成させる」
◇ up to 〜「（最高）〜まで」

B

問26	**26**	②

スクリプト	和訳
1. Guam is warm all year around, so you can enjoy the resorts anytime. Prices are relatively cheap. A lot of Japanese go there to see the many historic sites, nature spots and parks, so it'll be possible to communicate in Japanese. However, you should avoid going out at night.	1. グアムは1年中暖かいので，いつでもリゾートを楽しめます。物価は比較的安いです。多くの日本人がたくさんの史跡，自然や公園を見るためにそこへ行くので，日本語でコミュニケーションをとることは可能でしょう。しかし，夜に外出するのは避けるべきです。
2. Taiwan has lots of places to see such as old temples. Tourists can go out even at night, and enjoy the street foods. The local people are friendly toward Japanese people, and you can find people who can speak Japanese.	2. 台湾には古い寺のような見るべき場所がたくさんあります。観光客は夜でも外出ができ，また屋台の食べ物を楽しめます。地元の人々は日本人に親切で，日本語を話せる人を見つけられます。
3. There are lots of historical buildings, famous resorts, and interesting markets in Thailand. These tourist spots are popular, but you'll have difficulty communicating with the local people. It may be a good idea for you to use a chain wallet to avoid having your wallet stolen.	3. タイには歴史的建造物や有名なリゾート，面白い市場がたくさんあります。これらの観光スポットは人気ですが，地元の人々とやり取りをするのに苦労するでしょう。財布が盗まれないようにするため，チェーン付き財布を使用するのはいい考えかもしれません。
4. Vietnam is a popular country with women. There are lots of tourist spots that will attract you. Although it's safe to visit, the people don't	4. ベトナムは女性の間で人気の国です。人を引きつける多くの観光スポットがあります。訪れても安全ですが，人々は日本語を話しません。経済は急

— ② - 10 —

speak Japanese. The economy is growing rapidly and the country is lively, so I strongly recommend this country.

成長していて国は活気があるので，この国を強くお勧めします。

問 26 is the destination you are most likely to visit. （26 が，あなたが訪れる可能性の最も高い行き先です。）

「条件Ａ：日本語が通じる」，「条件Ｂ：観光スポット」，「条件Ｃ：治安」について，表にメモを書き込むとよい。グアムは，夜間外出が危険で，条件Ｃを満たさない。台湾は，**見るべき場所がたくさんあり**（条件Ｂ），**夜でも外出ができ**（条件Ｃ），**日本語を話せる人を見つけられる**（条件Ａ）ので，②が正解。タイは，やり取りが難しく，盗難の恐れがあり，条件ＡとＣを満たさない。ベトナムは，人々が日本語を話さず，条件Ａを満たさない。

語句
◇ relatively「比較的」
◇ have difficulty *doing*「…するのに苦労する」
◇ avoid *doing*「…しないようにする」
◇ have O *done*「Oを…される」
◇ lively「活気がある」

第5問

スクリプト

Discrimination is a world-wide problem. Many people are discriminated against based on their race, age, gender, or disability. Today, we'll take a look at some facts on discrimination against women.

Let's look at the results of a study that was carried out with two objectives. One was to find out the level to which women denied the existence of gender discrimination. The other was to understand the relationship between the denial and the happiness of the women.

When researchers surveyed around 17,000 people from 23 countries, they found that women who did not recognize gender discrimination were more satisfied with their lives. Surprisingly, even women in countries with obvious gender discrimination denied the problem existed. Why is this so? Maybe because not acknowledging the problem is a way to endure the unfair conditions.

However, the denial of real discrimination is itself a problem. Discrimination can have severe effects such as weight problems, depression, and

和訳

差別は世界的な問題です。多くの人が，人種，年齢，ジェンダー，障がいなどを理由に差別されています。今日は，女性に対する差別についてのいくつかの事実を見ていきます。

2つの目的で実施されたある研究結果を見てみましょう。1つは，女性がジェンダー差別の存在をどの程度否定しているかを調べることでした。もう1つは，差別を否定することと女性の幸福の関係を理解することでした。

研究者が23カ国の約17,000人を対象に調査を行ったところ，ジェンダー差別を認識していない女性たちの方が，自分の生活により満足していることがわかりました。驚いたことに，明らかなジェンダー差別がある国の女性たちでさえ，問題の存在を否定していたのです。なぜそうなのでしょうか。問題を認識しないことが，不公平な状況に耐える1つの方法だからかもしれません。

しかし，現実にある差別をないものとすること自体が問題なのです。差別は，体重の問題，うつ病，不安（神経症）など深刻な影響を与えることがありま

— ② - 11 —

anxiety. Also, some research shows that discrimination causes women to have fewer rights, less access to education, and lower pay than men. If we deny the existence of gender discrimination, we cannot fight inequality. It is important to first recognize the problem.

Trying to achieve gender equality is beneficial for men too, and for the whole society. Where the levels of discrimination are low, both sexes are happier. For instance, achieving gender equality at work can bring about great effects. Employees become more satisfied with their jobs and enjoy working together efficiently. This also benefits businesses, since employees don't skip work so often and become more productive at work.

す。また，一部の調査では，差別によって女性は男性よりも権利が少なく，教育を受ける機会も少なく，賃金も低いことが示されています。ジェンダー差別の存在を否定してしまっては，不平等と戦うことはできません。まずは問題を認識することが重要です。

ジェンダーの平等を実現しようとすることは，男性にとっても，また社会全体にとっても有益なことです。差別が少ないところでは，男女ともより幸福なのです。例えば職場で男女平等を実現すると，大きな効果があります。従業員は自分の仕事により満足し，共に効率的に働くことを楽しむようになります。従業員がさほど頻繁に仕事をさぼることがなくなり，仕事の生産性がより向上するため，このことは企業にもメリットがあるのです。

ワークシート

> ○「ジェンダー差別」は存在しないと言う女性がいるのはなぜか。
> ・差別とは通常，以下に基づいた人々への異なる扱いのことである：
>
> | 人種 | 年齢 | ジェンダー | 障がい |
> |------|------|-----------|--------|
> | | | | |
>
> ・差別の存在を否定した女性たちは〔 27 〕。
>
> ○差別の影響
> ・精神疾患のような， 28 の原因となる可能性がある
> ・男性と比べ，多くの女性が権利の少なさ， 29 ，低賃金に苦しんでいる
>
> ○ジェンダー差別減少の利点
>
> | 従業員に対して | 30 | 仕事の満足度 |
> |----------------|-----|--------------|
> | 企業に対して | 従業員の欠勤の減少 | 31 |

問27　　27　　③

① accepted that they should be paid less（より低賃金であることを受け入れた）
② lived in countries with no gender discrimination（ジェンダー差別のない国に住んでいた）
③ **were generally happier with their lives（概して，自分の生活により満足していた）**
④ worked harder to change the situation（状況を変えるためにより一生懸命取り組んだ）

第3段落第1文に「ジェンダー差別を認識していない女性たちの方が，自分の生活により満足している」とあるので，③が正解。また，第3段落第2文に「明らかなジェンダー差別がある国の女性たちでさえ，問題の存在を否定していた」とあるので，②は不正解。第3段落第4文に「問題を認識しないことが，不公平な状況に耐える1つの方法だからかもしれない」とあり，状況を変えようとしているわけではないので，④も不正解。第4段落第3文に「一部の調査では，差別によって女性は男性よ

りも権利が少なく，教育を受ける機会も少なく，賃金も低い」とあるが，女性が受け入れているかどうかの記述はないので，①も不正解。

問28～31　　**28**　⑤　　**29**　③　　**30**　①　　**31**　②

① enjoyable and effective work environment（楽しく効率的な労働環境）
② improvements in productivity（生産性の向上）
③ limited opportunities for education（限られた教育機会）
④ lower staff salaries（より低い従業員の給与）
⑤ severe health problems（深刻な健康問題）
⑥ support networks（サポートネットワーク）

第4段落第2文に「差別は，**体重の問題，うつ病，不安（神経症）など深刻な影響を与えることがあります。**」とあり，ワークシートには「精神疾患のような」という例示があるので　**28**　には⑤が入る。第4段落第3文に「女性は男性よりも権利が少なく，**教育を受ける機会も少なく，**賃金も低いことが示されています」とあるので，　**29**　には③を入れればよい。従業員に関する効果については，第5段落第4文に「従業員は自分の仕事により満足し，**共に効率的に働くことを楽しむようになります。**」とあるので，　**30**　には①を入れればよい。企業に関する効果については，第5段落第5文に「従業員がさほど頻繁に仕事をさぼることがなくなり，**仕事の生産性がより向上するため，**このことは企業にもメリットがあるのです。」とあるので，　**31**　には②を入れればよい。

語句
◇ discrimination「差別」　　*cf.* discriminate「差別する」
◇ objective「目的」
◇ deny「～を否定する：～を事実ではないと言う」　　*cf.* denial「否定」
◇ be satisfied with ～「～に満足する」
◇ endure「～に耐える」
◇ depression「うつ病」
◇ anxiety「不安（神経症）」
◇ inequality「不平等」⇔ *cf.* equality「平等」

問32　**32**　②

スクリプト	**和訳**
Student A：Denying discrimination is a way to make society more productive.	生徒A：差別を否定することは，社会をより生産的にする1つの方法なんだ。
Student B：Discrimination seems easier to accept for some if they do not recognize it.	生徒B：差別を認識しないことによって，それを受け入れやすくなる人もいるようだね。

① Aの発言のみ一致する
② **Bの発言のみ一致する**
③ どちらの発言も一致する
④ どちらの発言も一致しない

講義の第3段落第1文で「ジェンダー差別を認識していない女性たちの方が，自分の生活により満足している」という調査結果を示し，さらに第4文ではその理由として「問題を認識しないことが，不公平な状況に耐える1つの方法だからかもしれません。」と述べている。これらをまとめた内容に言及

している生徒Bの発言は，講義内容と一致する。一方，第5段落最終文に「従業員がさほど頻繁に仕事をさぼることがなくなり，仕事の生産性がより向上するため，このことは企業にもメリットがある」とあることから，社会をより生産的にするにはジェンダー差別をなくすべきであり，否定することではないので，生徒Aの発言は講義内容と一致しない。以上より②が正解。

問33 **33** ③

スクリプト	和訳
Nick：Look at this graph, Jane. It shows both the level of gender discrimination in various countries and the level of denial of gender discrimination in those countries.	ニック：このグラフを見て，ジェーン。これは各国のジェンダー差別の程度と，それらの国におけるジェンダー差別の否定の程度の両方を表しているよ。
Jane：That's interesting. The study shows that gender discrimination is a serious issue in a number of countries.	ジェーン：興味深いね。この調査からは，ジェンダー差別が多くの国で深刻な問題であることがわかるね。
Nick：Exactly. More research needs to be done to better understand this problem.	ニック：その通り。この問題をより深く理解するにはさらに研究が行われる必要がある。

（グラフタイトル：ジェンダー差別の否定の程度）
（項目：フランス／スペイン／イギリス／アメリカ／イタリア／ブラジル／メキシコ／ポーランド／ロシア／中国／インド）
（（最も少ない）／ジェンダー差別／（最も多い））

① Men's unawareness of the existence of discrimination leads to women's continued denial of the problem.
（男性が差別の存在に気づかないことが，女性が問題を否定し続けることにつながる。）

② People in Asian countries don't suffer greater discrimination than people in other countries.
（アジア諸国の人々は他の国の人々よりも深刻な差別を受けていない。）

③ **The more discrimination women experience, the more likely they are to deny it.**
（女性は差別を経験すればするほど，それを否定する可能性が高くなる。）

④ Women in the least racist countries appear to be satisfied with their lives.
（最も人種差別が少ない国々の女性たちは，自分の生活に満足しているようだ。）

ディスカッションでニックが説明しているように，図はジェンダー差別の否定の程度を国別に棒グラフで表したもので，右に行くほど実際には差別が多い国となっている。この図から，**実際の差別が少ないと示されているフランス，スペイン，イギリス，アメリカよりも，実際には差別が多いと示されているポーランド，ロシア，中国，インドの方が差別を否定した程度が高い**ことが読み取れる上，講義本体の第3段落第2文の「明らかなジェンダー差別がある国の女性たちでさえ，問題の存在を否定していた」とも合致するので，③が正解。男性の認識が女性の差別の否定の程度にどのように影響するかは，ディスカッション，図，講義のいずれでもふれていないので，①は不正解。図から，中国とインドというアジアの国々で差別が多いことが読み取れるので，反対の内容である②も不正解。また，ジェンダー差別ではなく人種差別の内容である④は不正解。

語句
◇ a number of ～「いくつかの～；多数の～」 *cf.* the number of ～「～の数」
◇ ① unawareness「知らないこと；気づいていないこと」
◇ ③〈the＋比較級～, the＋比較級…〉「～すればするほどますます…」
◇ ④ racist「人種差別的な；人種差別主義の」

— ②－14 —

第6問

A

スクリプト	和訳
Sarah：Hi, Eita. Recently, my brother Henry has been saying he wants a smartphone.	サラ：こんにちは，エイタ。最近，弟のヘンリーがスマートフォンが欲しいって言い続けているの。
Eita：Really, Sarah? He's still only ten years old. It's too soon for him to have one.	エイタ：本当かい，サラ。まだ彼はたったの10歳じゃないか。スマートフォンを持つのは彼には早すぎるよ。
Sarah：Maybe, but I think smartphones have some useful functions for children.	サラ：たぶんね。でもスマートフォンには子供たちにとって便利な機能がいくつかあると思うわ。
Eita：Do you mean that it'll be easier for him to contact his family and friends?	エイタ：それは，家族や友達により連絡しやすくなることを言っているのかな？
Sarah：Yeah, that's one great function. Another one is GPS, which enables parents to see where their children are, so the parents will feel less worried.	サラ：ええ，それは素晴らしい機能の1つよ。もう1つの機能はGPSで，それによって親は自分たちの子供がどこにいるかがわかるから，親の心配が減るわ。
Eita：That may be convenient, but I'm still worried about letting children use smartphones, because the Internet is dangerous for children.	エイタ：それは便利かもしれないけど，僕はやっぱり子供にスマートフォンを使わせることは心配だな。インターネットは子供たちにとって危険だからね。
Sarah：I know what you mean.	サラ：あなたの言いたいことはわかるわ。
Eita：To avoid problems, the use of smartphones by children should be limited.	エイタ：問題を避けるために，子供たちによるスマートフォンの使用は制限されるべきだよ。
Sarah：You're right. When children use smartphones, we should teach them the rules for using smartphones.	サラ：あなたの言う通りね。子供たちがスマートフォンを使う時は，私たちがスマートフォンを使うためのルールを教えるべきね。

問34 　34　　④

問　What is Sarah's main point?（サラの発言の要点は何か。）

① Children should use smartphones which have a lot of functions.
（子供たちはたくさんの機能があるスマートフォンを使うべきである。）

② Children who break the rules for using smartphones should be punished.
（スマートフォンを使うためのルールを破った子供たちは罰せられるべきである。）

③ Smartphones are convenient for telling children where their parents are.
（スマートフォンは自分たちの親がどこにいるかを子供たちに知らせるのに便利である。）

④ **Smartphones for children can reduce their parents' concerns.**
（**子供用のスマートフォンは親の不安を軽減することができる。**）

①サラは2番目の発言で，スマートフォンには子供にとって便利な機能があると述べているが，機能の多いスマートフォンを使うべきだとは述べていない。②サラは最後の発言で，ルールを教えるべきだとは述べているが，それを破った場合については述べていない。③サラは3番目の発言で，GPS機能によって親は子供の居場所がわかると述べており，子供に親の居場所を教えるものとは述べていな

いので不適。④サラは3番目の発言で，スマートフォンを子供に持たせれば居場所がわかり，**親の心配が減る**と述べているので，これが正解。

問35　　**35**　　④

問　What is Eita's main point?（エイタの発言の要点は何か。）

① Children can make a lot of friends through their smartphones.
（子供たちはスマートフォンを通じて友達をたくさん作ることができる。）

② Children should be given smartphones as early as possible.
（子供たちはできるだけ早くスマートフォンを与えられるべきである。）

③ Smartphones for children can be of limited size.
（子供用のスマートフォンは大きさが制限されることがある。）

④ **Smartphones may not be safe for children.**
（スマートフォンは子供たちにとって安全ではないかもしれない。）

①スマートフォンと友達作りの関係については，まったく述べられていない。②エイタの最初の発言で，10歳のヘンリーがスマートフォンを持つのは早すぎると述べているので，不適。③スマートフォンの大きさについては，まったく述べられていない。④エイタは3番目の発言で，**インターネットが子供に危険なのでスマートフォンを使わせるのは心配だ**と述べているので，これが正解。

語句
◇ function「機能」
◇ enable O to *do*「Oが…することを可能にする」
◇ convenient「便利な」

B

スクリプト	和訳
Mark: Sarah, I see that your lunch tray is full of highly processed food. Don't you believe in organic dining?	マーク：サラ，君のランチトレーは加工度の高い食品だらけじゃないか。オーガニック料理をいいと思っていないのかい？
Sarah: I don't really like those meals, Mark. Besides, they're expensive.	サラ：あまりそういう食事は好きじゃないのよ，マーク。それにお金もかかるし。
Mark: Maybe, but they're also much healthier.	マーク：そうかもしれないけど，健康にもはるかにいいんだよ。
Sarah: Could be. But they are not so tasty.	サラ：そうかもね。でもあまりおいしくないんだもの。
Mark: But your health is more important than taste. What do you think, Aya?	マーク：でも，健康の方が味よりも大事だよ。君はどう思う，アヤ？
Aya: My opinion is the same as yours. Recently organic food has become more and more popular. I think this is partly because it has become tastier.	アヤ：私の意見もあなたのものと同じよ。最近はオーガニック食品がますます人気よね。それは，味がおいしくなったからという理由もあると思うわ。
Sarah: Well…, organic food is too expensive to recommend to everyone. Do you see what I'm saying, Larry?	サラ：そうだけど…，オーガニック食品は高いから誰にでも薦められるものではないわ。そう思わない，ラリー？

— ②－16 —

Larry: True, but I still think organics are worthwhile, since they're good for the earth. Chemicals are often sprayed directly onto regular crops.	ラリー：それはその通りだけど，オーガニック食品はそれでも価値があると思うよ。地球に優しいし。普通の作物には化学薬品が直接かけられていることが多いからね。
Aya: Hmmm.... I feel uneasy about chemicals sprayed on my food, too. I always try to find organic wheat or rice. I hope you will become eager to do the same, Sarah.	アヤ：うーん…。私も自分の食べるものにかけられている化学薬品には不安を感じるわ。いつもオーガニックの小麦やお米を探すようにするもの。あなたも同じようにしたくなるといいと思うわ，サラ。
Sarah: I don't have the budget for that. Besides, think of the small farmers. Chemical-free crops need more labor, money and time.	サラ：私にはそんな予算はないわ。それに，小規模な農家のことを考えてみて。無農薬の作物を栽培するにはより多くの労働，資金と時間が必要なのよ。
Larry: It's a hard question. Aya, do you know some good examples in your country?	ラリー：それは難しい問題だね。アヤ，君の国で何かいい例を知らないかい？
Aya: Well.... Many small farmers are struggling in Japan, too, but some are also successful at raising organic crops.	アヤ：そうね…。日本でも多くの小規模農家は苦労しているけれど，オーガニック作物の栽培に成功している農家もあるわ。
Sarah: Then it is still difficult to grow organic crops.	サラ：ということは，オーガニック作物を栽培するのはまだ難しいということね。
Mark: Hey, our food is getting cold. Let's finish up our lunch quickly and then go for a walk, everybody.	マーク：さあ，食事が冷めてしまうよ。早くランチを食べ終えて散歩に出かけよう，みんな。
Larry: That sounds good, Mark.	ラリー：それはいいね，マーク。

問36　36　③

オーガニック食品について4人の学生がどう考えているのか，キーワードを押さえながら聞く。人物を区別できるよう，メモ欄も活用するとよいだろう。マークがサラの食事を見て Don't you believe in organic dining?「オーガニック料理をいいと思っていないのかい？」と指摘するところから会話が始まり，サラは1つ目の発言で「あまりそういう食事は好きじゃない」と答えていることから，**サラはオーガニック食品に否定的**であることがわかる。その後の発言でも，オーガニック食品が人気であることは認めつつも，価格が高いことや小規模農家の負担などの理由で否定的であることは変わらない。これに対し，マークは2つ目の発言で「健康にもはるかにいい」，さらに3つ目の発言で「健康の方が味よりも大事だ」と主張していることから，**マークはオーガニック食品に肯定的**であることがわかる。アヤは1つ目の発言で「私の意見もあなたのものと同じよ。」と言っているが，この「あなたのもの」とは，アヤに意見を求めた「マークの意見」のことである。マークと同意見であるので，**アヤもオーガニック食品に肯定的**であるとわかる。ラリーも1つ目の発言で，「オーガニック食品は地球に優しいので，それでも**価値があると思う**」と言っている。この発言より，オーガニック食品のよさを認めていることが分かるので，**ラリーも肯定的**な考えを持っていると言える。3人とも，会話を通して意見が変わってはいないので，4人のうち，**オーガニック食品に肯定的なのはサラ以外の3人**であり，正解は**③**。

問37 　37　　②

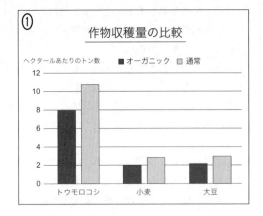

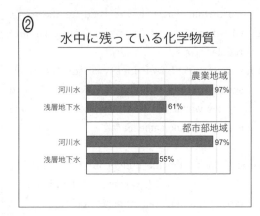

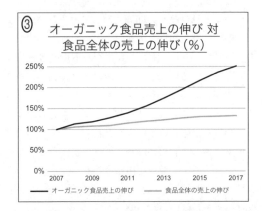

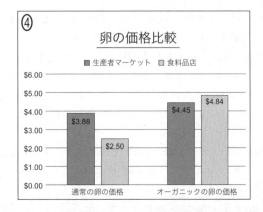

ラリーは1つ目の発言で「**普通の作物には化学薬品が直接かけられていることが多い**」ことにふれ，地球環境に優しいオーガニック食品には価値があるという考えを述べている。ラリーの考えの根拠となるグラフとしては，**農薬が河川水や地下水に残留していることを示している②が正解**。このグラフは，農薬が農業地域や都市部地域の河川水や地下水に残っている，つまり環境に影響を与えていることを示している。①はオーガニック栽培による作物収量と通常の栽培方法による作物収穫量の比較を示したもので，ラリーの発言には関連がない。③は近年におけるオーガニック食品の売上の伸びを示したもので，これも彼の考えの根拠ではない。④の卵の価格比較も彼の発言には関連がない。

語句
◇ processed「加工された」
◇ worthwhile「価値がある」
◇ chemical（通例〜s）「化学薬品」
◇ spray「〜を吹きかける」
◇ crop「作物；収穫高」
◇ wheat「小麦」
◇ become eager to *do*「ぜひ…したいと思うようになる」
◇ struggle「奮闘する；努力する」
◇問37 ① comparison「比較」
◇問37 ① crop yields「作物収穫量」
◇問37 ② remaining「残っている」

リスニング模試 第3回 解答

| 第1問小計 | 第2問小計 | 第3問小計 | 第4問小計 | 第5問小計 | 第6問小計 | 合計点 /100 |

問題番号(配点)	設問	解答番号	正解	配点	自己採点	問題番号(配点)	設問	解答番号	正解	配点	自己採点
第1問 (25)	A	1	1	①	4		第4問 (12)	A	18	18	②	4※	
		2	2	①	4				19	19	③		
		3	3	④	4				20	20	①		
		4	4	①	4				21	21	④		
	B	5	5	①	3				22	22	③	1	
		6	6	③	3				23	23	②	1	
		7	7	④	3				24	24	⑤	1	
第2問 (16)		8	8	③	4				25	25	③	1	
		9	9	②	4			B	26	26	③	4	
		10	10	②	4		第5問 (15)		27	27	③	3	
		11	11	④	4				28	28	①	2※	
第3問 (18)		12	12	③	3				29	29	④		
		13	13	①	3				30	30	③	2※	
		14	14	③	3				31	31	⑥		
		15	15	③	3				32	32	①	4	
		16	16	④	3				33	33	③	4	
		17	17	①	3		第6問 (14)	A	34	34	④	3	
									35	35	④	3	
								B	36	36	③	4	
									37	37	④	4	

(注) ※は，全部正解の場合のみ点を与える。

第1問

A

問1　1　①

スクリプト	和訳
Can I have two hamburgers?　Oh, and without pickles, please.	ハンバーガーを2つもらえますか。ああ，それと，ピクルス抜きでお願いします。

① **The speaker doesn't like a particular food. (話者はある特定の食べ物が好きではない。)**
② The speaker is buying hamburgers and pickles. (話者はハンバーガーとピクルスを買っている。)
③ The speaker is ordering one hamburger without pickles.
　(話者はピクルスなしのハンバーガーを1つ注文している。)
④ The speaker works at a fast food restaurant. (話者はファストフード店で働いている。)

> ハンバーガーを2つ注文したあと，without pickles, pleaseと言い足していることから，話者は**ピクルスという特定の食べ物が好きではない**と考えられるので，正解は①。③はハンバーガーの個数が違っているので不正解。

問2　2　①

スクリプト	和訳
Since the trains are running late, can we change the time of the meeting from three to four?	電車の運行が遅れているので，会議の時間を3時から4時に変えられますか？

① **The speaker is concerned about a problem with the trains. (話者は電車の問題を心配している。)**
② The speaker wants to take an earlier train. (話者は早めの電車に乗りたがっている。)
③ The speaker wants to change the day of a meeting. (話者は会議の日を変更したがっている。)
④ The speaker was late preparing for a meeting. (話者は会議の準備をするのが遅れた。)

> the trains are running lateの部分が，①のa problem with the trainsに当たる。**電車が遅れているという問題を心配して，**会議の時間を変更しようと提案しているという流れから，①が正解。
>
> 語句
> ◇ ① be concerned about ～「～を心配している」

問3　3　④

スクリプト	和訳
Keiko has a stomachache this morning.　Just in case, she's going to the doctor before work.	ケイコは今朝，腹痛がしています。念のため，仕事の前に医者に行くつもりです。

① Keiko has a headache before going to work. (ケイコは仕事に行く前に頭痛がしている。)
② Keiko isn't going to work because of a stomachache. (ケイコは腹痛のため仕事に行かないつもりだ。)
③ Keiko stopped by a drugstore this morning. (ケイコは今朝，ドラッグストアに立ち寄った。)
④ **Keiko will probably go to a clinic when she goes out. (ケイコは，出かけたらおそらく医院へ行く。)**

— ③-2 —

①は headache でなく stomachache であれば正解になる。「仕事の前に医者へ行く」というのは，つまり「仕事には行く」ということを意味するので，②は不適切とわかる。③のドラッグストアは英文には出てきていない。**「仕事の前に」とは「家を出たら」ということを意味するので，正解は④。**

語句
◇ just in case「念のため；万一のことを考えて」

問4　4　①

スクリプト	和訳
I plan to travel around Japan alone, but I'm not sure whether I'll drive or go by train.	1人で日本を旅行して回る計画ですが，車で行くか電車で行くかはわかりません。

① **The speaker is trying to make a decision about a trip.（話者は旅行について決心をしようとしている。）**
② The speaker hasn't decided who to travel with.（話者は誰と旅行をするか決めていない。）
③ The speaker wants to buy a round-trip train ticket.（話者は電車の往復切符を買いたがっている。）
④ The speaker will travel around Japan by car.（話者は車で日本を旅行して回るだろう。）

1人で日本を旅行して回ることは決めているが，車で行くか電車で行くかはわからないというのだから，**「どちらにするかを決めようとしている」** ことが推測でき，①が正解とわかる。

語句
◇ I'm not sure whether ...「…かどうかわからない」

B

問5　5　①

スクリプト	和訳
She had an umbrella when she left school, but she left it somewhere on the way home.	彼女は学校を出る時は傘を持っていましたが，帰宅途中でどこかに忘れてきました。

選択肢にイラストが含まれる問題では，放送が流れる前に各イラストの差異を確認しておくのがポイント。**学校から家に向かうのか，家から学校に向かうのか，傘を持っているかいないかに注意して聞くこと。帰宅途中で傘を忘れてきたのだから，傘を持たずに家に着いた場面の①が正解。**

語句
◇ on the way home「家に帰る途中で」

問6　6　③

スクリプト	和訳
He's very tired because he ran from the station to his office.	駅から会社まで走ったので，彼はとても疲れています。

ran from the station to his office とあり，**今は会社に着いている**ことから，③が正解となる。①も「走って疲れている」が，通りを走っていて会社にはいないので，音声と合わない。②は会社にいないので誤り。④は疲れた理由が違う。

— ③-3 —

問7 7 ④

スクリプト	和訳
The manager paid me no more than 3,000 yen for my 4 hours of work.	店長は私の4時間の仕事に対して3,000円しか払ってくれなかった。

no more than ～ が「たった～だけ（＝only）」の意味だとわかるかどうかがポイント。支払われた金額は3,000円ちょうどなので，②や③は不適切。「3,000円しか」というのは金額が少ないと思っている言い方だから，不満そうな表情の④が正解。

第2問

問8 8 ③

スクリプト	和訳
M：Let's sit in the front row.	男：最前列に座ろうよ。
W：No, not near the speakers.	女：いいえ，スピーカーの近くはいやだわ。
M：In the back section, then?	男：じゃあ，後ろの方にする？
W：That would be better, but I want to sit where people won't be walking in front of us.	女：その方がいいけど，前を人が歩かない所に座りたいわ。

問　Where will the speakers sit?（話者たちはどこに座るか。）

イラストを見ながら話の流れを追っていけば，**消去法で正解にたどり着ける**。「最前列がいい」→「スピーカーの近くはいや」から①がまず外れる。「後ろの方にする」→「その方がいい」で②が外れ，「人が前を歩かない所」だから④も外れる。最後に残った③が正解となる。That would be betterのwouldは，控えめな推量「たぶん…だろう」の意味を表す。

語句
◇ row「（横に並んだ）列」

問9 9 ②

スクリプト	和訳
W：There's been a steady stream of visitors since nine.	女：9時からずっと来場者が途切れていないわね。
M：There were fewer around noon, but it recovered soon after.	男：正午ごろには減ったけど，それからすぐにまた増えたね。
W：There were a lot fewer around three.	女：3時頃はかなり少なかったわ。
M：But there were 600 visitors at one point.	男：うん，でも，ある時点では600人の来場者がいたよ。

問　Which graph correctly shows the number of visitors?（どのグラフが来場者の数を正しく表しているか。）

正午頃に来場者が減っているのは②と④。どちらも3時頃には来場者がかなり減っているが，**600人に達した時点があるのは②だけ**であることから，これが正解とわかる。

語句
◇ steady「絶え間なく続く」

— ③-4 —

問10 **10** ②

スクリプト	和訳
W：You have a vacation home near the river, don't you?	女：あなたは川の近くに別荘を持っているわよね。
M：We do have a vacation home, but it's old. And it isn't near the river.	男：別荘を持ってはいるけど，古いんだ。それに，川の近くじゃない。
W：Oh, near the beach?	女：ああ，砂浜の近くだっけ？
M：Yeah. The view from the upstairs window is great.	男：うん。2階の窓からの眺めは最高だよ。

問　Which vacation home are the speakers talking about?（話者たちはどの別荘について話しているか。）

会話から，別荘の特徴として**「砂浜の近く」「2階がある」**ということがわかる。これらすべてを満たすのは②。会話の最初の文のnear the riverに惑わされて①を選んでしまわないこと。

語句
◇ vacation home「別荘」

問11 **11** ④

スクリプト	和訳
M：What sports are you going to choose in college?	男：大学では何のスポーツを選択するつもりなの？
W：I'm planning on doing an outdoor sport.	女：アウトドアスポーツをやろうと思っているわ。
M：You like ball sports, don't you?	男：球技が好きなんだよね？
W：Yeah, but in college I want to do something different.	女：ええ，でも大学では何か違うものがやりたいわ。

問　What is the best sport for the woman to take up in college?（女性が大学で始めるのに一番よいスポーツは何か。）

2文目でoutdoor sportと言っているので①は不適。その後**「球技が好きだけれど，大学では違うものがやりたい」**と続くので，球技である②，③が外れ，④が正解とわかる。

語句
◇ plan on *doing*「…するつもりである」

第3問

問12 **12** ③

スクリプト	和訳
W：Are you wearing the white T-shirt, or the black one?	女：白いTシャツを着る？　それとも黒いのを着る？
M：I wore the black one yesterday.	男：黒いのは昨日着たよ。
W：You really care about what you wear, don't you? Do you want to wear these shorts, or is it going to be jeans? Oh, sorry, your jeans are	女：あなたは本当に着るものに気を遣うわね。この半ズボンを履きたい？　それともジーンズにする？　ああ，ごめん，あなたのジーンズは洗濯

— ③-5 —

| in the wash. Wear these. | 中だわ。これを履いて。 |
| M：OK. I don't need a belt. | 男：わかった。ベルトはいらないよ。 |

問　What is the boy going to wear on the field trip? （男の子は遠足に何を身につけて行くか。）

① A black T-shirt and jeans （黒いTシャツとジーンズ）

② A black T-shirt, jeans, and a belt （黒いTシャツとジーンズとベルト）

③ **A white T-shirt and shorts** （白いTシャツと半ズボン）

④ A white T-shirt, shorts, and a belt （白いTシャツと半ズボンとベルト）

> Tシャツの色，ジーンズか半ズボンか，ベルトの有無，の3つが会話のポイントになっている。「黒いのは昨日着た」→「今日は白いTシャツを着る」，「ジーンズは洗濯中」→「半ズボンを履く」といったように，発言の裏に含まれる意味を正確に聞き取ることがポイント。Wear these.のtheseは半ズボンを指す。また，最後に「ベルトはいらない」と言っているので，正解は③とわかる。
>
> 語句
> ◇ care about ～「～に気を遣う；～に関心がある」
> ◇ be in the wash「洗濯中である；洗濯物の中にある」

問13　13　①

スクリプト	和訳
M：How about this action film?	男：このアクション映画はどうかな？
W：The actor is cool, but it got horrible reviews.	女：俳優はかっこいいけど，映画の評判はひどかったわね。
M：Oh, OK. Look, this SF one is perfect for seeing on a big screen. Or that comedy film? It was released just two days ago.	男：ああ，そうだね。見て，このSF映画は大きなスクリーンで見るのにぴったりだ。それとも，そのコメディー映画にする？　2日前に公開になったばかりだよ。
W：I saw the SF one last week. Let's go to the latest one.	女：そのSF映画は先週見たの。最新のを見に行きましょう。

問　What kind of movie will the couple go to? （カップルはどんな種類の映画に行くか。）

① A comedy （コメディー映画）

② A love story （恋愛映画）

③ An action film （アクション映画）

④ An SF film （SF映画）

> 女性が最後に言ったLet's go to the latest one.のthe latest oneが何を指すかがポイント。その前の男性の発言にあるIt was released just two days agoが，**女性の発言ではlatest（最新の）と言い換えられている**ことを理解する。Itが指すのは直前のthat comedy filmだから，正解は①。
>
> 語句
> ◇ horrible「ひどい」
> ◇ review「批評；レビュー」
> ◇ release「～を公開する」
> ◇ latest「最新の」

問14 　**14**　③

スクリプト	和訳
W：So, did you oversleep this morning?	女：つまり，今朝は寝坊をしたんですか？
M：I stayed up all last night studying. I caught my usual train, but it stopped because of an accident.	男：ゆうべは徹夜で勉強をしたんです。いつもの電車に乗ったのに，事故で止まってしまったんです。
W：I told you that you could text me in case anything happened, didn't I?	女：何かあったらメールをくれたらいいって言いましたよね？
M：I know. But my phone died.	男：わかっています。でも電話の充電が切れてしまったんです。

問　What happened to the male student this morning?（今朝，男子学生に何が起こったか。）

① He missed his usual train.（彼はいつもの電車に乗り遅れた。）

② His alarm clock didn't go off.（目覚まし時計が鳴らなかった。）

③ **His communication device couldn't be used.（彼の通信機器が使えなかった。）**

④ His professor didn't answer her phone.（彼の教授が電話に出なかった。）

> 男性の最後の発言のmy phone diedが，選択肢③でHis communication device couldn't be used.と言い換えられていることに気づくかどうかがポイント。電話の話が出てくるが，通話ではなくメールをするという文脈だから，④は不適切とわかる。男性は「いつもの電車に乗ったが事故で止まってしまった」と言っているので①も不正解。②はふれられていない。
>
> 語句
> ◇ oversleep「寝坊する」
> ◇ text「～に携帯電話でメールを送る」
> ◇ in case …「もし…ならば」
> ◇ die「（機械が）使えなくなる；（携帯電話などの）充電が切れる」
> ◇ ② go off「（アラームなどが）鳴り出す」

問15 　**15**　③

スクリプト	和訳
W：Can you tell me what's wrong before you see the doctor?	女：医師の診察の前に，具合の悪いところを教えてもらえますか。
M：I have a stomachache. I took some medicine last night, but I'm still feeling sick.	男：おなかが痛いです。昨晩薬を飲んだのですが，まだ調子が悪いです。
W：I see. Are there any other symptoms? Do you have a fever?	女：わかりました。ほかに症状はありますか。熱はありますか。
M：I don't know. I might have.	男：わかりません。あるかもしれません。
W：OK, let me check.	女：そうですか。確認させてください。

問　What will the nurse most likely do next?（看護師が次に最もしそうなことは何か。）

① Get an appointment（予約を取る）

② Give the man some medicine（男性に薬を渡す）

③ **Take the man's temperature（男性の熱を測る）**

④ Talk with the doctor（医師と話をする）

— ③-7 —

「次に何をするか」に関する発言は，看護師の最後のlet me checkであることはすぐにわかるが，何をチェックするのかがポイント。その直前で熱の有無について問われた男性が，「わかりません。あるかもしれません」と言っていることから，確認するのは熱があるかどうかであることは明らか。③が正解。

語句
◇ symptom「症状」
◇ ③ take *one's* temperature「～の体温を測る」

問16　　16　　④

スクリプト	和訳
M：I see you have some French bread.	男：フランスパンを持ってるんだね。
W：The bakery next to the station was having an opening sale.	女：駅の隣のパン屋さんが開店セールをしていたの。
M：Oh, I'll go there instead of the bakery in the supermarket.	男：そうか，スーパーのパン屋さんじゃなくてそこへ行くことにするよ。
W：You'd better hurry. The French bread was almost sold out.	女：急いだ方がいいわ。フランスパンはほぼ売り切れていたから。
M：I'll head there right away, then. Thanks.	男：じゃあすぐに行くよ。ありがとう。

問　What will the man do next?（男性は次に何をするか。）

① Ask the woman how to get to the station（駅への行き方を女性に尋ねる）

② Go to the supermarket（スーパーへ行く）

③ Tell his family about the opening sale（家族に開店セールの話をする）

④ **Try to buy some food（食べ物を買おうとする）**

「次に何をするか」に関する発言は，男性の最後のI'll head there right away, then.であることはすぐにわかるが，**there が何を指すかを正確にとらえる**ことがポイント。会話には，「駅の隣のパン屋さん」と「スーパーのパン屋さん」が出てくるが，男性の2番目の発言にあるinstead ofから考えて後者ではないことがわかる。さらに，④ではFrench breadがfoodと言い換えられていることに注意する。

語句
◇ instead of ～「～ではなく；～の代わりに」
◇ head「向かう；進む」

問17　　17　　①

スクリプト	和訳
M：Why are you still here, Jane?	男：ジェーン，どうしてまだここにいるの？
W：I'm waiting for it to stop raining. I forgot to bring my umbrella.	女：雨が止むのを待っているの。傘を持ってくるのを忘れちゃって。
M：You can use this one. I brought it last week and forgot to take it home.	男：この傘を使っていいよ。先週持ってきて，家に持って帰るのを忘れたんだ。
W：Thanks, Tim. But what will you use?	女：ありがとう，ティム。でもあなたは何を使うの？
M：I drove to work.	男：僕は車で仕事に来たから。

— ③-8 —

問　What is true about the man?（男性に関して正しいのはどれか。）

① He does not need his umbrella today.（彼は，今日は傘が必要ではない。）

② He forgot to bring his umbrella today.（彼は今日は傘を持ってくるのを忘れた。）

③ He will leave his car at the office.（彼は事務所に車を置いていくだろう。）

④ He will lend his car to the woman.（彼は女性に車を貸すだろう。）

> 傘を忘れた女性に対し，男性が自分の傘を貸すと申し出ている場面である。男性は**最後の発言で「車で仕事に来た」**と言っており，車で帰宅するから傘が不要であると推測できる。**①**が正解。傘を持ってくるのを忘れたと言っているのは女性のほうであり，男性が忘れたのは，先週持ってきた傘を家に持ち帰ること。**②**は不正解。車を事務所に置いていくという発言はないので**③**も不正解。男性が女性に貸そうとしているのは傘であり，車ではない。**④**も誤り。

第4問

A

問18～21		18	②	19	③	20	①	21	④

スクリプト

Last Wednesday, I made a rocket from an empty plastic bottle for my art class. I came home from school on Thursday and saw that my mom had cleaned my room. The bottle was gone! My mom said she hadn't moved it, but I was sure she had thrown it away. While we were arguing, a garbage truck pulled up and took our garbage. I called out to the garbage collectors through my window, but they didn't hear me and drove away. I spent all night making a new rocket using a milk carton instead of a plastic bottle. But when I opened my closet the following morning, I found the bottle-rocket on the floor! I forgot I had put it there.

和訳

先週の水曜日，僕は美術の授業のために空のペットボトルでロケットを作りました。僕は木曜日に学校から帰ってきて，母が僕の部屋を掃除したのを知りました。ペットボトルはなくなっていました！母はそれを動かしていないと言いましたが，僕は母がそれを捨てたと確信していました。僕たちが口論している間に，ゴミ収集車が止まり，ゴミを持って行ってしまいました。僕は窓からゴミ収集業者に呼びかけましたが，僕の声は彼らには聞こえず，走り去ってしまいました。僕は一晩中かけて，ペットボトルの代わりに牛乳パックを使って新しいロケットを作りました。しかし翌朝クローゼットを開けた時，僕はクローゼットの床にペットボトルロケットを発見したのです！僕はそれをそこに置いたのを忘れていました。

> エピソードが時系列で語られるので，話題が出てきた順にイラストを選べばよい。第5文前半「**僕たち（＝僕と母）が口論している間に**」→第6文前半「**僕は窓からゴミ収集業者に呼びかけました**」→第7文「**僕は一晩中かけて，ペットボトルの代わりに牛乳パックを使って新しいロケットを作りました。**」→第8文「**しかし翌朝クローゼットを開けた時，僕はクローゼットの床にペットボトルロケットを発見したのです！**」したがって，**②→③→①→④**が正解。
>
> **語句**
> ◇ empty「空の」
> ◇ plastic bottle「ペットボトル」
> ◇ argue「口論する」
> ◇ garbage truck「ゴミ収集車」
> ◇ milk carton「牛乳パック」

— ③-9 —

問22~25 | 22 ③ | 23 ② | 24 ⑤ | 25 ③

スクリプト

This is the list of our Christmas gift boxes. Would you mind helping me out with these numbers? The cost of each box depends on how many chocolates it contains. Boxes that contain fewer than eight chocolates cost $6. If it has eight to ten chocolates, that's a price of $8. After that, it's an extra $2 per chocolate.

和訳

これはクリスマスのギフトボックスの表です。これらの数字の記入を手伝っていただけませんか？各ギフトボックスの値段は箱に入っているチョコレートの数によって決まります。チョコレートが8個よりも少ないギフトボックスは6ドルです。8個から10個のチョコレートが入っていれば，その値段は8ドルです。それより多ければ，チョコレート1個につき2ドルずつ追加でかかります。

表から，ギフトボックスの価格が問われていることがわかる。第3文に「各ギフトボックスの値段は箱に入っているチョコレートの数によって決まります。」とあることから，**チョコレートの個数に注意して聞き取ればよい**ことがわかる。第4文に「**チョコレートが8個よりも少ないギフトボックスは6ドルです。**」とある。**Box C は5個なので6ドル**だから，　23　は②。**fewer than eight は（8より少ない）だから，8は含まない。**第5文に，「8個から10個のチョコレートが入っていれば，その値段は8ドルです。」とある。**Box B は10個，Box E は8個なので8ドル**だから，　22　と　25　は③。第6文に，「それより多ければ，チョコレート1個につき2ドルずつ追加でかかります。」とある。**Box D は12個なので，8ドル＋2ドル×2個＝12ドル**。したがって，　24　は⑤。

語句
◇ Would you mind *doing* ～?「～していただいてもよろしいですか？」
◇ depend on ～「～次第である」
◇ contain「～を含む」
◇ extra「追加の」

B

問26 | 26 ③

スクリプト

1. Bellevue is a district of high-rise buildings. A subway connects it to a train station. There's an online market on the neighborhood community website, and items you order are delivered immediately to your door. While it has few natural spaces to speak of, Bellevue is perfect for people who prefer high-tech living.

2. Magnolia is located at the foot of a hill. The local bus service runs infrequently, so many people travel through its beautiful nature on bikes and on foot to get to the station. Also, there's a shopping mall on the other side of the hill.

3. Petersville is just one subway stop away from a train station. Above the subway station, there's

和訳

1. ベルビューは高層ビルの多い地域です。そこから地下鉄で電車の駅へ行けます。近隣コミュニティーのウェブサイトにオンライン・マーケットがあって，注文した品物はすぐにあなたの家の玄関まで届けてもらえます。取り立てて言うほどの自然の空間はほとんどありませんが，ベルビューはハイテクな暮らしをしたい人々にはうってつけです。

2. マグノリアは丘のふもとにあります。地元のバスの便はまれなので，多くの人々は駅へ行くのに自転車や徒歩で美しい自然の中を通って行きます。また，丘の反対側にはショッピングモールがあります。

3. ピーターズビルは，電車の駅から地下鉄でたった1駅のところにあります。地下鉄の駅の上には，

— ③- 10 —

| a big supermarket, theater and museum. What's unique about this district is that it has easy access to beautiful beaches. | 大きなスーパーと劇場と美術館があります。この地域の独特なところは，美しいビーチへ行くのに便利だということです。 |
| 4. Renton is an area that developed around an old nature park. The district is home to many species of wild birds. Some residents, but not a majority, are demanding better transportation for the district. There are many small, old shops, so selection is limited. | 4. レントンは古い自然公園の周囲に発展した地区です。この地域には多くの種類の野鳥がすんでいます。住民の中には地域の交通の便をもっとよくしてほしいと要求する人もいますが，それは大多数ではありません。小さくて古い店が多くあり，商品の選択の幅は限られています。 |

問 ☐26☐ is the area you are most likely to choose. （☐26☐が，あなたが選ぶ可能性の最も高い地域です。）

各地域についての説明を聞きながら，「A.自然環境」「B.交通」「C.買い物の便」について表にメモを書き込んでいくことで，正解を導くことができる。Bellevue は A，Magnolia は B，Renton は B と C が，それぞれ条件に合わない。Petersville については beautiful beaches が自然環境に当たると判断でき，その他の条件も満たすので，③が正解。

語句
◇ high-rise「高層の」
◇ door「玄関」
◇ ～ to speak of「（否定文で）取り立てて言うほどの～（はない）」
◇ infrequently「まれに；めったに…ない」
◇ selection「（商品の）選択の幅；品ぞろえ」

第5問

スクリプト	和訳
Today we will be discussing wild animals. They are usually found in nature or in a zoo. But what happens when you bring a wild animal into your home?	今日は野生動物について討論します。彼らは通常，自然の中や動物園で見られます。しかし，野生動物を家庭に持ち込むとどうなるでしょうか。
For most people, when we think of pets, we think of cats and dogs. However, more and more people are buying and keeping animals such as owls, ferrets, and hedgehogs as pets. Animals like these that are not considered common pets are referred to as "exotic pets" or "exotic animals."	大部分の人々にとって，ペットといえば，犬や猫を思い浮かべるのではないでしょうか。しかし，フクロウ，フェレット，ハリネズミなどをペットとして購入し，飼う人がますます増えています。このような一般的なペットとはみなされない動物は「エキゾチックペット」または「エキゾチックアニマル」と呼ばれています。
There are many reasons for a person to want a pet. Pets make great companions and keep people from feeling lonely. They also teach children how to take care of them. But what motivates people to keep exotic animals instead of common pets? Some people want exotic animals	人がペットを欲しがる理由はたくさんあります。ペットは素晴らしい友だちであり，人々が孤独を感じるのを防いでくれます。また，それらは子供たちに世話をする方法を教えてくれます。しかし人々が一般的なペットではなくエキゾチックアニマルを飼う動機は何なのでしょうか。エキゾチックアニマル

— ③-11 —

because they think they are cuter than normal pets. For others, they like them because they are rare and special.

Exotic pets may make their owners happy, but they can cause problems. Because they usually come from faraway places, exotic pets may cause infections. They may also become an invasive species that threatens local species if they escape or are set free. The exotic animals are also in an unnatural environment, so they may suffer from stress and become ill.

So, how can we make sure that these pets are being kept in safe and kind ways? Educating the public about this issue is a very effective way to solve it. Before they bring an exotic pet into their home, new pet owners need to know if it is safe and if it was brought into the country legally.

So, let's look at how education changes people's attitudes about keeping exotic pets. Each group will give its report to the class.

は普通のペットよりかわいいと思って欲しがる人もいます。またある人々は，それらが珍しくて特別だから好きなのです。

エキゾチックペットは飼い主を幸せにするかもしれませんが，問題を引き起こす可能性があります。エキゾチックペットは通常，遠く離れた所からやって来るため，感染症を引き起こす可能性があります。それらはまた，逃げたり放たれたりすると，在来種を脅かす外来種になる可能性があります。エキゾチックアニマルは不自然な環境にいるため，ストレスを受けて病気になることもあります。

では，これらのペットが安全で思いやりのある方法で飼われていることを確認するにはどうすればよいでしょうか。この問題について一般の人々を教育することは，それを解決するための非常に効果的な方法です。エキゾチックペットを家庭に持ち込む前に，新しいペットの飼い主はそれが安全であるかどうかや，合法的に国に持ち込まれたかどうかを知る必要があります。

それでは，エキゾチックペットを飼うことに対する人々の態度が教育によってどのように変化するかを見てみましょう。各グループはクラスに調査の内容を伝えてください。

ワークシート

エキゾチックペット

◇ **定義**
 ◆ 27 ペット

◇ **人気の理由**
 ◆エキゾチックペットの 28 はその外見にある。
 ◆エキゾチックペットは珍しくて 29 がある。

◇ **問題**
 ◆病気を引き起こす可能性がある
 ◆ 30 を損なう可能性がある
 ◆ 31 を受ける可能性がある

問27　27　③
① dangerous to people（人にとって危険な）
② not native to the country（その国の在来種ではない）
③ **not regarded as normal（普通とみなされない）**
④ very expensive（非常に高価な）

— ③ - 12 —

エキゾチックペットの定義を完成する問題。第2段落第3文に Animals like these that are not considered common pets are referred to as "exotic pets" 「このような一般的なペットとはみなされない動物は『エキゾチックペット』と呼ばれています」とある。したがって，③が正解。第4段落第2文に they (= exotic pets) usually come from faraway places 「それら（＝エキゾチックペット）は通常，遠く離れた所からやって来る」とあるが，すべてが外国産とは限らないので，②は不正解。同じく第4段落第2文後半に exotic pets may cause infections 「エキゾチックペットは感染症を引き起こす可能性がある」とあるが，必ずそうなるわけではないので⓪も不正解。④のようなことは述べられていないので，これも不正解。

問28～31　**28**　①　　**29**　④　　**30**　③　　**31**　⑥

①　charm（魅力）　　　　　②　disaster（災害）　　　　③　ecosystem（生態系）
④　rarity value（希少価値）　⑤　sickness（病気）　　　　⑥　stress（ストレス）

28 と **29** は，エキゾチックペットが人気の理由を表す文を完成させる問題。これらは第3段落後半で述べられている。第3段落第5文に Some people want exotic animals because they think they are cuter than normal pets. 「エキゾチックアニマルは普通のペットよりかわいいと思って欲しがる人もいます。」とある。この部分から，**28** には「魅力（①）」を入れて，**「エキゾチックペットの魅力はその外見にある。」**とすればよい。第3段落第6文に For others, they like them because they are rare and special. 「またある人々は，それらが珍しくて特別だから好きなのです。」とある。この部分から，**29** には「希少価値（④）」を入れて，**「エキゾチックペットは珍しくて希少価値がある。」**とすればよい。

30 と **31** は，エキゾチックペットの問題点を表す文を完成させる問題。これらは第4段落で述べられている。第4段落第3文に They may also become an invasive species that threatens local species 「それらはまた，在来種を脅かす外来種になる可能性があります」とある。この部分から，**30** には「生態系（③）」を入れて，**「生態系を損なう可能性がある」**とすればよい。第4段落第4文に The exotic animals ... may suffer from stress and become ill. 「エキゾチックアニマルは…ストレスを受けて病気になることもあります。」とある。この部分から，**31** には「ストレス（⑥）」を入れて，**「ストレスを受ける可能性がある」**とすればよい。

語句
◇ owl「フクロウ」
◇ ferret「フェレット」
◇ hedgehog「ハリネズミ」
◇ be referred to as ～「～と呼ばれている」
◇ companion「友達；仲間」
◇ infection「感染症」　*cf.* infectious「感染性の」
◇ invasive species「外来種」⇔ local species「在来種」
◇ suffer from ～「～に苦しむ」
◇ legally「合法的に」

問32　**32**　①

スクリプト	和訳
Student A : Pet owners need to be informed about exotic pets before bringing one home.	生徒A：ペットの飼い主は，家庭に持ち込む前にエキゾチックペットについて，情報を知らされている必要があるね。

— ③－13 —

Student B : Taking care of an exotic pet is a great way to teach children responsibility.	生徒B：エキゾチックペットの世話をすることは，子供たちに責任感を教える素晴らしい方法だよ。

① 　Aの発言のみ一致する

② 　Bの発言のみ一致する

③ 　どちらの発言も一致する

④ 　どちらの発言も一致<u>しない</u>

第5段落第3文にBefore they bring an exotic pet into their home, new pet owners need to know if it is safe and if it was brought into the country legally.「エキゾチックペットを家庭に持ち込む前に，新しいペットの飼い主はそれが安全であるかどうかや，合法的に国に持ち込まれたかどうかを知る必要があります。」とあるので，これを短くまとめた内容である生徒Aの発言は，講義内容に一致する。第3段落第3文にThey also teach children how to take care of them.「また，それら（＝ペット）は子供たちに世話をする方法を教えてくれます。」とあるが，これはペット一般についてであって，エキゾチックペットだけのことではない。また，それが子供たちに責任感を教える素晴らしい方法だとは述べられていないので，生徒Bの発言は講義の内容と一致しない。したがって，正解は①。

語句
◇ responsibility「責任感」

問33 　**33** 　③

スクリプト	和訳
Anna : Have a look at our graph, John. It's based on a survey done on people shopping for pets.	アンナ：グラフを見て，ジョン。これはペットを購入する人々を対象に行われた調査に基づいているのよ。
John : Let me see. So, you taught people about the problems and dangers that might be caused by exotic pets.	ジョン：ええと。つまり，君はエキゾチックペットによって引き起こされる可能性のある問題と危険について人々に教えたんだ。
Anna : That's right. Look how their opinions changed after being informed about these facts.	アンナ：その通り。これらの事実を知らされてから彼らの意見がどう変化したかを見て。

（グラフタイトル：エキゾチックペットの問題に対する態度）

（項目：感染症／動物福祉）

（意識レベル（知っていた人々）／知らされた後の懸念レベル（それを問題だと感じた人々））

① 　Education has very little effect on people's consciousness regarding exotic pets.
（教育はエキゾチックペットに関する人々の意識にほとんど影響を与えない。）

② 　For exotic pets, animal welfare is not as important an issue as infectious diseases.
（エキゾチックペットについては，動物福祉は感染症ほど重要な問題ではない。）

③ 　**Most people do not know about the problems posed by exotic pets despite their popularity.**
（**人気があるにもかかわらず，大部分の人々はエキゾチックペットがもたらす問題について知らない。**）

④ 　Regarding exotic animals, more people are concerned about the legal issues than about safety issues.
（エキゾチックアニマルに関しては，安全性の問題よりも法的な問題を懸念する人々が多い。）

— ③ - 14 —

ディスカッションによると，図はペットを購入する人々を対象に行われた調査結果で，**エキゾチックペットの「感染症」「動物福祉」の問題について，情報を与えられる前の「意識レベル」と，情報を与えられた後の「懸念レベル」を示したもの**である。講義の第2段落第2文のmore and more people are buying and keeping animals such as owls, ferrets, and hedgehogs as pets「フクロウ，フェレット，ハリネズミなどをペットとして購入し，飼う人がますます増えています」から，エキゾチックペットの人気が高まっていることがわかる。しかし図によると，**情報を与えられる前からエキゾチックペットが引き起こす可能性のある感染症について知っていた人は約30%，動物福祉の問題について知っていた人は約20%**で，大部分の人々はこれらの問題について知らなかったことが読み取れる。したがって，**③**が正解。情報を与えられた後は，感染症についても動物福祉についても90%以上の人々が懸念を示すようになったので，エキゾチックペットについての教育は人々の意識を大いに変化させたことがわかる。したがって，**①**は不正解。講義でも図でも，エキゾチックペットの「感染症」と「動物福祉」の問題が挙げられているが，どちらの方がより重要かという比較はされていないので，**②**も不正解。講義の第5段落第3文にBefore they bring an exotic pet into their home, new pet owners need to know if it is safe and if it was brought into the country legally.「エキゾチックペットを家庭に持ち込む前に，新しいペットの飼い主はそれが安全であるかどうかや，合法的に国に持ち込まれたかどうかを知る必要があります。」とあるが，安全性の問題より法的な問題を懸念する人々が多いという比較はされていないので，**④**も不正解。

語句
◇ be based on ～「～に基づいている」
◇ 図 welfare「福祉」
◇ 図 awareness「意識」
◇ 図 be aware「知っている」
◇ ① regarding「～に関する」
◇ ③ despite「～にもかかわらず」

第6問

A

スクリプト	和訳
Coach Smith：Ms. Anderson, I want to talk about your son joining the rugby team.	スミス監督：アンダーソンさん，息子さんがラグビーチームに参加することについてお話ししたいのですが。
Ms. Anderson：Yes, he wants to join, but I'm worried about his safety.	アンダーソンさん：はい，息子は参加したがっていますが，私は彼の安全が心配です。
Coach Smith：We take very good care of our athletes.	スミス監督：私たちは選手をとても大切にしています。
Ms. Anderson：I'm sure you do. However, I'm concerned about injuries.	アンダーソンさん：もちろんそうだと思います。でも，ケガが心配なのです。
Coach Smith：That happens, unfortunately, but it happens very rarely.	スミス監督：残念ながらそのようなことはありますが，めったに起こりませんよ。
Ms. Anderson：I've read an article saying that many rugby players suffer head injuries that affect them later in life.	アンダーソンさん：私は，多くのラグビー選手がのちの人生に影響を与える頭部外傷に苦しむという記事を読んだのです。

— ③ - 15 —

Coach Smith : I understand, but our students must wear helmets and other protection. We have not had a head injury here since our establishment.	スミス監督：わかりますが，学生はヘルメットなどの保護具を着用しなければならないのです。チームの創設以来，頭部外傷は一度も起こっていません。
Ms. Anderson : I'm relieved to hear that.	アンダーソンさん：それを聞いて安心しました。
Coach Smith : And your son will enjoy many benefits from joining the team.	スミス監督：そして息子さんは，チームに参加することで多くのメリットを享受するでしょう。
Ms. Anderson : Such as?	アンダーソンさん：例えばどのような？
Coach Smith : He will learn teamwork. Rugby players develop a sense of responsibility towards one another.	スミス監督：彼はチームワークを学ぶでしょう。ラグビー選手はお互いへの責任感を育みます。
Ms. Anderson : That's something my son needs.	アンダーソンさん：それは息子に必要なことです。
Coach Smith : And it's great exercise. We spend more time training than we do playing rugby.	スミス監督：それから，とてもよい運動になります。私たちはラグビーをプレーするよりもトレーニングに多くの時間を費やしています。
Ms. Anderson : Well, training will make him healthier in the future. Let me think about it and get back to you.	アンダーソンさん：そうですね，トレーニングによって息子は将来より健康になるでしょう。私にこの件について考えさせてください，それからあなたにお返事します。
Coach Smith : Sounds great! Let me know what the two of you decide.	スミス監督：いいですね！ お二人の決定をお伝えください。

問34　**34**　④

問　Which statement would Coach Smith agree with the most?
（スミス監督が最も同意するのはどの意見か。）

① Playing rugby is more important than training for it.
（ラグビーをプレーすることはトレーニングよりも重要だ。）

② Rugby is all the more fun because it is dangerous. （ラグビーは危険だからなおさら楽しい。）

③ Rugby is completely safe because the players wear helmets.
（選手はヘルメットをかぶっているので，ラグビーは完全に安全だ。）

④ **The benefits of playing rugby exceed the risks.** （ラグビーをプレーするメリットはリスクを上回る。）

> スミス監督は3つ目の発言で「**残念ながらそのようなこと（＝ケガをすること）はありますが，めったに起こりません**」，4つ目の発言で「**（頭部外傷を心配するアンダーソンさんの気持ちは）わかります**」とラグビーのリスクは承知しながらも，5つ目の発言で「**チームに参加することで多くのメリットを享受するでしょう**」と述べている。したがって，④が正解。スミス監督は7つ目の発言で「**私たちはラグビーをプレーするよりもトレーニングに多くの時間を費やしています。**」と言っているので，①は不正解。スミス監督は「危険だからなおさら楽しい」とは述べていないので，②も不正解。4つ目の発言で「学生はヘルメットなどの保護具を着用しなければならない」と言っているが，3つ目の発言で「残念ながらそのようなこと（＝ケガをすること）はある」とも言っているので，③も不正解。

問35　**35**　④

問　Which statement best describes Ms. Anderson's opinion about her son playing rugby by the end of the conversation?

— ③－16 —

（会話終了までの息子がラグビーをプレーすることに関するアンダーソンさんの意見を最もよく表しているのはどれか。）

① It is almost ideal.（それはほとんど理想的だ。）
② It is out of the question.（それは論外だ。）
③ It is still dangerous.（それはまだ危険だ。）
④ **It is worth considering.（それは検討する価値がある。）**

会話を通して，アンダーソンさんの考えがどのように変化したかを見てみよう。当初は「**息子はラグビーチームに参加したがっているが，ケガが心配だ。**」という考えだったが，スミス監督に「**学生はヘルメットなどの保護具を着用しなければならず，頭部外傷は一度も起こっていない**」と言われて，「**それを聞いて安心しました。**」とケガへの懸念は払拭された様子である。さらに，スミス監督から「**ラグビーを通してチームワークを学ぶことができる**」「**よい運動になる**」と聞いて**メリットを感じ**，最終的には「**私にこの件について考えさせてください，それからあなたにお返事します。**」と述べている。したがって，④が正解で，②は不正解。その場で快諾するほどではないので，①は不正解。危険への懸念は払拭されたので，③も不正解。

語句
◇ unfortunately「残念ながら」
◇ establishment「創設」
◇ towards one another「お互いへの」
◇ 問34 ④ exceed「〜を超える」
◇ 問35 ① ideal「理想的な；申し分のない」
◇ 問35 ④ worth *doing*「…する価値があって」

B

スクリプト	和訳
Jake：I can't stop coughing. I think the heavy traffic is polluting the air. We should try to do something about it, Yumi.	ジェイク：せきが止まらないんだ。僕は，交通量の多さで空気が汚染されていると思う。僕たちはそれについて何かしようとすべきだよ，ユミ。
Yumi：I agree, Jake ... but how?	ユミ：賛成よ，ジェイク…でもどうやって？
Jake：Maybe, we could propose blocking off some city streets from cars. Air pollution could cause serious health problems, especially in children.	ジェイク：たぶん僕たちはいくつかの都市部の道路を車両通行止めにすることを提案できるんじゃないかな。大気汚染は，特に子供たちに深刻な健康問題を引き起こす可能性があるよ。
Yumi：Block off city streets? I don't know if that's practical. Traffic is heavy even now.	ユミ：都市部の道路の通行止め？　それが実現できるかどうか私にはわからないわ。今でさえ交通量が多いわよ。
Jake：It's easy. All we need to do is to install road signs reading, "Road Closed to Vehicles." Right, Mary?	ジェイク：簡単だよ。する必要があるのは「車両通行止め」と書かれた道路標識を設置することだけだ。そうだよね，メアリー？
Mary：Yeah, we could even turn the closed roads into green space. What do you think, Stan?	メアリー：ええ，通行止めになった道路を緑地に変えることだってできるんじゃないかしら。どう思う，スタン？

③ - 17 -

Stan : I am with Yumi on this topic. Blocking streets will cause too much inconvenience for everyone.	スタン：僕はこの話題についてはユミと同意見だよ。道路を通行止めにするとみんながとても不便になるよ。
Yumi : Stan is right. What about emergency vehicles such as fire trucks or police cars? They need to use the road.	ユミ：スタンは正しいわ。消防車やパトカーのような緊急車両に関してはどうなの？ それらは道路を使う必要があるわよ。
Mary : But closing streets has already worked out in some cities like New York.	メアリー：でも道路の封鎖は，ニューヨークのようないくつかの都市ですでにうまくいっているわ。
Stan : I know it's necessary to do something about this problem, but radical changes often fail.	スタン：この問題について何かする必要があることはわかるけど，極端な変更は失敗することが多いよ。
Mary : Maybe we can say that only electric vehicles can use the streets. How's that, Stan?	メアリー：電気自動車のみ道路を通行可能にするとしてもいいかもしれないわ。それならどう，スタン？
Stan : Electric vehicles cost much more than gasoline-powered cars. If we are to ban gasoline cars, it needs to come with financial support.	スタン：電気自動車はガソリン車よりもはるかに高いよ。もしガソリン車を禁止にしたいのなら，財政的支援がセットで必要だよ。
Mary : Either way, we have to think of a way to stop the pollution.	メアリー：どちらにしても，汚染を止める方法を考えなければならないわ。
Yumi : I'm still doubtful. Much of electric power generation still depends on thermal power, which emits CO_2.	ユミ：私にはまだ疑問だわ。発電の多くは依然として火力発電に依存していて，火力発電はCO_2（二酸化炭素）を排出するのよ。

問36　　**36**　　③

ジェイクは2つ目の発言で「都市部の道路を車両通行止めにすることを提案できるんじゃないかな」，3つ目の発言で「する必要があるのは『車両通行止め』と書かれた道路標識を設置することだけだ」と述べており，道路の使用規制に賛成である。ユミは2つ目の発言で「それ（＝通行止め）が実現できるかどうかわからない」，3つ目の発言で「通行止めにすると緊急車両に支障が出る」と道路の使用規制への懸念を述べているので，反対の立場と言える。メアリーは1つ目の発言で「通行止めになった道路を緑地に変えることだってできる」，2つ目の発言で「道路の封鎖がうまくいっている都市もある」，3つ目の発言で「電気自動車のみ通行可能にしてもいいかもしれない」と一貫して道路の使用規制に肯定的な意見を述べており，賛成の立場と言える。スタンは1つ目の発言で「通行止めにすると不便になる」，2つ目の発言で「通行止めのような極端な変更は失敗することが多い」と道路の使用規制に否定的な意見を述べ，さらに電気自動車のみ通行可能にしてはどうかという妥協案に対しても，3つ目の発言で「電気自動車はガソリン車よりもはるかに高いので，その場合は財政的支援がセットで必要だ」と否定的なので，反対の立場と言える。したがって，**ジェイクとメアリーが道路の使用規制に賛成**なので，正解は**③**。

— ③ - 18 —

問37 　37　 ④

①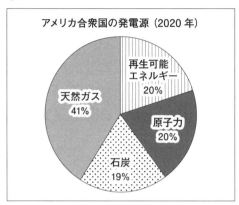

②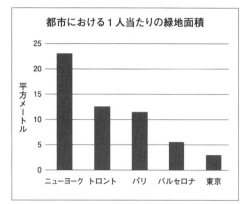

③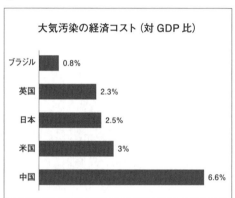

④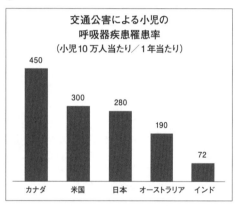

ジェイクは1つ目の発言でI think the heavy traffic is polluting the air.「僕は，交通量の多さで空気が汚染されていると思う。」，2つ目の発言でAir pollution could cause serious health problems, especially in children.「大気汚染は，特に子供たちに深刻な健康問題を引き起こす可能性があるよ。」と言っているので，「**交通公害による小児の呼吸器疾患罹患率**」というタイトルで**各国の子供たちの呼吸器疾患の罹患率を示すグラフである④が正解**。発電源に関してはユミが最後の発言でふれているのみなので，①は不正解。都市部の緑地に関してはメアリーが1つ目の発言でふれているのみなので，②も不正解。大気汚染の経済コストについては会話に出てこないので，③も不正解。

語句
◇ block off ～ from ...「～を…から封鎖する」
◇ practical「現実的な；実用的な」
◇ install「～を設置する」
◇ vehicle「乗り物」
◇ be with ～「～と同意見である」
◇ inconvenience「不便」
◇ work out「うまくいく」
◇ radical「極端な」
◇ gasoline-powered car「ガソリン車」
◇ be to *do*「…したいと思う」

◇ come with ～「～が付いている」

◇ doubtful「疑っている」

◇ electric power generation「発電」

◇ thermal power「火力発電」

◇ emit「～を排出する」

◇ 問37 ① renewable「再生可能な」

◇ 問37 ④ incidence rate「罹患率」

◇ 問37 ④ breathing problem「呼吸器疾患」

リスニング模試　第4回　解答

| 第1問小計 | 第2問小計 | 第3問小計 | 第4問小計 | 第5問小計 | 第6問小計 | 合計点 | /100 |

問題番号(配点)	設問		解答番号	正解	配点	自己採点	問題番号(配点)	設問		解答番号	正解	配点	自己採点
第1問 (25)	A	1	1	①	4		第4問 (12)	A	18	18	②	4※	
		2	2	①	4				19	19	①		
		3	3	④	4				20	20	③		
		4	4	③	4				21	21	④		
	B	5	5	①	3				22	22	②	1	
		6	6	④	3				23	23	④	1	
		7	7	②	3				24	24	⑤	1	
第2問 (16)		8	8	①	4				25	25	②	1	
		9	9	①	4			B	26	26	④	4	
		10	10	④	4		第5問 (15)		27	27	①	3	
		11	11	②	4				28	28	④	2※	
第3問 (18)		12	12	④	3				29	29	②		
		13	13	①	3				30	30	③	2※	
		14	14	③	3				31	31	⑥		
		15	15	①	3				32	32	①	4	
		16	16	①	3				33	33	④	4	
		17	17	②	3		第6問 (14)	A	34	34	③	3	
(注)　※は，全部正解の場合のみ点を与える。									35	35	①	3	
								B	36	36	③	4	
									37	37	①	4	

第1問

A

問1　<u>1</u>　①

スクリプト	和訳
It is unlikely that Mayumi will be able to get a driver's license.	マユミは運転免許を取れそうにありません。

① **The speaker doesn't think Mayumi can get a driver's license.**
（話者はマユミが運転免許を取れると思っていない〔取れないと思っている〕。）

② The speaker doesn't want Mayumi to drive a car.（話者はマユミに車を運転してほしくない。）

③ The speaker thinks Mayumi can get a driver's license easily.
（話者はマユミが簡単に運転免許を取れると思っている。）

④ The speaker thinks Mayumi needs to get a driver's license.
（話者はマユミが運転免許を取る必要があると思っている。）

> It is unlikely that ... は「…ということはありそうにない」という意味。 that 節内の「**マユミは運転免許を取ることができるだろう**」ということが「**ありそうにない**」ということなので，正解は①となる。 S don't think (that) ... は「Sは…とは思わない〔…ではないと思う〕」という主語の考えや意見を表す。

問2　<u>2</u>　①

スクリプト	和訳
Quite a few people visited the exhibition on the opening day.	かなり多くの人々が公開日にその展覧会を訪れました。

① **The exhibition had a large number of visitors.（その展覧会には多数の訪問者があった。）**

② The exhibition was not open to everyone.（その展覧会はすべての人に公開されてはいなかった。）

③ The exhibition was unsuccessful as expected.（その展覧会は予想どおり不成功だった。）

④ The exhibition was visited by only a few people.（その展覧会を訪れた人はほんのわずかだった。）

> quite a few ～ は「かなり多くの～，相当数の～」という意味。つまり「多くの人々が展覧会を訪れた」ということだから，①が正解。

問3　<u>3</u>　④

スクリプト	和訳
I would rather cook dinner at home than go to a restaurant.	私はレストランへ行くよりも，家で夕食を作る方がいいです。

① The speaker doesn't want to eat dinner at home.（話者は家で夕食を食べたくない。）

② The speaker is going to eat out at a restaurant.（話者はレストランで外食するつもりだ。）

③ The speaker is going to order food delivery.（話者は食べ物のデリバリーを注文するつもりだ。）

④ **The speaker is reluctant to go out for dinner.（話者は夕食を食べに出かけたくない。）**

— ④-2 —

would rather … than ～ は「～するよりも…する方がいい」という意味なので，話者は**夕食をレストランで食べるよりも家で作って食べたい**と思っていることがわかる。よって④が正解。デリバリーを注文するとは言っていないので③は不適切。

語句
◇ be reluctant to *do*「…したがらない」

問4　4　③

スクリプト	和訳
Robin was having an important meeting on Thursday, but it was moved to Saturday.	ロビンは木曜日に重要な会合がある予定でしたが，それは土曜日に変更されました。

① Robin had his meeting on Thursday.（ロビンは木曜日に会合を開いた。）
② Robin moved to a new place on Saturday.（ロビンは土曜日に新しいところへ引っ越した。）
③ **Robin's meeting was put off to the weekend.（ロビンの会合は週末に延期された。）**
④ Robin's meeting was rescheduled to Thursday.（ロビンの会合は木曜日に変更された。）

会合の予定が「木曜日」と「土曜日」のどちらになったかをしっかり聞き取ること。**Saturday が the weekend と言い換えられている③が正解**。was having は，過去の時点から見た未来の予定を表す過去進行形。

語句
◇ put off ～「～を延期する」

B
問5　5　①

スクリプト	和訳
She saw a white dog without a collar when she left home for work.	彼女は家を出て仕事へ行く時，首輪のない白い犬を見ました。

選択肢にイラストが含まれる問題では，放送が流れる前に各イラストの差異を確認しておくのがポイント。**家から会社に向かうのか，会社から家に向かうのか，また犬に首輪がついているかいないか**に注意して聞くこと。without a collar と left home から①が正解とわかる。

問6　6　④

スクリプト	和訳
I really want to work on a tropical island while listening to music.	私は本当に，熱帯の島で音楽を聞きながら仕事をしたいです。

音楽を聞いているかいないか，熱帯の島に実際にいるかいないかに注意して音声を聞く。want to work なので，実際には南の島にいないことがわかる。while listening は「聞いている間；聞きながら」。以上から正解は④となる。

— ④-3 —

問7	7	②

スクリプト	和訳
The man came home and sat on the sofa, and then the light suddenly went out.	男性が帰宅してソファーに座ると，突然，電灯が消えました。

電灯がついたところか消えたところか，男性がソファーに座っているかいないかに注意して音声を聞く。sat on the sofa と（and then）the light … went out という前後関係を正しく表しているのは②。

第2問

問8	8	①

スクリプト	和訳
W：Which would you rather see, the water or the trees?	女：水と木のどちらが見たい？
M：Being able to see the water would be nice.	男：水を見られるといいだろうね。
W：I think so, too. But I don't want a view of someone else's house.	女：私もそう思う。でも，他人の家は見たくないわ。
M：You're right.	男：そのとおりだね。

問　What part of their home will they add a balcony to?（彼らはバルコニーを家のどの部分に増築するか。）

イラストを見ながら話の流れを追っていけば，消去法で正解にたどり着ける。「水を見られるといい」から，②と④が外れる。「他人の家は見たくない」ということから，家が見える③も外れて，残った①が正解となる。Being able to see the water（水を見ることができること）は動名詞句で，would be nice（いいだろうね）の主語。

問9	9	①

スクリプト	和訳
W：There's a huge difference in the figures between February and March.	女：2月と3月の間で数字にとても大きな違いがあるわ。
M：Almost double!	男：2倍近いね！
W：Why does May look like this?	女：5月はどうしてこんなふうなのかしら。
M：It's OK because we had more visitors than the month before.	男：前の月よりも来訪者が多かったから，問題ないよ。

問　Which graph are the speakers talking about?（話者たちはどのグラフの話をしているか。）

2月と3月のどちらが多いかはわからないが，「2倍近い」差があるということから，まず③が外れる。次に，残った中で「5月が前月よりも多い」のは①だけであることから，これが正解とわかる。

語句
◇ huge「莫大な」
◇ figure「数字；数値」

— ④-4 —

問10 | 10 | ④

スクリプト	和訳
W：I want to change our company's badge.	女：私は会社のバッジを変えたいわ。
M：We should quit using the round one, then.	男：じゃあ，丸いのを使うのはやめた方がいいね。
W：Yes, but I don't want anything too pointy.	女：そうね，でも，あんまりとがったのはいやだわ。
M：Simple is best. How about the square one?	男：シンプルがいちばんだよ。四角いのはどうかな。
W：Agreed!	女：賛成！

問 Which one will the speakers choose?（話者たちはどれを選ぶか。）

新しいバッジの形について「**丸くないもの**」「**あまりとがっていないもの**」がよいと述べられたのち，
男性の「**四角いのはどうかな**」という問いかけに対して女性が「**賛成**」と答えている。以上から正解
は④となる。agreed はここでは間投詞的に用いられている。

語句
◇ pointy「先のとがった」

問11 | 11 | ②

スクリプト	和訳
M：Grandma doesn't like sour things, does she?	男：おばあちゃんは酸っぱいものが好きじゃないよね。
W：Wow, you remembered.	女：わあ，覚えていたのね。
M：Of course. And she's been having problems with her teeth, right?	男：もちろんさ。それに，歯の具合がずっと悪かったよね。
W：Yes. Let's take her some of these because they're soft and easy to eat.	女：ええ。軟らかくて食べやすいから，これらのいくつかを持って行きましょう。

問 Which will the speakers take?（話者たちはどれを持っていくか。）

「**酸っぱいものが好きではない**」ということから，まず③のレモンと④の梅干しが外れる。**残ったピーナッ
ツとバナナ**のうちで「**軟らかくて食べやすい**」のは②のバナナである。

語句
◇ have problems with ～「～に関して問題を抱えている」

第3問

問12 | 12 | ④

スクリプト	和訳
W：I'll bring home the light blue vase I just sent you a photo of.	女：たった今あなたに写真を送った薄い青色の花瓶を家に持って帰るわね。
M：It's a good buy. Aren't there any gray or red ones for the living room?	男：それはお買い得だね。居間用に灰色か赤色のはないかな。
W：There aren't any red ones, but how about yellow?	女：赤いのは1つもないけれど，黄色はどう？
M：Get that one. It'll brighten up the room.	男：それを買ってよ。部屋が明るくなるよ。

問 What color are the vases the woman will buy?（女性が買う花瓶は何色か。）

— ④-5 —

① Blue and gray（青色と灰色）
② Gray and yellow（灰色と黄色）
③ Red and blue（赤色と青色）
④ **Yellow and blue（黄色と青色）**

まず，最初のやりとりでlight blueの花瓶を買うことがわかる。そのあとgray，red，yellowという色が話題になるが，最終的に**女性が**how about yellow?**とたずねて，男性が**Get that one.**と答えている**ので正解は④。なお，女性の最初の発言のvaseとIの間には関係代名詞that / whichが省略されている。

語句
◇ a good buy「良い買い物；安い買い物」
◇ brighten up ～「～（の雰囲気）を明るくする；～を華やかにする」

問13　　13　　①

スクリプト	和訳
W：Is the club meeting in the east building or the west building?	女：クラブの会合は東館と西館のどちらであるのかしら。
M：It's in the main building.	男：本館だよ。
W：Oh, then we'd better hurry.	女：ああ，それなら急いだ方がいいわね。
M：I have something to take care of in the administration building first.　I'll join you as soon as I'm done.	男：僕はまず管理棟でしなきゃならないことがあるんだ。終わったらすぐに君に合流するよ。

問　Where will the man go next?（男性は次にどこへ行くか。）
① **To the administration building（管理棟）**
② To the east building（東館）
③ To the main building（本館）
④ To the west building（西館）

前半のやりとりから，本館でクラブの会合があり，2人はそこへ行くことがわかる。ただし，最後に男性が言っている「まず管理棟でしなければならないことがある」というのは「会合へ行く前に，まず管理棟へ行く必要がある」という意味だから，①が正解となる。

語句
◇ take care of ～「（仕事など）を処理する」
◇ administration「管理」
◇ join「～と合流する；～と落ち合う」
◇ done「終えて；済んで」

— ④-6 —

問14 **14** ③

スクリプト	和訳
M：Is there a discount on those black shoes over there?	男：あそこの黒い靴は値引きがありますか。
W：No, none of the items over there are discounted.	女：いいえ，あちらの商品はどれも値引きはいたしません。
M：Don't you have any sale items in that color?	男：あの色のセール商品はありませんか。
W：Not at the moment, but we're expecting some to come in tomorrow afternoon.	女：今はございませんが，明日の午後にはいくつか入る予定です。
M：No problem. I'll be back tomorrow.	男：問題ありません。明日また来ます。

問　How does the man feel about black shoes?（男性は黒い靴についてどう思っているか。）

① He doesn't like the color.（彼はその色が好きではない。）

② He thinks they are the most expensive.（彼はそれらが最も高価だと思っている。）

③ **He would like to buy a pair.（彼は1足買いたいと思っている。）**

④ He would like to buy them now.（彼はそれらを今買いたいと思っている。）

> 男性は「あそこの黒い靴」に値引きがあるかどうかを店員にたずね，できないと言われたが，「その色（＝黒）」でセール品が他にないかと，さらに質問している。このことから，男性は**見つけた黒い靴は高価だが，他のものでもいいからもっと安い黒い靴を買いたい**と考えていることがわかる。したがって正解は③。男性は「明日また来ます」と言っているので，④は不正解。女性の2つ目の発言の expecting some は expecting some black shoes ということ。
>
> **語句**
> ◇ discount「値引き；～を値引きする」
> ◇ at the moment「（現在時制で）今は」
> ◇ expect ～ to *do*「～が…するだろうと思う」
> ◇ come in「（商品が）届く」

問15 **15** ①

スクリプト	和訳
W：Mary asked me to go to the beach with her on Saturday. Is it OK if I go?	女：メアリーが，土曜日に一緒にビーチに行こうって誘ってくれたの。行ってもいい？
M：The weather forecast says it's going to rain on Saturday.	男：天気予報によると，土曜日は雨になるらしいよ。
W：Really? I'd better check with Mary.	女：本当？ 私，メアリーに確認したほうがいいね。
M：Perhaps you should go next weekend instead.	男：代わりに来週の週末に行くべきじゃないかな。
W：I'll call her now.	女：メアリーに今から電話するね。

問　Which is true according to the conversation?（会話によると，どれが正しいか。）

① **The girl might change her plans with Mary.（少女はメアリーとの計画を変更するかもしれない。）**

② The girl's father does not want her to go to the beach.（少女の父親は少女に海に行ってほしくない。）

③ The girl's father will speak to Mary on the phone.（少女の父親は電話でメアリーに話をするだろう。）

④ The girl's father will take her to the beach.（少女の父親は少女をビーチに連れて行くだろう。）

— ④-7 —

少女が土曜日にメアリーと一緒にビーチに行く許可を父親に求めている場面である。父親は**土曜日の天気予報が雨**なので次の週末にするよう勧めており，それを受けて少女はメアリーに電話をしようとしている。電話では，**土曜日のビーチへ行く予定を変更しようと相談する**と予測できるから①が正解。父親は次の週末に行くことを提案しているから，ビーチに行かせたくないわけではない。②は不正解。父親が直接メアリーに電話をするわけではないので③も不正解。少女はメアリーとビーチに行く話をしており，父親が連れて行くとの言及はない。④も不正解。

問16　　16　　①

スクリプト	和訳
M：Our appointment is at one o'clock on Tuesday, so we'll have to fly.	男：約束は火曜日の 1 時だから，飛行機で行かなきゃいけないだろうね。
W：Unfortunately, all the flights are booked on that day.	女：あいにく，その日はすべての航空便の予約が埋まっているのよ。
M：I don't want to have to take the first train or take a company car.	男：始発電車に乗るのも会社の車に乗るのもいやだな。
W：Neither do I.　It's kind of a waste, but let's take a flight the day before.	女：私もよ。ちょっともったいないけれど，前日の便に乗りましょう。
M：OK.	男：わかった。

問　What do the two people agree about?（2 人は何について合意しているか。）

① They are going to get to their destination ahead of time.（予定より先に目的地に着く。）

② They are going to leave on Monday by train.（月曜日に電車で出発する。）

③ They are going to take the first train on Tuesday.（火曜日に始発電車に乗る。）

④ They are going to use a company car.（会社の車を利用する。）

女性の最後の発言 let's take a flight the day before が決め手となる。a flight（航空便）から「飛行機で行くつもり」であるとわかるので，①以外は不適切。the day before（前日）というのは，約束の火曜日の前日の月曜日ということで，それが選択肢では ahead of time（予定より先に）と言い換えられている。

語句
◇ fly「飛行機で行く」
◇ book「～を予約する」
◇ Neither do I.「私もそうだ；私も…しない」（前の否定文を受けて）
◇ kind of ～「ちょっと～；どちらかといえば～」（ぼかし表現）

問17   17   ②

スクリプト	和訳
M：Is there anything I can do around the house for you?	男：家のことで，僕に何かできることはありますか。
W：Wow, Akira. Thank you for asking. How about doing something in the garden?	女：まあ，アキラ，聞いてくれてありがとう。何か庭仕事をするのはどうかしら。
M：Can you teach me how to cut the grass?	男：芝生の刈り方を教えてくれますか。
W：Have you never cut grass before?	女：今まで一度も芝生を刈ったことがないの？
M：Lawns are not so common in my town in Japan.	男：日本の僕の町では芝生はそれほど一般的ではないんです。
W：Really? Most houses in England have a lawn.	女：本当？ イングランドのほとんどの家には芝生があるわ。

問　Why is the host mother surprised? （ホストマザーが驚いているのはなぜか。）

① Akira cut the grass in her yard. （アキラは彼女の庭の芝生を刈った。）

② She learned about a cultural difference. （彼女は文化の違いを知った。）

③ She was asked to cut the grass. （彼女は芝生を刈るよう頼まれた。）

④ Something was missing from her garden. （彼女の庭から何かがなくなっていた。）

> アキラは芝生の刈り方を尋ねている段階で，まだ刈っていないから①は不適切。最後の発言で，**ホストマザーはアキラの町とイングランドの違いについて驚いている様子**だから②は適切。庭仕事を頼まれているのはアキラで，ホストマザーではない。③は不正解。庭から何かが失われているかどうかは述べられていないので④も不正解。
>
> 語句
> ◇ lawn「（庭，公園などの）芝生」

第4問

A

問18〜21   18   ②   19   ①   20   ③   21   ④

スクリプト	和訳
Students in our school were asked when they listened to music. The results of the survey were quite surprising. It's natural to guess that students would listen to music the most on Sundays, when they have free time. However, that was actually the least popular day for listening to music. In fact, the most popular day was Friday. This was followed by Monday. In contrast, the number of students who listened to music on Saturdays was about half the number who listened on Mondays; Saturday wasn't much more popular than Sunday. The other weekdays were about the same, with Tuesday having the highest score of the three.	私たちの学校の生徒たちが，音楽をいつ聞くのかと質問されました。調査の結果はかなり驚くものでした。生徒は日曜日に最もよく音楽を聞くだろうと予想することは自然でしょう。日曜日は自由時間がありますからね。けれども，実際は日曜日は音楽を聞くのに最も人気のない日でした。実際に最も人気がある日は金曜日でした。その次が月曜日でした。対照的に，土曜日に音楽を聞く生徒の数は月曜日に聞く生徒の数の約半分でした。土曜日は日曜日と比べて非常に人気があるというわけではありませんでした。平日のその他の日はほぼ同じで，3つの曜日の中では火曜日が最も高い数値となっていました。

グラフのタイトルは「あなたはいつ音楽を聞きますか」である。日曜日が最も人気があるだろうという予想に反して，実際は**日曜日が最も人気がなかった**と述べられているから，　21　が④（日曜日）である。**the most popular day（最も人気がある日）**は金曜日だから，　18　に②（金曜日）が入る。**土曜日は月曜日の約半分**ということだから，　20　か　21　が該当するが，最も人気がなかった　21　は日曜日なので，　20　が③（土曜日）となる。Saturday wasn't much more popular than Sunday. は，土曜日は日曜日とあまり変わらないということである。最後の文のThe other weekdaysは，これまで言及された月曜と金曜を除いた平日，つまり**火曜，水曜，木曜**を指しており，その３つの曜日の中では火曜が一番数値が高いと言っている。したがって　19　は①（火曜日）である。

語句
◇ survey「調査」
◇ in contrast「対照的に；それとは違って」

問22〜25　　22　②　　23　④　　24　⑤　　25　②

スクリプト	和訳
In both August and September at Hotel Forest, you're advised to work for a total of 20 days per month. At Mountain Inn, a big conference nearby has been moved up to August, so the month will be busy. That's why you'll be working a total of 20 days in August and receive 10 dollars more a day than what's on the pay chart. You'll only be working for 10 days in September instead. At Hotel Luxury, you'll be working 20 days in August and half that time in September.	ホテル・フォレストでは８月と９月のどちらも，１カ月に合計20日間働いてください。マウンテン・インでは，近くで行われる大きな会議が予定を繰り上げて８月になったので，その月は忙しいでしょう。そのため，８月には合計20日間働いて，給料の表に書かれているよりも１日10ドル多くもらえることになります。その代わり９月に働くのは10日間だけです。ホテル・ラグジュアリーでは，８月に働くのは20日間，９月はその半分です。

それぞれのホテルでの月ごとの給料がいくらになるかが問われている。表には３つのホテルの８月と９月の日給が書かれていることから，聞き取るべきは空所になっている月の勤務日数だと予測できる。**ホテル・フォレストでは９月に20日間，マウンテン・インでは８月に20日間働く**ことになるが，**マウンテン・インの８月の日給だけは表に書かれた60ドルに10ドルを加える**ことに注意。**ホテル・ラグジュアリーは８月が20日間，９月がその半分**となる。以上をもとに，各月の給料は次のように計算できる。　22　$50×20 = $1,000（②），　23　($60 + $10)×20 = $1,400（④），　24　$100×20 = $2,000（⑤），　25　$100×(20÷2) = $1,000（②）。

語句
◇ be advised to *do*「…してください」（強い助言・推奨）
◇ a total of 〜「合計で〜」
◇ conference「（大規模な）会議；大会」
◇ move 〜 up to …「（予定など）を…に繰り上げる」
◇ chart「図表」

— ④ - 10 —

B

問26   **26**   ④

スクリプト	和訳
1. Hi, this is Bob. I could record just a guitar and vocals. I can do that on my recording app and send it to you. Fifty dollars would be great, but that's negotiable. Exams start next week so I'd need about 20 days.	1. こんにちは，僕はボブです。ギターとボーカルだけなら録音できます。録音アプリを使ってそれを行って，君に送れます。50ドルもらえると素晴らしいけれど，交渉の余地はあります。来週に試験が始まるので，20日くらい必要です。
2. My name's Helen. I work fast and my fees are reasonable. I can get it done in a week for 40 dollars. But I'm no good at singing, so would it be OK to ask my friend to record? If so, that'll be an extra 15 dollars.	2. 私の名前はヘレンです。私は仕事が速くて，料金はお手頃です。1週間で終えられて，値段は40ドルです。でも私は歌うのが苦手なので，友達に録音するのを頼んでもいいですか。それでよければ，追加で15ドルになります。
3. It's Kate. Long time no see. I can't wait to hear the song! I can record it, using a piano. I'm busy next week, so can you give me 10 days? I'm good at writing lyrics, so how about 55 dollars for everything?	3. ケイトです。お久しぶりですね。その曲を聞くのが待ち遠しいです！ ピアノを使って録音できます。来週は忙しいので，10日もらえますか。私は歌詞を書くのが得意なので，全部で55ドルでどうでしょうか。
4. Steve here. I didn't know you wrote music! I can help you out but I need 10 to 12 days. I can ask my brother to help me with the recording. How about 45 dollars, including the recording? Looking forward to hearing from you.	4. スティーブです。君が作曲するとは知りませんでした！ 手伝ってあげられますが，10日から12日必要です。兄に頼んで録音を手伝ってもらえます。録音を含めて45ドルでどうですか。連絡を待っています。

問 **26** is the person you are most likely to choose. （ **26** が，あなたが選ぶ可能性の最も高い人です。）

それぞれの人の説明を聞きながら，「A.期間」「B.録音」「C.料金」について表にメモを書き込んでいくことで，正解を導くことができる。Bob は A が20日と長すぎる。Helen は録音に追加の15ドル必要で，計55ドルになるため C の条件に合わない。Kate も C の条件に合わない。すべての条件を満たすのは Steve のみで，④が正解となる。

語句

◇ negotiable「交渉の余地のある」

◇ be no good at ～「～がまったく得意でない」（no は強い否定）

◇ Long time no see.「久しぶりですね。」（くだけた表現）

◇ can't wait to *do*「…するのが待ち遠しい」

◇ lyric「歌詞」

◇ help ～ out「～を手助けする」

◇ Looking forward to ～.「～を楽しみにしています。」（I'm を省略したくだけた表現）

第5問

スクリプト

Today, we are going to talk about facial recognition. Maybe you use this several times a day when you unlock your smartphone. Your smartphone's camera scans your face, and it opens the lock. That is facial recognition. But facial recognition can do so much more.

Around the world, train lines are installing facial recognition systems. Instead of using tickets, passengers will be able to board trains by simply looking at a camera near the ticket gate. To use this service, passengers must first register their payment information and a photograph of their face using the train line's application. Then, when they pass through the ticket gate, a camera scans their face. When they get off, another camera scans their face and calculates the fare. The fare is paid through their saved payment method.

There are many benefits to this system. Passengers can get through ticket gates and board trains more smoothly because they don't have to spend time at the ticket counter buying tickets or worrying if they have enough cash. This results in smoother and more efficient payment and collection of train fares.

Facial recognition is becoming more widespread, but what happens when it moves from personal property like your smartphone to public spaces like train stations? Many people feel that facial recognition is an invasion of privacy. They don't want to be photographed every time they take a train. Also, it's difficult to use for people who don't have enough money to buy a smartphone or a tablet.

Let's look at people's reactions to using facial recognition at train stations. Each group will investigate public opinion about this type of facial recognition and share the information with the class.

和訳

今日は，顔認証についてお話しします。スマートフォンのロックを解除する時に，これを1日に数回使用することもあるでしょう。スマートフォンのカメラがあなたの顔をスキャンし，ロックを解除します。それが顔認証です。しかし，顔認証はそれよりはるかに多くのことができるのです。

世界中の鉄道路線で，顔認証システムが導入されています。切符を使用する代わりに，乗客は改札口付近のカメラを見るだけで電車に乗れるようになります。このサービスを利用するには，乗客はまず，鉄道会社のアプリを使用して，支払い情報と顔写真を登録しなければなりません。そして改札を通過する際に，カメラが顔をスキャンします。降りる時は，別のカメラが顔をスキャンして運賃を計算します。運賃は保存されている支払い方法を通じて支払われます。

このシステムには多くの利点があります。乗客は切符売り場で切符を購入したり，現金が足りるかどうかを心配したりするのに時間を費やす必要がなくなるので，よりスムーズに改札を通過して電車に乗ることができます。これにより，運賃の支払いと回収がよりスムーズで効率的になるのです。

顔認証はますます普及していますが，それがスマートフォンのような個人の所有物から駅のような公共スペースに移るとどうなるでしょうか。多くの人々は，顔認証はプライバシーの侵害だと感じています。彼らは電車に乗るたびに写真を撮られたくないのです。また，スマートフォンやタブレットを買うのに十分なお金がない人々には使いにくいのです。

駅での顔認証の利用に対する人々の反応を見てみましょう。各グループは，このタイプの顔認証に関する世論を調査し，クラスで情報を共有してください。

— ④ - 12 —

ワークシート

電車での顔認証

◇ **方法**
　　◆登録：乗客は写真と支払い情報を登録する
　　◆乗車：カメラが乗客の顔をスキャンする
　　◆降車： 27

◇ **利点**
　　◆ 28 を持ち歩く必要がない
　　◆ 29 を通過するのに必要な時間がより少ない

◇ **問題点**
　　◆自分に関する 30 を共有されたくない
　　◆ 31 を買う余裕がない人もいる

問27 　27　 ①

① the fare is paid automatically（運賃が自動的に支払われる）
② the passenger pays by credit card（乗客がクレジットカードで支払う）
③ the passenger registers with the app（乗客がアプリに登録する）
④ the passenger takes a photo（乗客が写真を撮る）

電車での顔認証の方法は第2段落で述べられており，降車時のことは第5・6文にWhen they get off, another camera scans their face and calculates the fare. The fare is paid through their saved payment method.「降りる時は，別のカメラが顔をスキャンして運賃を計算します。運賃は保存されている支払い方法を通じて支払われます。」と述べられている。したがって①が正解。あらかじめ保存されている支払い方法はクレジットカードとは限らないので，②は不正解。第2段落第3文にTo use this service, passengers must first register their payment information and a photograph of their face using the train line's application.「このサービスを利用するには，乗客はまず，鉄道会社のアプリを使用して，支払い情報と顔写真を登録しなければなりません。」とあり，乗客がアプリに登録するのは乗車前であることがわかるので，③も不正解。カメラが乗客の顔をスキャンするのであって，乗客が写真を撮るわけではないので，④も不正解。

問28～31 　28　 ④　　 29　 ②　　 30　 ③　　 31　 ⑥

① card（カード）　　　　　　② entrance（改札口）
③ information（情報）　　　　④ money（お金）
⑤ opinion（意見）　　　　　　⑥ technology（テクノロジー）

28 と 29 は電車での顔認証の利点を表す文を完成する問題。顔認証の利点は第3段落で述べられている。第2文にPassengers can get through ticket gates and board trains more smoothly because they don't have to spend time at the ticket counter buying tickets or worrying if they have enough cash.「乗客は切符売り場で切符を購入したり，現金が足りるかどうかを心配したりするのに時間を費やす必要がなくなるので，よりスムーズに改札を通過して電車に乗ることができます。」とある。したがっ

— ④-13 —

て，　28　には「お金（④）」を入れて，「お金を持ち歩く必要がない」とすればよい。また　29　には「改札口（②）」を入れて，「改札口を通過するのに必要な時間がより少ない」とすればよい。　30　と　31　は電車での顔認証の問題点を表す文を完成する問題。顔認証の問題点は第4段落で述べられている。第2文に Many people feel that facial recognition is an invasion of privacy.「多くの人々は，顔認証はプライバシーの侵害だと感じています。」とあるので，　30　には「情報（③）」を入れて，「自分に関する情報を共有されたくない」とすればよい。また第4文に it's difficult to use for people who don't have enough money to buy a smartphone or a tablet「スマートフォンやタブレットを買うのに十分なお金がない人々には使いにくいのです」とあるので，　31　には「テクノロジー（⑥）」を入れて，「テクノロジーを買う余裕がない人もいる」とすればよい。

語句
◇ facial recognition「顔認証」
◇ install「～を導入〔設置〕する」
◇ board「(乗り物) に乗る」
◇ register「～を登録する」
◇ application「(スマートフォンなどの) アプリ」＝問27 ③ app「(スマートフォンなどの) アプリ」
◇ calculate「～を計算する」
◇ invasion「侵害」
◇ investigate「～を調査する」

問32　32　①

スクリプト	和訳
Student A：The introduction of facial recognition systems in public transport is changing the way people travel.	生徒A：公共交通機関への顔認証システムの導入は，人々の移動方法を変えているんだ。
Student B：Train lines now have apps instead of tickets, which creates a sharp social division between rich and poor.	生徒B：鉄道路線は切符の代わりにアプリを使用していて，お金持ちと貧しい人々の間の社会的分断をはっきりさせているね。

① Aの発言のみ一致する
② Bの発言のみ一致する
③ どちらの発言も一致する
④ どちらの発言も一致し<u>ない</u>

講義全体の流れを見てみよう。第2段落では「世界中の鉄道路線で，切符を使用する代わりに，乗客がアプリに支払い情報と顔写真を登録しておけば，乗車時にカメラが顔をスキャンし，降車時に別のカメラが顔をスキャンして運賃を計算し，運賃を自動的に支払う顔認証システムが導入されている。」ことが述べられている。第3段落では「電車での顔認証システムにより，人々は切符を買ったりするのに時間を費やす必要がなくなるので，より短時間で改札を通過できる。」という利点が述べられている。第4段落では「電車での顔認証システムはプライバシーの侵害とも受け取られ，スマートフォンやタブレットを買うお金がない人々には使いにくい。」という問題点が述べられている。第2段落の内容から，従来の切符を買ってから乗車する移動方法が，アプリへの事前登録で切符なしで乗車できるという移動方法に変化したことがわかる。よって，生徒Aの発言は講義内容と一致する。第4段落にはスマートフォンやタブレットを買うお金がない人々には使いにくいとあるが，それが金持ちと貧しい人々の社会的分断につながっているということは述べられていないので，生徒Bの発言は，講義内

— ④ - 14 —

容からは外れる。したがって，正解は①となる。

語句
◇ division「分断」

問33　 33 　④

スクリプト	和訳
Sam：Look at our research, Alice. We analyzed people's reactions to facial recognition being used in public places. Alice：That's interesting. The system seems to be well-received by many people. Did you also consider the age of the participants? Sam：Yes. Actually, we found that older people are more likely to support facial recognition in public than young people.	サム：僕たちの調査を見て，アリス。僕たちは公共の場所で使用されている顔認証に対する人々の反応を分析したんだ。 アリス：それは興味深いね。そのシステムは多くの人に好評みたいだね。あなたは参加者の年齢も考慮したの？ サム：うん。実は，若者よりも高齢者の方が公共の場所での顔認証を支持することが多いことがわかったよ。

（グラフタイトル：公共の場所での顔認証への支持）
（項目：18～29歳／30～49歳／50～64歳／65歳以上）

① Older people are more likely to have trouble registering for facial recognition services.
（高齢者は顔認証サービスへの登録に苦労する可能性がより高い。）

② Support for public facial recognition has been increasing recently especially among the older generation.
（最近，特に高齢者世代の間で公共の顔認証への支持が増加している。）

③ Young people are more likely to own smartphones, so they support facial recognition less.
（若者はスマートフォンを所有していることがより多いため，顔認証への支持がより低い。）

④ **Young people seem to have more concerns about privacy issues than older people do.**
（若者は高齢者よりもプライバシーの問題についてより大きな懸念を抱いているようである。）

図のタイトルは「公共の場所での顔認証への支持」で，ディスカッションでサムが述べているように**年齢が高くなるほど支持率が高い**ことが読み取れる。講義の第4段落によると，電車での顔認証の問題点は「プライバシーの侵害」と「スマートフォンやタブレットを買うお金がない人が使いにくい」ことであった。このことから，**公共の場所での顔認証への支持が低い若者は，支持が高い高齢者よりもプライバシーの問題に懸念を持っている可能性が高い**ので，④が正解。顔認証の問題点として，高齢者が登録に苦労するということは講義中で述べられておらず，図によれば高齢者からのこのサービスへの支持は高いことから，①は不正解。図は特定の一時点の支持率を示しているだけで，一定期間の支持率の変化は不明なので，②も不正解。また，若者がスマートフォンを所有していることが多いということは講義で述べられておらず，顔認証の支持率が低いこととの関連性も不明なため，③は不正解。

語句
◇ be well-received「好評である；高く評価される」

— ④-15 —

第6問

A

スクリプト	和訳
Tyler：You know, maternity leave is widespread but not paternity leave. That's not fair, don't you think, Fumi?	タイラー：あのさ，女性の出産・育児休暇は広く普及しているけれど，男性の育児休暇はそうでもないよね。それって公平じゃないと思わないかい，フミ？
Fumi：Well, Tyler, my cousin took a week off when his wife had a baby.	フミ：ええと，タイラー，私のいとこは奥さんが赤ちゃんを産んだ時1週間の休みを取ったわよ。
Tyler：That's good, but a week is not long enough. Fathers should be given more time to bond with their baby.	タイラー：それはいいね。でも1週間では長さが十分じゃない。赤ちゃんと絆を深めるために父親はもっと多くの時間を与えられるべきだよ。
Fumi：He could have stayed home longer, but he didn't want to miss too much work. He thought a long absence might impact his professional reputation.	フミ：いとこは，もっと長く家にいることもできたけれど，あまりに多く休むことは望まなかったの。長く不在にすると仕事上の評判に影響があるかもしれないと思ったのね。
Tyler：He shouldn't feel bad for being a good father.	タイラー：良き父親であることを悪いと思うべきじゃないよ。
Fumi：But that's how it is.	フミ：でも，それが現実なのよ。
Tyler：If companies gave more time off to new fathers, taking paternity leave would be the norm.	タイラー：会社が父親になる人たちにもっと休みを与えれば，男性が育児休暇を取るのは普通になるだろうにね。
Fumi：I don't know. Many fathers still wouldn't take it because most companies don't pay a regular salary during the leave.	フミ：どうかしら。ほとんどの会社が休暇中は通常の給料を支払わないから，多くの父親はまだ育児休暇を取らないのでしょうね。
Tyler：Something needs to be done about that, too!	タイラー：それについても何かしなきゃいけないな！

問34　　**34**　　③

問　What is Fumi's main point?（フミの発言の要点は何か。）

① Paternity leave does not always improve the father-baby relationship.
（男性の育児休暇が，父親と赤ちゃんの関係を必ずしも向上させるとは限らない。）

② Paternity leave helps workers enhance their reputation.
（男性の育児休暇は，働く人の評判を上げるのに役立つ。）

③ **Paternity leave is not a realistic option for some people.**
（**男性の育児休暇は，人によっては現実的な選択肢ではない。**）

④ Paternity leave is recommended only if it's a short period of time.
（男性の育児休暇は，それが短期間である場合にかぎり推奨できる。）

> フミは自分のいとこが「（育児休暇で）長く不在にすると仕事上の評判に影響があるかもしれない」と考えたことについて，3つ目の発言で「それが現実なのよ」と理解を示している。また，最後の発言で「ほとんどの会社が休暇中は通常の給料を支払わないから，多くの父親はまだ育児休暇を取らないのだろう」と**男性が育児休暇を取りにくい事情を述べている**ことからも，フミは③のように考えてい

— ④ - 16 —

るとわかる。いとこが育児休暇を1週間しか取らなかったことに理解を示しているのは，長期の休暇は取りにくいのが現実だと考えているからで，④のような考えは示してない。

問35 **35** ①

問 What is Tyler's main point? （タイラーの発言の要点は何か。）

① Companies must take action to change the current situation regarding paternity leave.
（男性の育児休暇に関わる現在の状況を変えるために，会社は対策を取らなければならない。）

② Companies should give longer paternity leave than maternity leave.
（会社は，女性の出産・育児休暇よりも長い男性の育児休暇を与えるべきだ。）

③ Fathers are not helpful when it comes to taking care of new babies.
（新生児の世話をするとなると，父親は役に立たない。）

④ Fathers should not take paternity leave for granted.
（父親は，男性の育児休暇を当然のことと思うべきではない。）

タイラーは，男性の育児休暇が女性の出産・育児休暇ほど普及していないことに終始，批判的な立場である。4つ目の発言 If companies gave more time off to new fathers, taking paternity leave would be the norm.（会社が父親になる人たちにもっと休みを与えれば，男性が育児休暇を取るのは普通になるだろうに）は，仮定法過去を用いた表現で，現実（会社はあまり休みを与えていない）とは異なることを想定して述べたもの。ここから**男性の育児休暇が社会に浸透するよう，会社がもっと休みを与えるべきだ**と考えていることがわかる。また最後の発言Something needs to be done about that, too!のthatは直前にフミが言った「ほとんどの会社が休暇中は通常の給料を支払わないから，多くの父親はまだ育児休暇を取らない」という現状を指す。以上より「会社が対策を取るべきだ」という①が正解と判断できる。

語句
◇ maternity leave「（女性の）出産・育児休暇」
◇ take ～ off「～の期間の休みを取る」
◇ miss work「仕事を休む；欠勤する」
◇ reputation「評判；名声」
◇ That's how it is.「そういうものだ；それが現実だ」
◇ norm「標準；普通のこと」
◇ 問34 ② enhance「～を高める」
◇ 問35 ④ take ～ for granted「～を当然と思う」

B

スクリプト	和訳
Mark: We hardly hear about Click and Collect in Japan, right, Misa?	マーク：日本ではクリックアンドコレクトのことはほとんど耳にしないよね，ミサ？
Misa: I don't know anything about Click and Collect. What is it, Mark?	ミサ：私はクリックアンドコレクトについてはまったく知らないわ。それは何なの，マーク？
Mark: It's a way to order something on the Internet and then receive it somewhere other than your home, such as a shop, delivery box, convenience store, and so on. Julia, you probably know about it.	マーク：それは，インターネットで何かを注文して，店，配達ボックス，コンビニとか，自宅以外の場所で受け取る方法だよ。ジュリア，君はたぶん知っているよね。

— ④－17 —

Julia: Yes, there are now many pick-up counters for orders in the U.K., and I heard the service is also growing in Japan.	ジュリア：ええ，イギリスには注文したものの受け取りカウンターがたくさんあって，日本でもそのサービスが増えていると聞いたわ。
Misa: Oh, really?	ミサ：あら，本当？
Julia: Yes, and we don't miss deliveries, so it's a convenient system.	ジュリア：ええ，配達を逃さないから，便利なシステムよ。
Misa: I want to give it a try! How about you, Minoru?	ミサ：やってみたいわ！ ミノル，あなたはどう？
Minoru: Well, shopping on the Internet strikes me as a little dull. I prefer shopping at real stores. Are you a Click and Collect person, Mark?	ミノル：ええと，インターネットでの買い物は少し退屈だと思う。僕は実店舗で買い物をする方が好きだな。君はクリックアンドコレクト派かい，マーク？
Mark: Actually, I like to choose the things that I want to buy after seeing the actual products. So, for people like me, Click and Collect is not so appealing. I think many people feel the same way.	マーク：実は，実際の商品を見てから，買いたいものを選ぶのが好きなんだ。だから，僕のような人にとっては，クリックアンドコレクトはそれほど魅力的ではないね。多くの人が同じように感じていると思うよ。
Julia: I understand. But even so, I hope that Click and Collect becomes more widespread in Japan.	ジュリア：わかるわ。それでも，クリックアンドコレクトが日本でもっと普及することを願うわ。
Misa: Me too, Julia.	ミサ：私もよ，ジュリア。

問36　　36　　③

ミサは3つ目の発言で，I want to give it a try!「やってみたいわ！」と述べており，利用に積極的である。ジュリアは2つ目の発言で，it's a convenient system「便利なシステムよ」，3つ目の発言で，I hope that Click and Collect becomes more widespread in Japan「クリックアンドコレクトが日本でもっと普及することを願うわ」と肯定的な意見を述べており，利用に消極的ではないことがわかる。ミノルはshopping on the Internet strikes me as a little dull. I prefer shopping at real stores.「インターネットでの買い物は少し退屈だと思う。僕は実店舗で買い物をする方が好きだ。」と述べており，利用に積極的ではない。マークは最後の発言で，for people like me, Click and Collect is not so appealing「僕のような人にとっては，クリックアンドコレクトはそれほど魅力的ではないね」と述べていることから，利用に積極的ではない。つまりクリックアンドコレクトの利用に積極的ではないのはミノルとマークなので，正解は③。

— ④ - 18 —

問37 37 ①

①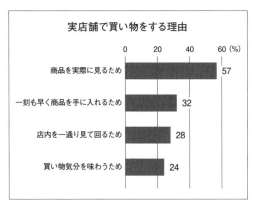

②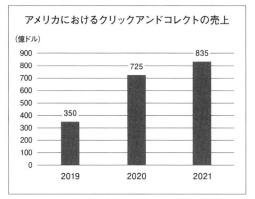

③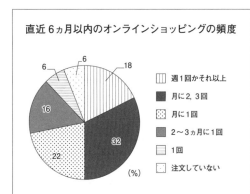

④

	オンラインで最も多く購入された商品	
1	家電製品	60%
2	書籍	59%
3	コンピューター機器	57%
4	日用品	54%
5	CD / DVD	50%

マークの最後の発言に，I like to choose the things that I want to buy after seeing the actual products.「実際の商品を見てから，買いたいものを選ぶのが好きなんだ。」，I think many people feel the same way.「多くの人が同じように感じていると思うよ。」とある。したがって，「実店舗で買い物をする理由」というタイトルで，「商品を実際に見るため」という回答が最も多いという結果を示す①のグラフがマークの意見を最もよく表している。ジュリアが１つ目の発言で，イギリスのクリックアンドコレクトについて触れているが，アメリカの状況については会話に出てこないので，②は不正解。オンラインショッピングの頻度や，オンラインで多く購入される商品についても会話に出てこないので，③，④も不正解。

語句
◇ hardly「ほとんど～ない」(notより弱い否定)
◇ somewhere other than ～「～以外のどこかで」
◇ delivery box「配達ボックス」
◇ pick-up counter「受け取りカウンター」
◇ give it a try「試しにやってみる」
◇ strike「～に印象を与える」
◇ dull「退屈な」

◇ product「商品」
◇ appealing「魅力的な」
◇ widespread「普及した」
◇ 問37 ① physical store「実店舗」
◇ 問37 ① in person「直に」
◇ 問37 ③ frequency「頻度」
◇ 問37 ④ appliance「器具；機器」
◇ 問37 ④ daily necessity「日用品」

リスニング模試 第5回 解答

| 第1問小計 | 第2問小計 | 第3問小計 | 第4問小計 | 第5問小計 | 第6問小計 | 合計点 | /100 |

問題番号(配点)	設問		解答番号	正解	配点	自己採点	問題番号(配点)	設問		解答番号	正解	配点	自己採点
第1問(25)	A	1	1	③	4		第4問(12)	A	18	18	①	4※	
		2	2	③	4				19	19	③		
		3	3	③	4				20	20	②		
		4	4	②	4				21	21	④		
	B	5	5	②	3				22	22	③	1	
		6	6	④	3				23	23	①	1	
		7	7	③	3				24	24	②	1	
第2問(16)	8		8	③	4				25	25	⑤	1	
	9		9	①	4			B	26	26	①	4	
	10		10	④	4		第5問(15)	27		27	①	3		
	11		11	①	4			28		28	②	2※		
第3問(18)	12		12	④	3			29		29	④			
	13		13	①	3			30		30	①	2※		
	14		14	④	3			31		31	③			
	15		15	③	3			32		32	②	4		
	16		16	②	3			33		33	④	4		
	17		17	①	3		第6問(14)	A	34	34	④	3		
									35	35	①	3		
								B	36	36	③	4		
									37	37	①	4		

(注) ※は，全部正解の場合のみ点を与える。

⑤-1

第1問

A

問1 | 1 | ③

スクリプト	和訳
Can I go to the post office? I must mail this letter.	郵便局へ行ってもいいですか。この手紙を出さなければならないのです。

① The speaker cannot find the post office. （話者は郵便局を見つけることができない。）

② The speaker received a letter. （話者は手紙を1通受け取った。）

③ **The speaker wants to send a letter. （話者は手紙を送りたいと思っている。）**

④ The speaker works at the post office. （話者は郵便局で働いている。）

> I must mail this letter. （この手紙を出さなければならないのです。）のmailは「～を郵便で出す〔郵送する〕」の意でsendとほぼ同意。よって，③が正解。郵便局へ行くのはこれからなので①は状況に合わず，不正解。②，④についてはふれられていない。

問2 | 2 | ③

スクリプト	和訳
Where did I put my glasses? Oh, wait. Are they on my desk?	私はメガネをどこに置いたんだろう？　ちょっと待った。机の上かな。

① The speaker found some glasses on a desk. （話者は机の上でメガネを見つけた。）

② The speaker is sitting at a desk. （話者は机の前に座っている。）

③ **The speaker is trying to find his glasses. （話者はメガネを探そうとしている。）**

④ The speaker wants to buy glasses. （話者はメガネを買いたがっている。）

> Where did I put my glasses? は「私はメガネをどこに置いたんだろう？」の意。3文目で「それら（＝メガネ）は机の上かな。」と言っていることから，話者がメガネをどこかに置いてしまって探している様子がわかるので③が正解。メガネを見つけてはいないので①は不正解。②，④についてはふれられていない。

問3 | 3 | ③

スクリプト	和訳
To save money for a vacation next summer, Kenji got a job at a movie theater.	次の夏の休暇に向けて貯金するため，ケンジは映画館での仕事を得ました。

① Kenji is now on vacation. （ケンジは今，休暇中である。）

② Kenji is watching a movie. （ケンジは映画を見ている。）

③ **Kenji plans to take a vacation. （ケンジは休暇を取る計画をしている。）**

④ Kenji will work all this summer. （ケンジは夏の間ずっと働くだろう。）

> To save money for a vacation next summerと言っていることから，次の夏に休暇を取る予定があるとわかるので正解は③。休暇は先のことなので①は不正解。また，休暇を取るということは④のwork all this summer（夏の間ずっと働く）とも一致しない。②についてはふれられていない。

問4 　**4** 　②

スクリプト	和訳
I won't call Sarah about the meeting. I already told her it will be tomorrow.	私は会議についてサラに電話をするつもりはありません。すでに彼女には会議は明日だと伝えました。

① Sarah called the speaker about a meeting. （サラは会議について話者に電話をした。）
② Sarah knows that the meeting will be tomorrow. （サラは会議が明日だと知っている。）
③ Sarah will call the speaker tomorrow. （サラは話者に明日電話するつもりだ。）
④ Sarah will get a call from the speaker today. （サラは話者から今日電話を受けるだろう。）

> I won't（＝ will not）call Sarah about the meeting. （私は会議についてサラに電話をするつもりはありません。）と言っており，その理由として I already told her it will be tomorrow. （すでに彼女（＝サラ）にはそれ（＝会議）は明日だと伝えました。）と言っている。つまり，**サラは明日会議があるとすでに知っているので②が正解**。サラには電話をしないのだから，④は不正解。won't の聞き取りに注意しよう。

B

問5 　**5** 　②

スクリプト	和訳
Most of the guests at the café are being served cake.	カフェのほとんどの客にはケーキが出されています。

> 選択肢にイラストが含まれる問題では，音声が流れる前に各イラストの差異を確認しておくのがポイント。この問題では人数はどれも同じなので，**テーブルに何が置かれているか，置かれているものの数**などに注意しながら聞くこと。most of the ～ は「～の大部分〔ほとんど〕」の意で，most of the guests は「客のほとんど」という意味になる。すなわち，5人のうち4人の前にケーキが出されている②が正解となる。
>
> 語句
> ◇ serve「～（＝飲食物）を出す〔配膳する〕」

問6 　**6** 　④

スクリプト	和訳
Joe will wash the dishes and fold the laundry up later. Now he is doing other work in the house.	ジョーはあとで皿洗いをして洗濯物をたたむつもりです。現在，彼は家の中で他の仕事をしています。

> 1文目 Joe will wash the dishes and fold the laundry up later. からはジョーがあとで皿洗いをして洗濯物をたたむつもりだということ，2文目 Now he is doing other work in the house. からは**現在（皿洗いと洗濯物たたみの仕事以外の）別のことを家の中でしている**ことがわかる。よって，まだしていない①の皿洗いと②洗濯物たたみは不正解だとわかる。③の洗車は家の外の仕事なのでこれも不正解。正解は④とわかる。
>
> 語句
> ◇ fold the laundry up「洗濯物をたたむ」

— ⑤-3 —

問7	7	③

スクリプト	和訳
The girl's father is having a sandwich made for himself.	女の子の父親は自分で作ったサンドイッチを食べています。

イラストでは娘と父親が描かれているので，それぞれの様子に注目して聞くこと。The girl's father is ～ と読まれているので，文の主語は父親であることをつかむ。having a sandwich made for himself はここでは「自分で作ったサンドイッチを食べている」ということ。よって，サンドイッチを食べている父親が描かれている③が正解。

語句
◇ for oneself「自分のために；自分で」

第2問

問8	8	③

スクリプト	和訳
W：Will you get a desktop computer, Paul?	女：ポール，デスクトップコンピューターを買うつもり？
M：No, I want one that is easy to carry.	男：いや，持ち運びしやすいものが欲しいんだ。
W：How about this small tablet?	女：この小さなタブレットはどう？
M：I prefer one with a larger screen.	男：もっと画面が大きいものがいいな。

問 Which computer will Paul buy?（ポールはどのコンピューターを買うか。）

「デスクトップコンピューターを買うつもりか」という女性の問いかけに対し，ポールはNoと答え，「持ち運びしやすいものが欲しい」と言っている。このことから，まずデスクトップ型の①と②は不正解だとわかる。続けて，ポールはI prefer one with a larger screen. と言っていることから，小型タブレットよりも画面が大きなものが欲しいことがわかるので，④と比べて画面が大きい③が正解。

語句
◇ tablet「タブレット型コンピューター」

問9	9	①

スクリプト	和訳
M：Do you like this one?	男：これはどう？
W：It is too fancy. In the school play, I will be a grandmother.	女：飾りが派手すぎるわ。学校の劇で，私はおばあさん役をするのよ。
M：Maybe one with just one flower on it?	男：じゃあ，花が1つだけ付いているものかな？
W：OK. But not the one with ribbon.	女：そうね。でもリボンが付いていないものにするわ。

問 Which hat will the woman wear in the school play?（女性は学校の劇でどの帽子を身につけるか。）

— ⑤ - 4 —

男性の２番目の発言Maybe one with just one flower on it?（じゃあ，花が１つだけ付いているものかな？）に対してOK. と同意したあと，女性はnot the one with ribbon（リボンが付いていないもの）と言っていることから，女性が最終的に選んだのは，花飾りが１つでリボンが付いていない①であるとわかる。

語句
◇ fancy「（小物などが）装飾的な；派手な」

問10　　**10**　　④

スクリプト	和訳
W : Should we take snacks?	女：おやつを持っていくべきかしら。
M : The teacher will bring those. But we might get thirsty.	男：先生が持ってくるよ。でも，喉が渇くかもしれないな。
W : Yes, then we need this. And don't forget that it will be cold.	女：そうね。じゃあ，これが必要だわ。それから，寒くなりそうだということを忘れないで。
M : Then we had better wear this.	男：それならこれを身につけた方がいいね。

問　What will each of the students take?（生徒はそれぞれ何を持っていくか。）

女性のShould we take snacks? の問いかけに対する男性の答えThe teacher will bring those. から，おやつの持参は不要だとわかる。続く男性の発言But we might get thirsty. に対し女性はYes, then we need this. と答えているので，**喉が渇いたときの備えを持っていくことがわかる**。また，女性のit will be coldに対して男性がThen we had better wear this. と言っていることから，**何らかの防寒具を持っていくと考えられる**ので，水筒とニット帽の組み合わせの④が正解となる。

問11　　**11**　　①

スクリプト	和訳
M : Could you tell me where the famous cat painting is?	男：有名なネコの絵画はどこにあるか教えていただけますか。
W : Sure. It's in the room next to the gift shop.	女：はい。ギフトショップの隣の部屋にあります。
M : Down by the café?	男：向こうのカフェの隣ですか。
W : No, the room on the other side.	女：いえ，反対側の部屋です。

問　Where is the painting of a cat?（ネコの絵画はどこにあるか。）

案内係はIt's in the room next to the gift shop. と言っているのでgift shopの隣である①か②のいずれかが正解だと考える。続く会話の中で，男性はDown by the café?（向こうのカフェの隣ですか。）と尋ね，**案内係は the room on the other side（反対側の部屋）と答えている**。よって，①と②のうちカフェの隣ではない方の①が正解。

— ⑤-5 —

第3問

問12 | 12 | ④

スクリプト	和訳
M：Hi, Yuki. I heard that you are going to study in Germany.	男：やあ，ユキ。ドイツへ留学すると聞いたよ。
W：Yes, I'll join a homestay program.	女：そうなの。ホームステイプログラムに参加するのよ。
M：How long do you plan to stay?	男：どれくらい滞在する予定？
W：Three months. I will leave on September 10th and return on December 15th.	女：3ヵ月よ。9月10日に出発して12月15日に戻る予定よ。
M：Really? Let's have a dinner party when you get back.	男：そうなの？ 戻ってきたら夕食会を開こう。
W：That would be fun.	女：それはいいわね。

問　What will Yuki do on September 10th?（ユキは9月10日に何をするか。）

① Attend a party（パーティーに出席する）

② Host a student（学生をもてなす）

③ Return home（家に帰ってくる）

④ **Travel to Germany（ドイツに行く）**

> 男性がユキにドイツへの留学について尋ねている。男性のHow long do you plan to stay? という問いかけに対し，ユキはThree months. と答え，さらに**leave on September 10th（9月10日に出発する）**，return on December 15th（12月15日に戻る）と伝えている。よって，ユキが9月10日に行うことは「ドイツに行く」ことなので④が正解。①のパーティーについては，ユキの帰国後に開こうと話しているので不正解。

問13 | 13 | ①

スクリプト	和訳
M：When will we visit the museum?	男：博物館にはいつ行く予定ですか。
W：After lunch. There is a nice souvenir shop next to the museum, which will be a good place to end our tour.	女：昼食後です。博物館の隣にすてきな土産物店があるんですよ。旅の終わりにぴったりのところです。
M：Good. I want to see the gardens in the morning.	男：いいですね。午前中に庭園を見たいのですが。
W：We will. After we look at a beautiful old house.	女：行きますよ。美しい古い家屋を見たあとに行きます。

問　Where will the group visit first?（グループは最初にどこを訪れるか。）

① **A house（家屋）**

② A museum（博物館）

③ A restaurant（レストラン）

④ Gardens（庭園）

— ⑤-6 —

男性は最初に，博物館にはいつ行くのかを尋ね，ガイドの女性は After lunch と答えている。この時点で，②の博物館は最初の訪問地ではなさそうだと推測できる。男性は次に I want to see the gardens in the morning. と言い，これに対してガイドの女性は We will. と答えているが，続けて After we look at a beautiful old house. と伝えていることから，午前中に「古い家屋」→「庭園」の順で訪れる予定であることがわかる。③の restaurant についてはふれられていないので，正解は①の A house。

語句
◇ souvenir「土産」

問14　14　④

スクリプト	和訳
W：Excuse me, I don't think that this is the food I ordered. Is this the salmon salad?	女：すみません。これは注文した料理ではないと思います。これはサーモンサラダですか。
M：It is the side salad to go with our special.	男：それはスペシャルメニューに付いているサラダです。
W：But I ordered a salmon salad and a soup. Where is the soup?	女：私はサーモンサラダとスープを注文したのですが。スープはどこですか。
M：I must have written your order wrong. Sorry. I'll bring the correct food right away.	男：ご注文を間違えて書いてしまったようです。申し訳ありません。すぐに正しい料理をお持ちします。

問　What is true according to the conversation?（会話によると，正しいのはどれか。）
① The man brought a soup and a salad.（男性はスープとサラダを運んできた。）
② The man wrote down the correct order.（男性は正しい注文を書き留めた。）
③ The woman decided to order different food.（女性は違う料理を注文することに決めた。）
④ **The woman wanted to have soup.（女性はスープが欲しかった。）**

I don't think that ... は「…ではないと思う」の意で，客の女性は「（出された料理が）自分が注文した料理ではないと思う」とウェイターに伝えている。**女性の2番目の発言で，女性はサーモンサラダとスープを注文したと言っている**ことから，正解は④。女性の Where is the soup? からスープが運ばれてきていないとわかるので①は不正解。ウェイターの2番目の発言で間違えて注文を書いたと言っているので②も不正解。〈must have + 過去分詞〉で「…したに違いない」という意を表す。③についてはふれられていない。

語句
◇ side salad「付け合わせのサラダ」
◇ go with ～「～に付属する；～付きで売られる」
◇ special「（レストランの）本日のおすすめ；サービスメニュー」

問15　15　③

スクリプト	和訳
M：I want to become a nurse.	男：私は看護師になりたいと思っています。
W：That's a very good job choice. Why do you want to be a nurse?	女：それはとてもいい仕事の選択ですね。なぜ看護師になりたいのですか。
M：Because I like helping people.	男：人を助けることが好きだからです。

— ⑤-7 —

| W：It is a good reason.　Now you must study hard in your classes.　It will be useful when you become a nurse. | 女：いい理由ですね。それなら授業では一生懸命に勉強しなくてはなりませんね。看護師になった時に役立ちますよ。 |

問　What does the woman think about the student's plan?（女性は生徒の計画についてどう思っているか。）

① He does not study hard enough to become a nurse.
（彼は看護師になるために十分なほど熱心に勉強していない。）

② He will be good at helping other people.（彼は他人を助けることが得意になるだろう。）

③ **He will learn a lot from the classes he is taking.（彼は履修している授業から多くを学ぶだろう。）**

④ The classes for nurses are not very interesting.（看護師になるための授業はあまり面白くない。）

> 看護師になりたい生徒と教員の会話。教員は 2 番目の発言で Now you must study hard in your classes. と言い，その「（今の）授業で一生懸命に勉強すること」が useful when you become a nurse（看護師になった時に役立つ）と助言している。③ はこれを言い換えた内容なのでこれが正解。①，②，④ についてはふれられていない。

問16　　16　　②

スクリプト	和訳
M：Are you excited about the game tomorrow?	男：明日の試合にわくわくしているかい？
W：Do I look happy?	女：私，うれしそうに見える？
M：Not really.　Does that mean you aren't going to play?	男：いいや，あんまり。それは試合には出ないということ？
W：That's right.　I was tired and didn't attend the practices last week.　If I had tried harder, I might have been selected for the team.	女：そうよ。先週は疲れていて練習に参加しなかったの。もしもっと頑張っていたら，チームに選ばれたかもしれないのに。
M：Oh, well.　Maybe next time.	男：そうか。きっと次があるよ。

問　Why is the woman upset?（なぜ女性は動揺しているのか。）

① She didn't get basketball tickets.（彼女はバスケットボールのチケットを手に入れなかった。）

② **She isn't a member of the team.（彼女はチームのメンバーではない。）**

③ The man didn't go to basketball practice.（男性はバスケットボールの練習に行かなかった。）

④ The man didn't invite her to the game.（男性は彼女を試合に誘わなかった。）

> If I had tried harder, I might have been selected for the team. の意味をつかめるかがこの会話の重要ポイント。「もしもっと頑張っていたら，チームに選ばれたかもしれないのに」は「あまり頑張らなかったのでチームに選ばれなかった」という事実を示し，これが彼女が動揺している理由である。＜ If ＋ S ＋ had ＋ 過去分詞 ..., S' ＋ 助動詞の過去形 ＋ have ＋ 過去分詞 〜.＞は過去の事実と反対の仮定と，それに基づく推量を表す。①，③，④ についてはふれられていない。
>
> 語句
> ◇ select「〜を選ぶ〔選抜する〕」
> ◇ upset「動揺している；取り乱している」

問17　　17　　①

スクリプト	和訳
M：Didn't you enjoy that show? I thought the man who played the cat was very funny.	男：あの番組が楽しくなかったのかい？　ネコの役をやっていた男の人はとても面白いと思ったけどな。
W：Do you mean the dog?	女：犬の役の人のこと？
M：Well, the man with a brown jacket. Wasn't he a cat?	男：えっと，茶色の上着を着ていた男性だよ。彼はネコじゃなかったのかい？
W：I don't think so. He made jokes about eating his dog food.	女：違うと思うよ。ドッグフードを食べるジョークを言っていたから。
M：Maybe you are right. Still, he was funny.	男：きっとその通りだな。それでも彼は面白かったよ。

問　What did the grandfather do?（祖父は何をしたか。）

① He misunderstood an actor's role.（彼は役者の役を誤解していた。）

② He played a cat in a show.（彼はある番組でネコの役をした。）

③ He told the girl some jokes.（彼は女の子に冗談を言った。）

④ He wore a brown jacket.（彼は茶色の上着を着ていた。）

祖父と孫はテレビ番組の内容について話している。祖父は最初の発言でthe man who played the cat（ネコの役をやっていた男の人）をfunnyだと言っているが，それに対して孫はDo you mean the dog?と聞き返している。このmeanは「～のつもりで言う；～のことを言う」という意味で，孫は「犬（の役をした男性）のこと？」と確認している。つまり，祖父は男性の役を誤解していたので①が正解。孫は2番目の発言でHe made jokes about eating his dog food. と言っているが，これは番組の役者についての話である。よって③は不正解。②，④も祖父についてのことではないので不正解。

第4問

A

問18〜21　　18　①　　19　③　　20　②　　21　④

スクリプト	和訳
This year, 200 students from our school were asked this question: Where would you most like to travel during your summer vacation? Students could select one of four places; Australia, Egypt, France, or Korea. Over a third of the students, the largest percentage, said they wanted to go to Australia. Least popular of the countries was Korea. This might be partly because many students had already traveled there. France and Egypt both received just over twenty percent of the votes. However, the latter received slightly fewer votes.	今年，私たちの学校の200名の生徒が「夏休みにあなたは一番どこへ旅行したいですか？」という質問に答えました。生徒は次の4つの場所，オーストラリア，エジプト，フランス，韓国から1つ選択することができました。3分の1以上という最も大きな割合の生徒が，オーストラリアに行きたいと答えました。最も人気が低かった国は韓国でした。これは1つには，多くの生徒がすでに行ったことがあったということが原因かもしれません。フランスとエジプトはどちらも20％余りの票を得ましたが，後者の得票の方がわずかに少ない結果でした。

— ⑤-9 —

グラフを含む問題は，まずグラフのタイトルを読んでテーマを頭に入れておこう。タイトルは「学生が夏休みに一番旅行したい場所」である。選択肢では国名が与えられていることにも注目し，グラフに占める割合と国名を結びつけることが問われると推測して聞くことができるとよい。数値や割合を表す表現には特に注意して聞こう。音声では，まず調査の概要説明があり，中盤から具体的な結果説明へと移っている。**over a third**（3分の1以上）が **Australia** を選んだと言っており，the largest percentage（最も大きな割合）を占めると言っているので　18　は①が入る。次の，Least popular ... was Korea. では **least**（最も小さい）をつかめるかがポイント。最も人気が低かったので，グラフの最小部分　21　が④となる。残りの2つは数値が近いが，France and Egypt both received just over twenty percent のあとに the latter received slightly fewer votes と言っており，**the latter**（後者）が **Egypt** を指し，**fewer votes**（より少ない得票だった）をつかめれば　19　が③，　20　が②だと決定できる。

語句
◇ a third「3分の1」
◇ partly because ...「1つには…の理由で」
◇ vote「票」
◇ slightly「わずかに；少し」

問22～25　　22　③　　23　①　　24　②　　25　⑤

スクリプト	和訳
We need to write the delivery prices for these customers who ordered flowers. We charge \$10 to deliver flowers to any customer that is over 20 miles away. For customers who live between 10 and 19 miles away, the delivery fee is \$8. All deliveries closer than 10 miles are charged \$5. Notice that a few of the names have stars. Those orders are for weddings, which always get free delivery.	私たちは花を注文されたこれらのお客様について配送料を書く必要があります。20マイル以上の距離があるお客様の場合，花の配送料は10ドルです。お住まいまで10マイルから19マイルのお客様の場合，配送料は8ドルです。10マイル以内の配達の場合はすべて，配送料は5ドルです。星印が付いているお名前が若干あることに注意して下さい。こちらの注文は結婚式向けであり，配送料は常に無料です。

この問題のテーマは「花の配送料」であり，与えられている表から「距離」と「金額」の関係を聞き取る必要があると推測できるので，数字に注意しながら聞き取り，表のDistanceの列と照らし合わせて料金を決定していくとよい。We charge \$10 ... over 20 miles away. と言っているので20マイル以上の配達には10ドルの配送料がかかる。そのあとに，10～19マイルの距離の場合は8ドル，10マイルに満たない場合は5ドル，という内容が続く。ただし，終盤でNotice that a few of the names have stars.（星印が付いているお名前が若干あることに注意して下さい。）と言っており，**Those orders**（＝星印が付いている注文）は for weddings で，この場合は free delivery（配送料無料）であると言っている。これらの情報から，　22　は35マイル→③10ドル，　23　は4マイル→①5ドル，　24　は12マイル→②8ドル，　25　は星（＊＊）付き→⑤無料。

語句
◇ delivery「配送」
◇ charge「～（＝代金・料金など）を請求する」
◇ notice「～に注意〔注目〕する」
◇ star「星印」（＊は asterisk ともいう）

— ⑤-10 —

B

問26 `26` ①

スクリプト	和訳
1. I love Maple Grove. The bus from here stops in front of Harvard House. It was built 200 years ago. The house tour is great, and tells you about the history of the town, too. After that, enjoy the café and stores on Maple Street.	1. 私はメイプル・グローブが大好きです。ここからのバスはハーバード・ハウスの前に止まります。それは200年前に建てられたものです。ハウスのツアーは素晴らしく，町の歴史も知ることができます。ツアーのあとは，メイプル通りのカフェや店を楽しんで下さい。
2. You should go to Ocean View. It's only one hour from here by train, and the station is close to the beach. The main activity is walking on the beach, so you really can relax. There are nice places to eat and buy souvenirs near the station, too.	2. オーシャン・ビューに行くとよいです。ここからは電車でたったの1時間の距離で，駅はビーチの近くにあります。主なアクティビティはビーチの散策ですから，実にリラックスすることができます。駅の近くには，食事やお土産を買うためのすてきな場所もあります。
3. My family often drives to Pride Peak because there is no public transportation. There is a really old hotel with a small museum. I recommend eating at Pride Restaurant, but there are other choices for food and gifts.	3. 私の家族はよくプライド・ピークに車で出かけます。なぜなら公共交通機関がないからです。小さな美術館が付いたとても古いホテルが1軒あります。食事はプライド・レストランをお勧めしますが，食事やお土産のための場所は他にもあります。
4. Don't miss Walt's Crossing if you are interested in history. There are many guided tours to the famous old bridge. Be sure to take your lunch, though, because there are only houses in the area.	4. 歴史に興味があるなら，ウォルツ・クロッシングを見逃してはいけません。有名な古い橋へのたくさんのガイドツアーがあります。ただ，その周辺には住宅しかないので，昼食を必ず持っていくようにしましょう。

問 `26` is the place you are most likely to choose. (`26` が，あなたが選ぶ可能性の最も高い場所です。)

各場所についての説明を聞きながら，3つの条件「A. 公共の交通機関で行きやすい」「B. 地元の歴史について学べる」「C. 店やレストランがある」について表にメモを書き込んでいくことで，正解を導くことができる。① Maple Grove がすべての条件を満たすので正解。② Ocean View は B. に関して言及がない。③ Pride Peak は車が必要であり，A. を満たしておらず，B. も言及がない。④ Walt's Crossing は昼食を持参せねばならず，C. を満たしていない。

語句
◇ public transportation「公共交通機関」
◇ guided tour「ガイド付きのツアー」
◇ be sure to *do*「必ず…する」

第5問

スクリプト	和訳
The United Nations wants to make the world a better place. To achieve that goal, the United Nations	国連は，世界をよりよい場所にしたいと考えています。その目標を達成するため，国連は17の目標を

— ⑤ - 11 —

wrote seventeen goals, which are called Sustainable Development Goals. These goals try to solve issues such as providing quality education for all children. The seventeen goals were accepted by all the United Nations member countries in 2015. They want to achieve the goals by the year 2030.

One project that helps achieve several sustainable development goals is called Plan2Inclusivize. Inclusivize is a new word that the UNESCO Chair made up. That word refers to everything needed to include all people in everyday activities. Plan2Inclusivize helps disabled children become more a part of their communities.

Unfortunately, today many disabled children do not join regular school activities. Many cannot attend school at all. A major reason is that there are not enough teachers who know how to help disabled children. Therefore, the program uses a system that shows adults how to be better teachers. Adults learn skills to help their community understand and accept children with disabilities. The system works well for kids with disabilities, too. That is because they are encouraged to play sports together regardless of their abilities.

By influencing both adults and kids, the program achieves very important goals. The whole community learns to accept people with disabilities. Disabled children benefit by gaining confidence in themselves. The first program of Plan2Inclusivize was held in the African country of Guinea. It started in 2017. Since then, 80 adults have learned new teaching skills. 1,020 disabled children have participated and other people were able to understand them better. Plan2Inclusivize is a good step in achieving all of the United Nations Sustainable Development Goals.

掲げました。それらは持続可能な開発目標と呼ばれています。これらの目標は、すべての子供たちに質の高い教育を提供することなどの問題の解決に取り組んでいます。17の目標は2015年にすべての国連加盟国によって承認されました。それらの目標は2030年までに達成したいと考えています。

いくつかの持続可能な開発目標を達成するのに役立つプロジェクトの１つにPlan2Inclusivizeと呼ばれるものがあります。inclusivizeはユネスコチェアが生み出した新しい単語です。その言葉は、すべての人々を日常の活動に含めるために必要とされるすべてのものを表しています。Plan2Inclusivizeは、障がいがある子供たちが地域社会にもっと参加できるように支援します。

残念ながら、現在、障がいを持つ子供たちの多くは通常の学校活動に参加していません。多くは、学校にまったく通うことができません。その主な理由は、障がいを持つ子供たちを支援する方法を知る教師が不足していることです。そのため、そのプログラムは大人がよりよい教師になる方法を示す仕組みを利用しています。大人は、地域社会が障がいを持つ子供たちを理解し、受け入れる手助けをするためのスキルを学びます。その仕組みは障がいを持つ子供たちにも役立ちます。能力にかかわらず、彼らは一緒にスポーツをすることが奨励されるからです。

大人と子供の両方に影響を与えることによって、そのプログラムはとても重要な目標を達成します。地域社会全体が、障がいを持つ人たちを受け入れることを学びます。障がいを持つ子供たちにとっては、自分に自信を持てるという利点があります。Plan2Inclusivizeの最初のプログラムはアフリカのギニアで採用されました。それは2017年に開始しました。以来、80名の大人が新しい教授法を習得しています。1,020名の障がいを持つ子供たちが参加し、他の人々も彼らについて、より理解できるようになりました。Plan2Inclusivizeは国連が掲げる持続可能な開発目標のすべてを達成することにおけるよい一歩なのです。

ワークシート

○持続可能な開発目標
・世界をよりよくするための17の目標を含む
・2015年に 27 によって承認された
・2030年までに目標達成を目指す

○SDGsを達成するための１つの方法：Plan2Inclusivize

	大人向け	障がいを持つ子供向け
仕組み	28	29
目標	30	31
ギニアのプログラム	80名のスタッフ	1,020名の子供

問27　　27　　①

① all countries in the United Nations（国連のすべての国）

② disabled children around the world（世界中の障がいを持つ子供たち）

③ every resident of Guinea（ギニアの全住民）

④ the chairperson of UNESCO（ユネスコの議長）

持続可能な開発目標については第１段落で述べられている。空欄の前のAccepted by ～（～によって承認された）に着目し，誰〔何〕によって承認されたのかに注意して聞く。第４文でThe seventeen goals were accepted by all the United Nations member countries in 2015. と言っているので①が正解。

問28～31　　28　　②　　29　　④　　30　　①　　31　　③

① Accept people with disabilities（障がいを持つ人たちを受け入れる）

② Acquire teaching skills（教える技術を習得する）

③ Gain confidence（自信を得る）

④ Promote sports（スポーツを促進する）

⑤ Provide books（本を提供する）

⑥ Travel to new places（新しい場所に旅する）

Plan2Inclusivizeについては第２段落以降で述べられているが，そのsystem（仕組み）については第３段落，goals（目標）については第４段落で説明されている。第３段落第４～５文で，大人はよりよい教師になるために学び，地域社会が障がいを持つ子供たちを受け入れやすいようにスキルを身につけると言っているので 28 には②が入る。次の第６～７文では，障がいを持つ子供にとっても，一緒にスポーツをすることが奨励されることで役立つという点が挙げられているので 29 には④が入る。goals（目標）については，第４段落第２文で，「地域社会全体が障がいを持つ人たちを受け入れることを学ぶ」と言っているので 30 には①が入る。続く第３文では，障がいを持つ子供たちは自信を持つと言っているので 31 には③が入る。

語句

◇ sustainable「持続可能な」（地球環境を破壊しないという意味）

◇ make up ～「～（＝新しいこと）を考え出す〔作り上げる〕」

◇ regular「通常の」

◇ be encouraged to *do*「…することを奨励される」

◇ regardless of ～「～にかかわらず」

◇ benefit「利益を得る」
◇ confidence「自信」
◇ 問27 ❸ resident「住民」
◇ 問27 ❹ chairperson「議長；委員長」

問32　32　②

スクリプト	和訳
StudentA：Plan2Inclusivize helps disabled children rather than focusing on adults like other programs. Student B：Plan2Inclusivize is one of the meaningful programs that is trying to achieve the Sustainable Development Goals.	生徒A：Plan2Inclusivize は他のプログラムのように大人に焦点を当てるよりも，障がいを持つ子供たちを支援するんだ。 生徒B：Plan2Inclusivize は，持続可能な開発目標を達成しようとしている重要なプログラムの1つなんだね。

① Aの発言のみ一致する
② Bの発言のみ一致する
③ どちらの発言も一致する
④ どちらの発言も一致し<u>ない</u>

Plan2Inclusivize の内容について正しいものを選ぶ。第4段落第1文にまとめられているように，Plan2Inclusivize は大人と子供の両方に影響を与えることによって目標を達成するものであるから，生徒Aの発言は講義内容と一致しない。第2段落第1文には，「いくつかの持続可能な開発目標を達成するのに役立つプロジェクトの1つに Plan2Inclusivize と呼ばれるものがあります。」とあり，講義の最後にも「Plan2Inclusivize は国連が掲げる持続可能な開発目標のすべてを達成することにおけるよい一歩なのです。」とあることから，Plan2Inclusivize が持続可能な開発目標達成のためのプログラムであり，meaningful でもあることが講義全体から汲み取れる。したがって，生徒Bの発言は講義内容と一致すると言える。正解は②となる。

語句
◇ meaningful「重要な；意義のある」

問33　33　④

スクリプト	和訳
Mary：Here is an interesting graph, Tom. It shows what proportion of disabled children attend school, compared to other children. Tom：Oh, it looks like there are important differences between these two groups. Mary：That's right. The Plan2Inclusivize project may improve the situation. What do you think?	メアリー：ここに興味深いグラフがあるよ，トム。障がいのある子供たちの学校に通っている割合が，他の子供たちと比較される形で示されているの。 トム：わあ，これら2つのグループの間には大きな差があるようだね。 メアリー：その通り。Plan2Inclusivize プロジェクトがその状況を改善するかもしれない。あなたはどう思う？

（グラフタイトル：世界における小学校の出席率）
（項目：学校に通っている／学校を修了した）

（障がいのある子供／健常な子供）

① If Plan2Inclusivize is successful, then fewer able-bodied children might complete primary school.
（もし Plan2Inclusivize が成功すれば，小学校を修了する健常な子供たちの数は減るだろう。）

② More schools for disabled children only should be built to improve their completion rate.
（障がいのある子供たちの修了率を上げるために，そうした子供たち専用の学校がもっと建てられるべきだ。）

③ Since most able-bodied children attend schools, programs like Plan2Inclusivize are not necessary.
（たいていの健常な子供たちは学校に通うため，Plan2Inclusivize のようなプログラムは必要ではない。）

④ **The difference in school attendance between disabled and other children might decrease due to Plan2Inclusivize.**
（障がいのある子供たちと他の子供たちの間にある学校への出席率に関する差は，Plan2Inclusivize によって縮まるかもしれない。）

> 図のタイトルは「世界における小学校の出席率」で，障がいのある子供と健常な子供を比較している。ディスカッションでトムが指摘している通り，グラフの値には明らかな差が認められるが，このことと講義の内容を合わせて考える。①の内容は講義ではふれられていない。学校の数を増やすことには言及していないので②も不正解。この講義では，障がいのある子供たちが学校活動にもっと参加するための Plan2Inclusivize の役割について述べている。よって③も不正解。講義終盤で，障がいのある子供たちが活動に参加するようになる Plan2Inclusivize プログラムのプラス効果について述べられていて，またディスカッションでメアリーも「Plan2Inclusivize プロジェクトによって状況が改善されるかもしれない。」と言っている。つまり，**Plan2Inclusivize によって障がいのある子供の学校への出席率が上がる可能性があり，これは④の「出席率に関する差が縮まる可能性がある」と一致するので④が正解。**
>
> 語句
> ◇ proportion「割合」　*cf.* rate「割合」
> ◇ compared to ～「～と比較して」
> ◇ 図 attendance「出席」
> ◇ 図 able-bodied「健常な」
> ◇ ② completion「修了」

第6問

A

スクリプト	和訳
Peter：Are you OK, Kana? You look upset.	ピーター：カナ，大丈夫？　気が動転しているようだけど。
Kana：Did you see the summer camp schedule, Peter? I can't believe it!	カナ：夏のキャンプのスケジュールを見ましたか，ピーター？　信じられません！
Peter：I helped write the schedule. What's the problem?	ピーター：私はスケジュールを書くのを手伝いました。何が問題ですか。
Kana：Sports. Look! Every day there are mostly just sports.	カナ：スポーツです。見てください！　毎日，ほぼスポーツばかりです。
Peter：What's wrong with that? Sounds fun.	ピーター：それのどこが問題ですか。楽しそうでしょう。

Kana：Maybe, but I signed up for the camp to learn English. Why do I have to play silly games? I wonder if I should not participate in the camp. The camp is only one week long.	カナ：そうかもしれません。でも私は英語を学ぶためにキャンプに申し込んだのです。なぜくだらないゲームをしなければならないのですか。キャンプに参加すべきではないのかしら。キャンプはたった1週間なのに。
Peter：That's true. But students get tired of studying in a classroom all day. We thought it might be fun to learn while playing with friends and running around outside.	ピーター：それはそうですが，生徒は1日中教室で勉強するのでは飽きてしまいます。友達と遊んだり外で走り回ったりしながら学ぶのは楽しいだろうと思ったのですよ。
Kana：Isn't it just a waste of time?	カナ：それは単に時間の無駄ではないですか？
Peter：Not really. In fact, it will be a good chance to practice English. You want to talk with native speakers like me, right?	ピーター：そんなことはありません。実際，英語を練習するのにいい機会になるでしょう。私のようなネイティブスピーカーと話したいと思っているでしょう？
Kana：Of course.	カナ：もちろんです。
Peter：Great. We'll use a lot of new words and grammar. For example, I don't usually yell directions at you. You have to think fast while playing sports.	ピーター：よかった。私たちはたくさんの新しい単語や文法を使うでしょう。例えば，普段はあなたたちに対して大声で方角を叫んだりしませんよね。スポーツをしている間は素早く考えなくてはなりませんよ。
Kana：Still, maybe I should find a different English program.	カナ：でも，やっぱり他の英語プログラムを探すべきかもしれません。
Peter：You could. But we want to make the camp experience more like real life.	ピーター：そうすることもできますよ。でも，私たちはキャンプでの経験を実際の生活に近づけたいと考えているのですよ。

問34 **34** ④

問　What is Peter's main point?（ピーターの発言の要点は何か。）

① It is best to study language in a classroom.（言語は教室で学ぶのが最良だ。）

② Most native speakers learn vocabulary by playing sports.
（たいていのネイティブスピーカーはスポーツをしながら語彙を学ぶ。）

③ Real life situations allow students to think more carefully.
（実際の生活のような状況によって生徒はより慎重に考えることができる。）

④ **Sports can also be useful in learning a foreign language.**
（スポーツは外国語を学ぶことにおいても役に立つ。）

> 問いが「ピーターの発言の要点は何か」なので，ピーターの主張に注意して聞く。語学キャンプのメニューにスポーツや遊びが多いことについて，カナはその学習効果に疑念を抱いている。一方，ピーターはそのプラスの効果を主張している。カナは，スポーツや遊びを通して本当に英語が学べるのかと不満そうであるが，ピーターは5番目の発言で，it will be a good chance to practice English と言っているので④が正解。ピーターは，屋外で活動しながら学ぶのもよいと言っているので①は不正解。②，③についてはふれられていない。
>
> 語句
> ◇ sign up for ～「～に申し込む〔参加する〕」

— ⑤ － 16 —

◇ get tired of ～「～に飽きる」
◇ yell「～を大声で言う」
◇ still「それでもなお」

問35　**35**　①

問　What choice does Kana need to make?（カナは何の選択をしなくてはならないか。）

① Whether to attend the summer language camp or not（夏の語学キャンプに参加するかどうか）

② Whether to choose a sports program or a camp program
（スポーツプログラムを選ぶかキャンププログラムを選ぶか）

③ Whether to learn new vocabulary about sports or not
（スポーツについての新しい語彙を学ぶかどうか）

④ Whether to take a class from Peter or another native speaker
（ピーターの授業を受講するか別のネイティブスピーカーの授業を受講するか）

カナは語学キャンプの内容にスポーツや遊びが多いと知ったことで，キャンプに対して不安や不満を感じている。カナは3番目の発言の中で I wonder if I should not participate in the camp. と言っているが，I wonder if ... は「…か（どうか）なと思う」の意。つまり「私はキャンプに参加するべきではないのかしらと思う」と言っている。さらに，ピーターの話を聞いたあとでも，6番目の発言 Still, maybe I should find a different English program. で，他の英語プログラムを探そうかと言っているので，①が正解。②のスポーツプログラムや，③のスポーツについての語彙，④のピーターの授業についてはふれられていない。

B

スクリプト	和訳
Naomi：Did you like the TV show, Violet?	ナオミ：テレビ番組は気に入った，バイオレット？
Violet：I sure did, Naomi. It explained why more women should be in leadership positions in politics or in business.	バイオレット：ええ，とても気に入ったわ，ナオミ。政治やビジネスにおいて，なぜもっと多くの女性が指導的地位に立つべきかを説明していたわね。
Carl：On the other hand, according to the show, male leaders are considered better when trying to take risks. I think male leaders are better.	カール：一方で，番組によれば，リスクを負おうとする時は男性の指導者の方がいいとされている。僕は男性の指導者の方がいいと思うな。
Violet：Really, Carl? A leader should be careful when making decisions.	バイオレット：本当に，カール？ 指導者は決断する際は慎重であるべきよ。
Pedro：I agree, Violet. The program also said that women are better at understanding others' feelings.	ペドロ：僕もそう思うよ，バイオレット。それと，番組では女性の方が他人の心情をより理解できるとも言っていたね。
Naomi：Yeah, Pedro. It's too bad that even now, most world leaders are men.	ナオミ：そうね，ペドロ。現代でさえ，ほとんどの世界の指導者は男性なのは残念だわ。
Carl：What's wrong with that?	カール：それのどこがまずいんだい？
Pedro：Well, history would be very different if women were in charge.	ペドロ：ええと，もし女性に任せられていたら歴史はまるで違っていただろうね。

— ⑤ － 17 —

Naomi：There may have been fewer wars.	ナオミ：戦争は少なくなったかもしれないわ。
Carl：But, in that show, many people said that men can do better when it comes to national defense.	カール：でも，番組の中で，国防の面では男性の方がうまくやれると多くの人が言っていたよ。
Naomi：Oh, that's true. In contrast, many thought that female leaders can do better at work on education and health care.	ナオミ：ああ，それはそうね。対照的に，教育や医療については女性指導者の方がうまくできると考える人が多かったわ。
Violet：Both male and female leaders have good points. I can't say which is better.	バイオレット：男性の指導者も女性の指導者もいい点があるのよ。どちらの方がいいとは言えないわ。
Pedro：I think, ideally, there would be equal numbers of male and female leaders.	ペドロ：理想的には，男女同数の指導者がいるといいね。
Violet：True. Maybe women still face various barriers to becoming a leader.	バイオレット：その通りね。女性はいまだに指導者になるにはいろいろな障壁に直面するのかもしれないわ。

問36 **36** **③**

　4人の会話なので，多くの意見や情報が飛び交うことが予想できる。音声が流れる前に，図表や設問になるべく目を通し，メモ欄も活用できるとよい。音声が流れ始めたら，それぞれの声の主を名前で把握しよう。今より多くの女性が指導者になるべきだという考えについて，**ナオミは，世界的な指導者はまだ男性が多いという点を残念に思っている**ことから「肯定的」，カールは，男性の指導者の方がよいと言っているので「否定的」，ペドロは最後の発言で「理想的には男女同数の指導者がいるといい」と言っているので「肯定的」，バイオレットは，そのペドロの発言を肯定しているので「肯定的」だと読み取れる。よって，肯定的なのは3人なので正解は③。

|語句|
◇ take a risk「リスクを負う；危険を冒す」
◇ make a decision「決定を下す」
◇ in charge「責任を負って」
◇ when it comes to ～「～のことになると；～に関して言えば」
◇ national defense「国防」
◇ in contrast「その一方；対照的に」
◇ ideally「理想的には」
◇ face「～に直面する」
◇ barrier to ～「～に対する障害（物）〔障壁〕」（このtoは前置詞）

— ⑤-18 —

問37 37 ①

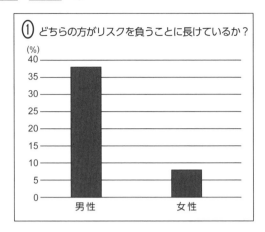
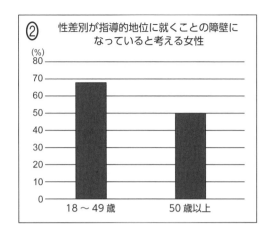
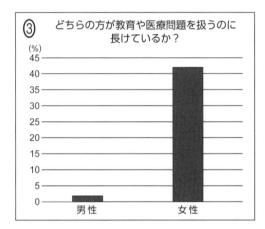
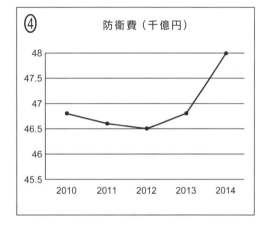

①はリスクを負うことが得意かどうかについてのグラフで，男性の方が大幅に高い数値を示している。カールは最初の発言でこの点にふれ，男性の指導者の方がよいと主張している。よって，正解は①。③はナオミの発言した，教育や医療問題を扱うのは女性の方が優れていることを示すグラフ。②の性差別に関する女性の考えや，④の国防費の移り変わりは，会話の内容の裏付けとはならない。

語句
◇ 問37 ② discrimination「差別」
◇ 問37 ③ deal with 〜「〜を扱う」

試作問題　解答

合計点　／15

問題番号（配点）	設問	解答番号	正解	配点	自己採点
第C問（15）	27	27	②	3	
	28	28	①	2※	
	29	29	②		
	30	30	⑤	2※	
	31	31	④		
	32	32	③	4	
	33	33	①	4	

（注）　※は，全部正解の場合のみ点を与える。

— 試作 - 1 —

第C問

スクリプト

What is happiness? Can we be happy and promote sustainable development? Since 2012, the *World Happiness Report* has been issued by a United Nations organization to develop new approaches to economic sustainability for the sake of happiness and well-being. The reports show that Scandinavian countries are consistently ranked as the happiest societies on earth. But what makes them so happy? In Denmark, for example, leisure time is often spent with others. That kind of environment makes Danish people happy thanks to a tradition called "hygge," spelled H-Y-G-G-E. Hygge means coziness or comfort and describes the feeling of being loved.

This word became well-known worldwide in 2016 as an interpretation of mindfulness or wellness. Now, hygge is at risk of being commercialized. But hygge is not about the material things we see in popular images like candlelit rooms and cozy bedrooms with hand-knit blankets. Real hygge happens anywhere — in public or in private, indoors or outdoors, with or without candles. The main point of hygge is to live a life connected with loved ones while making ordinary essential tasks meaningful and joyful.

Perhaps Danish people are better at appreciating the small, "hygge" things in life because they have no worries about basic necessities. Danish people willingly pay from 30 to 50 percent of their income in tax. These high taxes pay for a good welfare system that provides free healthcare and education. Once basic needs are met, more money doesn't guarantee more happiness. While money and material goods seem to be highly valued in some countries like the US, people in Denmark place more value on socializing. Nevertheless, Denmark has above-average productivity according to the OECD.

和訳

幸福とは何だろうか。幸福でありながら持続可能な開発を促進することはできるだろうか。2012年以来，幸福と福祉を目的とした経済的持続性への新しいアプローチを開発するために，世界幸福度報告書が国連内の組織によって発表されている。報告書によれば，北欧諸国が世界で最も幸福な社会として絶えず上位に位置している。しかし，なぜ彼らはそれほど幸福なのだろうか。例えば，デンマークでは余暇の時間を他の人たちと共に過ごすことが多い。そのような環境がデンマークの人々を幸せにしているのは，H-Y-G-G-Eと綴る，"ヒュッゲ"と呼ばれる伝統のおかげである。ヒュッゲは居心地のよさや快適という意味で，愛されているという感覚を表している。

この単語は，マインドフルネスと心身の健康の解釈として2016年に世界的に知られるようになった。現在，ヒュッゲは商業化される危機に瀕している。しかし，ヒュッゲはろうそくの灯った部屋や手編みの毛布のある心地よい寝室といった一般的なイメージに見られる物質的なものに関するものではない。本当のヒュッゲはどこにでも生じる。公の場でも私的な場でも，室内でも屋外でも，ろうそくがあってもなくても。ヒュッゲの趣旨は，平凡で欠かせない仕事を有意義で楽しいものにしながら，愛する人たちとつながりのある生活を送ることだ。

おそらく，デンマークの人々は基本的な生活に必要なものの心配をする必要がないため，生活の中の小さく"ヒュッゲな"物事の価値を理解するのに長けているのだ。デンマークの人々は収入の30%から50%の税金を進んで納めている。これらの高い税金は無料の医療や教育を提供する，素晴らしい福祉制度を賄っている。基本的欲求が満たされれば，お金が増えるほどさらに幸福になるという保証はない。アメリカのようないくつかの国では，お金や形あるものに高い価値があると思われているが，デンマークの人々は人との交流にもっと重きを置いている。それにもかかわらず，OECDによるとデンマークの生産性は平均以上である。

ワークシート

○世界幸福度報告書
・目的：幸福度と福祉 27 を促進すること
・北欧諸国：（2012年以来）一貫して世界で最も幸せである
　なぜか？　⇒　デンマークの"ヒュッゲ"という生活様式
　　　　　　⬇　　2016年に世界中に広がる
○ヒュッゲの解釈

	ヒュッゲの一般的なイメージ	デンマークの本当のヒュッゲ
何を	28	29
どこで	30	31
どのように	特別	日常

問27 27 ②

① a sustainable development goal beyond （を超えた持続可能な開発目標）
② a sustainable economy supporting （を支える持続可能な経済）
③ a sustainable natural environment for （のための持続可能な自然環境）
④ a sustainable society challenging （に異議を唱える持続可能な社会）

素早くワークシートのメモに目を通し，該当箇所を聞き逃さないようにする。メモに目を通せば，本問では世界幸福度報告書の目的を完成させればよいことがわかる。報告書の目的については，講義の初めの方（第1段落第3文）で the *World Happiness Report* has been issued ... **to develop new approaches to economic sustainability for the sake of happiness and well-being**「世界幸福度報告書が発表されているのは ... **幸福と福祉を目的とした経済的持続性への新しいアプローチを開発するため**」と述べられている。同じ意味になるのは②。講義の economic sustainability「経済的な持続可能性」が②では sustainable economy「持続可能な経済」と言い換えられている。

問28 28 ① 　**問29** 29 ② 　**問30** 30 ⑤ 　**問31** 31 ④
① goods （物）　　　　　② relationships （関係）　　　③ tasks （仕事）
④ everywhere （どこでも）　⑤ indoors （室内で）　　　⑥ outdoors （屋外で）

表の空所と選択肢から，聞き取るポイントを事前に押さえておくこと。**ヒュッゲの一般的なイメージとデンマークにおける本物のヒュッゲを対比**する。 28 と 29 には What に該当する答えが入るから，選択肢の①から③の中から選び， 30 と 31 には Where に該当する答えが入るから，④から⑥の中から選ぶ。
講義で，ヒュッゲの一般的なイメージについては，**hygge is not about the material things** we see in popular images like candlelit rooms and cozy bedrooms with hand-knit blankets「**ヒュッゲは一般的なイメージに見られるような物質的な物ではない。**ろうそくの灯った部屋や手編みの毛布のある**心地よい寝室**といったような。」（第2段落第3文）と述べている。よって 28 には material things を goods と言い換えた①が入る。candlelit rooms や cozy bedrooms は室内だから， 30 には indoors（⑤）が入る。
本当のヒュッゲについては，**Real hygge happens anywhere** .... The main point of hygge is to live **a life connected with loved ones** while making ordinary essential tasks meaningful and joyful.「**本当のヒュッゲはどこにでも生じる。**ヒュッゲの趣旨は，平凡で欠かせない仕事を有意義で楽しいものにし

— 試作 - 3 —

ながら，**愛する人たちとつながりのある生活を送ることだ。**」（第2段落第4～5文）と述べている。よって，**31** には everywhere（④）が入る。**29** には a life connected with loved ones「愛する人たちとつながりのある生活」を relationships と言い換えた②が適切。

語句

◇ sustainable「持続可能な；環境に優しい」

◇ for the sake of ～「～のために；～の目的で」

◇ consistently「絶えず；一貫して」

◇ interpretation「解釈」

◇ mindfulness「マインドフルネス」（今この瞬間に意識を向けること。過去や未来ではなく，今自分の周りで起こっていることに注意を集めること。）

◇ wellness「心身の健康」

◇ at risk of ～「～の危険にさらされている」

◇ commercialize「～を商業化する，営利化する」

◇ material「物質的な」

◇ essential「不可欠の；根本的な」

◇ be better at ～「～がとても上手である；～に長けている」（< be good at ～）

◇ appreciate「～の価値を認める；～を正しく評価する」

◇ necessity「必需品」

◇ willingly「進んで；喜んで」

◇ meet「（要求・期待など）を満たす」

◇ guarantee「～を保証する」

◇ socialize「社交的に交際する」

◇ productivity「生産性」

◇ 問27 ④ challenge「～に異議を唱える」

問32 **32** ③

スクリプト	和訳
Student A : Danish people accept high taxes which provide basic needs. Student B : Danish people value spending time with friends more than pursuing money.	生徒A：デンマークの人々は基本的なニーズを満たす高い税金を受け容れているね。 生徒B：デンマークの人たちはお金を追い求めるより，友だちと時間を過ごすことに価値を認めているんだよ。

① Aの発言のみ一致する

② Bの発言のみ一致する

③ **どちらの発言も一致する**

④ どちらの発言も一致しない

講義では，**Danish people willingly pay from 30 to 50 percent of their income in tax.**「デンマークの人々は収入の30%から50%の税金を進んで（willingly）納めている。」（第3段落第2文）と言っているので，生徒Aの発言は講義内容と一致する。また，第3段落第5文後半では…，**people in Denmark place more value on socializing**「デンマークの人々は人との交流にもっと重きを置いている」とあり，これはお金などに価値を置いているアメリカなど他国と比較しての記述である。これは生徒Bの

— 試作 - 4 —

発言と一致する。以上より③が正解。

語句
◇ pursue「〜を追求する」

問33　33　①

スクリプト	和訳
Joe: Look at this graph, May. People in Denmark value private life over work. How can they be so productive? May: Well, based on my research, studies show that working too much overtime leads to lower productivity. Joe: So, working too long isn't efficient. That's interesting.	ジョー：このグラフを見て，メイ。デンマークの人々は仕事よりプライベートを重んじているね。どうして彼らはそんなに生産性が高いんだろう。 メイ：そうね，私が調べたところでは，残業が多すぎると生産性の低下につながると示す研究があるよ。 ジョー：じゃあ，長時間働きすぎるのは効率的じゃないってことだね。興味深いな。

（グラフタイトル：ワークライフ・バランス（仕事と生活のバランス））

（項目：デンマーク／アメリカ／OECD平均）

（残業時間（1週あたり）／余暇および身の回りの手入れ（1日あたり））

① **People in Denmark do less overtime work while maintaining their productivity.**
　（デンマークの人々は生産性を維持しつつ，残業が少ない。）

② People in Denmark enjoy working more, even though their income is guaranteed.
　（デンマークの人々は収入が保証されているにもかかわらず，仕事をより楽しんでいる。）

③ People in OECD countries are more productive because they work more overtime.
　（OECD各国の人々は残業が多いので，生産性がより高い。）

④ People in the US have an expensive lifestyle but the most time for leisure.
　（アメリカの人々はお金のかかる生活をしているが，余暇の時間が最も多い。）

講義の最終文に **Denmark has above-average productivity** according to the OECD「OECDによると，**デンマークの生産性は平均以上である**」とあり，グラフから残業は最も少ないことがわかる。①はこれと合致する。②の「収入が保証されている」および「仕事を楽しんでいる」は講義からも2人のディスカッションやグラフからも読み取れない。グラフからOECD平均の残業時間は長いが，その生産性については述べられていないし，メイの発言から残業時間が長いと生産性の低下につながるとする研究があることがわかる。したがって③は不適当。グラフから余暇時間はアメリカよりデンマークの方が多く，④とは矛盾する。以上より①が正解。

語句
◇ ① maintain「〜を維持する」

— 試作 - 5 —

2024 本試　解答

第1問小計	第2問小計	第3問小計	第4問小計	第5問小計	第6問小計	合計点	/100

問題番号（配点）	設問		解答番号	正解	配点	自己採点	問題番号（配点）	設問		解答番号	正解	配点	自己採点
第1問 (25)	A	1	1	③	4		第4問 (12)	A	18	18	②	4※	
		2	2	③	4				19	19	①		
		3	3	④	4				20	20	④		
		4	4	①	4				21	21	③		
	B	5	5	②	3				22	22	⑤	1	
		6	6	③	3				23	23	⑥	1	
		7	7	④	3				24	24	④	1	
第2問 (16)		8	8	②	4				25	25	②	1	
		9	9	④	4			B	26	26	①	4	
		10	10	①	4		第5問 (15)		27	27	④	3	
		11	11	④	4				28	28	③	2※	
第3問 (18)		12	12	②	3				29	29	⑥		
		13	13	②	3				30	30	①	2※	
		14	14	②	3				31	31	④		
		15	15	④	3				32	32	①	4	
		16	16	③	3				33	33	④	4	
		17	17	①	3		第6問 (14)	A	34	34	②	3	
									35	35	④	3	
								B	36	36	①	4	
									37	37	②	4	

（注）　※は，全部正解の場合のみ点を与える。

— 2024本 - 1 —

第1問

A

問1 | 1 | ③

スクリプト	和訳
I have my notebook, but I forgot my pencil. Can I borrow yours?	私はノートを持っていますが，鉛筆を忘れました。あなたのものを借りてもいいですか。

① The speaker brought her pencil. （話者は鉛筆を持ってきた。）
② The speaker forgot her notebook. （話者はノートを忘れた。）
③ **The speaker needs a pencil.（話者には鉛筆が必要だ。）**
④ The speaker wants a notebook. （話者はノートが欲しい。）

> 鉛筆を忘れたと言ったあと，**Can I borrow yours?** と言い足していることから，話者は相手の鉛筆を借りて使いたいと考えられるため，正解は③で，①は不正解。話者はノートを持っているので，②と④も不正解。

問2 | 2 | ③

スクリプト	和訳
You bought me lunch yesterday, Ken. So, shall I buy our movie tickets tonight?	昨日は私に昼食を買ってくれましたよね，ケン。だから私が今夜の映画のチケットを買いましょうか。

① Ken is offering to buy their lunch. （ケンは昼食を買うことを申し出ている。）
② Ken paid for the tickets already. （ケンはもうチケット代を支払った。）
③ **The speaker is offering to buy the tickets.（話者はチケットを買うことを申し出ている。）**
④ The speaker paid for their lunch yesterday. （話者は昨日の昼食代を支払った。）

> 話者が shall I buy our movie tickets tonight? と今夜の**映画のチケットを買うことを申し出ている**ので，③が正解で，②は不正解。また，ケンに「昨日の昼食を買ってくれました」と言っているので，①と④も不正解。
> **語句**
> ◇ ① offer to *do*「…しようと申し出る」

問3 | 3 | ④

スクリプト	和訳
Do you know how to get to the new city hall? I've only been to the old one.	新市役所への行き方を知っていますか。私は旧市役所へしか行ったことがありません。

① The speaker doesn't know where the old city hall is. （話者は旧市役所がどこにあるのか知らない。）
② The speaker has been to the new city hall just one time.（話者は新市役所に一度だけ行ったことがある。）
③ The speaker hasn't been to the old city hall before. （話者は以前に旧市役所に行ったことがない。）
④ **The speaker wants to know the way to the new city hall.（話者は新市役所への行き方を知りたい。）**

> 話者は **Do you know how to get to the new city hall?** と新市役所への行き方をたずねているので，④が正解。話者は「旧市役所へしか行ったことがありません」と言っているので，①と②と③は不正解。

問4 | 4 | ①

スクリプト	和訳
This pasta I made isn't enough for five people. So, I'll make sandwiches and salad, too.	私が作ったこのパスタは 5 人分には足りません。だから，サンドイッチとサラダも作ります。

① **The speaker didn't cook enough food.（話者は十分な食べ物を作らなかった。）**
② The speaker made enough sandwiches.（話者はサンドイッチを十分に作った。）
③ The speaker will serve more pasta.（話者はもっとパスタを出す。）
④ The speaker won't prepare more dishes.（話者は料理をこれ以上は作らない。）

> 話者は「私が作ったこのパスタは 5 人分には足りません」と言っているので，①が正解。続けて「サンドイッチとサラダも作ります」と言っているので，④は不正解。サンドイッチはこれから作るので，②も不正解。パスタはこれ以上は作らないので，③も不正解。
> |語句|
> ◇ ④ prepare「（料理など）を作る」

B

問5 | 5 | ②

スクリプト	和訳
The season's changing. See, the leaves are falling.	季節は変わりつつあります。ほら，葉が落ちているところです。

> 選択肢にイラストが含まれる問題では，放送が流れる前に各イラストの差異を確認しておくのがポイント。the leaves are falling と現在進行形が用いられているので，**葉が落ちている最中である②が正解**で，葉が完全に落ちきった③は不正解。リンゴや雪については述べていないので，①と④は不正解。

問6 | 6 | ③

スクリプト	和訳
Our dog always sleeps by my brother while he plays video games. It's so cute.	うちの犬はいつも，弟がテレビゲームをしている間，彼のそばで寝ています。とてもかわいいです。

> 消去法で考えよう。Our dog always sleeps by my brother とあるので，犬が起きている①と④がまず外れる。さらに while he(=my brother) plays video games とあるので，弟が寝ている②も外れる。残った③が正解。

問7 | 7 | ④

スクリプト	和訳
The white fan is the slimmest, but the black one is the cheapest. Hmm .... Which to choose?	白い扇風機が最も細いけど，黒い扇風機が最も安い。うーん…。どれを選ぶべきか。

> The white fan is the slimmest「白い扇風機が最も細い」とあるので，正解は①または④に絞られる。続けて the black one is the cheapest「黒い扇風機が最も安い」とあるので，正解は④。

— 2024本 - 3 —

第2問

問8 | 8 | ②

スクリプト	和訳
W：So, what does your cat look like?	女：それで，あなたのネコはどんな見た目ですか？
M：He's gray with black stripes.	男：彼はグレーで黒いしま模様があります。
W：Could you describe him in more detail?	女：彼のことをもっと詳しく説明してもらえますか？
M：He has a long tail. Oh, and its tip is white.	男：彼はしっぽが長いです。ああ，その先端は白いです。

問 Which is the man's cat? （男性のネコはどれか。）

イラストを見ながら話の流れを追っていけば，正解にたどり着ける。男性の「**グレーで黒いしま模様があります**」というネコについての説明から②か④が候補になる。さらに詳しい情報が追加され，「**しっぽが長い**」「**その先端は白い**」から②とわかる。

語句
◇ stripe「しま模様」
◇ tip「先端」

問9 | 9 | ④

スクリプト	和訳
M：The girl holding the book looks like you.	男：本を持っている女の子は君に似ているね。
W：Actually, that's my best friend. I'm in the front.	女：実は，それは私の親友なの。私は前列にいるわ。
M：Ah, you're the one with the hat!	男：ああ，帽子をかぶっているのが君だね！
W：That's right!	女：その通り！

問 Which girl in the photo is the woman? （写真のどの少女がその女性か。）

女性の1つ目の発言**I'm in the front.**から正解は前列にいる③または④に絞られる。続く男性の**you're the one with the hat!** から，帽子をかぶっている④が正解。なお，女性の1つ目の発言**that's my best friend**のthatは直前の男性の発言中のThe girl holding the book「本を持っている少女」を指す。

問10 | 10 | ①

スクリプト	和訳
W：Can you look on my desk for a white envelope?	女：私の机の上に白い封筒がないか探してくれる？
M：Is it the large one?	男：大きいの？
W：No, it's smaller. Can you check under the computer?	女：いえ，小さい方よ。パソコンの下を確認してくれる？
M：Yes, here it is.	男：うん，そこにあるよ。

問 Which envelope does the woman want? （女性はどの封筒が欲しいか。）

消去法で考えよう。女性は「私の机の上に白い封筒がないか探してくれる？」と言っているので，黒い封筒である③と，机の下にある封筒である④がまず外れる。さらに女性は「小さい方」「パソコンの下」と言っていることから，正解は①。

語句
◇ envelope「封筒」

問11　11　④

スクリプト	和訳
W：Can I reserve a private room for six people tonight?	女：今夜6人用の個室を予約できますか？
M：Sorry, it's already booked. But we do have two tables available in the main dining room.	男：申し訳ありませんが，もう予約が入っています。でもメインダイニングルームにはご利用いただけるテーブルが2つございます。
W：Do you have a window table?	女：窓際のテーブルはありますか？
M：We sure do.	男：ございます。

問　Which table will the woman probably reserve?（女性はおそらくどのテーブルを予約するか。）

最初に女性は「6人用の個室」を予約したいと伝えるが，男性に断られているので，③は不正解。女性が予約したいのは6人用のテーブルであることがわかり，続けて男性が「メインダイニングルームにはご利用いただけるテーブルが2つございます」と述べていることから，正解は②または④に絞られる。女性が「窓際のテーブルはありますか？」とたずねていることから，窓際の6人用テーブルである④が正解。

語句
◇ private room「個室」
◇ available「利用可能な」

第3問

問12　12　②

スクリプト	和訳
M：I'll have a large cup of hot tea.	男：ホットティーのラージを1つください。
W：Certainly. That'll be ¥400, but you can get a ¥30 discount if you have your own cup.	女：かしこまりました。それは400円ですが，マイカップ持参なら30円引きになります。
M：Really? I didn't know that! I don't have one today, but I'll bring one next time.	男：本当に？ それは知らなかった！ 今日はマイカップを持っていないけど，次回は持ってきます。
W：OK, great. Anything else?	女：わかりました，いいですね。 他に何かございますか？
M：No, thank you.	男：いや，ないです。ありがとうございます。

問　What will the man do this time?（今回，男性はどうするか。）

① Ask for a discount（値引きを求める）

② **Pay the full price（正規料金を支払う）**

③ Purchase a new cup（新しいカップを購入する）

④ Use his personal cup（マイカップを使う）

客である男性が，店員である女性にホットティーを注文している場面。女性は「それは400円ですが，**マイカップ持参なら30円引きになります**」と伝えるが，男性は「**今日はマイカップを持っていない**」と言っている。したがって，男性は正規料金の400円を支払う必要があるので，**②**が正解で，**①**と**④**は不正解。マイカップについて男性は「次回は持ってきます」と述べるのみで，新たにマイカップを購入するとは言っていない。したがって，**③**も不正解。

語句
◇ ② full price「正規料金」
◇ ③ purchase「～を購入する」

問13 | 13 | ②

スクリプト	和訳
M：I'm thinking about buying a piano. I've really been enjoying my piano lessons.	男：僕はピアノの購入を考えているんだ。ピアノのレッスンを本当に楽しんでいるよ。
W：That's great!	女：それはすごいね！
M：But I don't want to disturb my neighbors when I practice at home.	男：でも家で練習する時に近所に迷惑をかけたくないんだよ。
W：How about getting an electronic keyboard? You can control the volume of the music or even use headphones.	女：電子キーボードを買うのはどう？ 音楽の音量を制御したり，ヘッドフォンを使用したりすることもできるよ。
M：That's a good idea! I'll get that instead!	男：それはいい考えだ！ 代わりにそれを買うよ！

問 What is the man going to do?（男性は何をするつもりか。）
① Begin taking piano lessons（ピアノのレッスンを受け始める）
② Buy an electronic keyboard（電子キーボードを買う）
③ Consider getting another piano（別のピアノの購入を検討する）
④ Replace the headphones for his keyboard（キーボードのヘッドフォンを取り替える）

男性が最後に言ったI'll get that instead! のthatが何を指すかがポイント。その前の女性の発言にHow about getting **an electronic keyboard**? とあり，続けて電子キーボードの利点を聞いて，男性が「それはいい考えだ！」と賛同している。したがって，thatはan electronic keyboardを指しており，男性は**「（ピアノの）代わりにそれ（＝電子キーボード）を買うよ！」**と述べているので，**②**が正解で，**③**は不正解。男性の最初の発言に「ピアノのレッスンを本当に楽しんでいる」とあるので，**①**は不正解。ヘッドフォンについては，女性が電子キーボードの説明の一環として触れているのみで，男性は何も述べていない。したがって，**④**も不正解。

語句
◇ disturb「～を騒がす；～に迷惑をかける」
◇ instead「代わりに」
◇ ④ replace「～を取り替える」

問14 | 14 | ②

スクリプト	和訳
W：I'd like to buy a jacket this afternoon.	女：今日の午後，ジャケットを買いたいんだ。

— 2024本 - 6 —

M : Have you ever been to a second-hand shop?	男：君は古着屋に行ったことはある？
W : No ...	女：ない…
M : I went to one last week. You have to look around, but you can find some good bargains.	男：僕は先週古着屋に行ったんだ。見て回る必要があるけど，いい掘り出し物が見つけられるよ。
W : That sounds like an adventure! Can you take me now?	女：冒険みたいね！ 今から連れて行ってくれる？
M : Sure, let's go!	男：うん，行こう！

問　What will the woman do?（女性は何をするか。）

① Buy a jacket at her favorite store（お気に入りの店でジャケットを買う）

② Go to a used-clothing store today（今日，古着屋に行く）

③ Shop for second-hand clothes next week（来週，古着を買いに行く）

④ Take her friend to a bargain sale（友達をバーゲンセールに連れて行く）

> 会話の流れを見ていこう。「ジャケットを買いたい」と言う女性に対し，男性が古着屋では「いい掘り出し物が見つけられるよ」と教えると，女性が興味を示し，**「今から連れて行ってくれる？」**と頼む。それを受け，男性がSure, let's go!と応じている。以上から，男性が女性を**今から古着屋に連れて行く**ことがわかる。したがって②が正解。古着を買いに行くのは来週ではなく，今からなので，③は不正解。女性のお気に入りの店やバーゲンセールに行くのではないので，①と④も不正解。
>
> 語句
> ◇ second-hand shop「古着屋；中古屋」　*cf.*② used-clothing store「古着屋」
> ◇ bargain「掘り出し物」
> ◇ adventure「冒険」

問15　**15**　④

スクリプト	和訳
W : The moving company is coming soon.	女：もうすぐ引っ越し業者が来るよ。
M : I thought that was later this afternoon.	男：それは今日の午後遅くだと思ったんだけど。
W : No, they'll be here in an hour. I'm putting everything here in the living room into boxes. Can you help me?	女：ううん，あと1時間で来るの。私はこのリビングにあるものをすべて箱に入れているところなの。手伝ってくれる？
M : OK, I'll just finish packing up the bedroom first.	男：わかった，まずは寝室の荷造りを終わらせるよ。
W : All right, I'll keep working in here then.	女：わかった，じゃあ私はここでやり続けるね。

問　What is the woman doing now?（女性は今，何をしているか。）

① Getting things ready in the bedroom（寝室でものを準備している）

② Helping the man finish in the bedroom（寝室で男性が終えるのを手伝っている）

③ Moving everything into the living room（すべてのものをリビングに移動している）

④ Packing all the items in the living room（リビングにあるものをすべて詰めている）

> 女性の2つ目の発言に，**現在進行形**を用いたI'm putting everything here in the living room into boxes.「**私はこのリビングにあるものをすべて箱に入れているところなの**」があるので，正解は④。ものをリビングに移動させているのではないので，③は不正解。最後のやり取りで，男性の「まずは寝室の荷造りを終わらせるよ」を受け，女性は「じゃあ私はここ（＝リビングルーム）で（ものをすべて

箱に入れることを）やり続けるね」と言っている。つまり女性は寝室で荷造りをしていないので，**①**も不正解。女性は男性を手伝うとは言っていないので，**②**も不正解。

語句

◇ moving company「引っ越し業者」

◇ pack up ～「～の荷造りをする」

◇ keep *doing*「…し続ける」

◇ **①** get ～ ready「～を準備する」

◇ **②** help O *do*「Oが…するのを手伝う」

問16 　**16**　　③

スクリプト	和訳
M：What will you do tomorrow?	男：明日は何をするの？
W：I'll visit my grandfather's horse farm. I'll go riding and then take a hike. Would you like to come?	女：祖父の馬牧場を訪ねるの。乗馬してからハイキングに行くんだ。あなたも行かない？
M：Sure, but I'll just take photos of you riding. I'm afraid of horses.	男：もちろん，でも僕は君が乗馬している写真を撮るだけにするよ。馬が怖いんだ。
W：Well, OK. After that, we can go hiking together.	女：ふうん，わかった。そのあと，一緒にハイキングに行けるよ。
M：That sounds nice!	男：それはいいね！

問 What will the man do tomorrow?（男性は明日，何をするか。）

① Learn to ride a farm horse（農耕馬の乗り方を学ぶ）

② Ride horses with his friend（友達と馬に乗る）

③ **Take pictures of his friend（友達の写真を撮る）**

④ Visit his grandfather's farm（彼の祖父の牧場を訪れる）

会話の流れを見ていこう。男性の「明日何をするか」という質問に，女性は「祖父の馬牧場を訪ねるの」と答え，男性を誘う。男性は牧場に行くことはOKするが，**I'll just take photos of you riding.**「僕は君が乗馬している写真を撮るだけにするよ」と言う。したがって，**③**が正解で，**①**と**②**は不正解。牧場の持ち主は男性の祖父ではなく，女性の祖父なので，**④**も不正解。

語句

◇ Would you like to *do*?「（あなたは）…してはどうですか。」

問17 　**17**　　①

スクリプト	和訳
W：Did you finish your homework?	女：宿題は終わった？
M：Yes. It took so long.	男：うん。とても時間がかかったよ。
W：Why? We just had to read two pages from the textbook.	女：どうして？　私たちは教科書を2ページ読まなければいけないだけだったよ。
M：What? I thought the assignment was to write a report on our experiments.	男：えっ？　宿題は実験のレポートを書くことだと思っていたよ。
W：No, we were only told to read those pages for homework.	女：ううん，それらのページを宿題として読むように言われただけだよ。

2024本 - 8 -

| M : Oh, I didn't do that. | 男：えっ，そんなことしなかったよ。 |

問　What did the boy do?（少年は何をしたか。）

① He finished writing a science report.（彼は理科のレポートを書き終えた。）

② He put off writing a science report.（彼は理科のレポートを書くのを先延ばしにした。）

③ He read two pages from the textbook.（彼は教科書を2ページ読んだ。）

④ He spent a long time reading the textbook.（彼は長時間かけて教科書を読んだ。）

男性は最初の発言で宿題は終わったが，「とても時間がかかったよ」と言っており，2つ目の発言では**「宿題は実験のレポートを書くことだと思っていたよ」**と述べている。つまり，男性は，**理科のレポートを宿題だと勘違いして書き終えた**ことがわかるので，**①**が正解で，**②**は不正解。女性から宿題は「教科書を2ページ読まなければいけないだけだった」と聞き，男性は最後の発言でI didn't do that.と言っている。つまり男性は教科書を読まなかったので，**③**と**④**も不正解。

語句
◇ assignment「課題；宿題」
◇ experiment「実験」
◇ ② put off ～「～を先延ばしにする；～を延期する」

第4問

A

問18　18　②　　問19　19　①　　問20　20　④　　問21　21　③

スクリプト	和訳
We went to Midori Mountain Amusement Park yesterday. To start off, we purchased some limited-edition souvenirs and put them into lockers. Then we dashed to the recently reopened roller coaster, but the line was too long so we decided to eat lunch instead. After lunch, we saw a parade marching by, and we enjoyed watching that. Finally, we rode the roller coaster before we left the park.	僕たちは昨日みどり山遊園地に行きました。まずは，限定版のおみやげを買い，ロッカーに預けました。それから僕たちは最近再オープンしたジェットコースターに急いで行きましたが，行列が長すぎたので，代わりに昼食を食べることにしました。昼食後，僕たちはパレードが行進していくのを見かけ，それを見て楽しみました。最後に，遊園地を出る前に僕たちはジェットコースターに乗りました。

エピソードが時系列で語られるので，話に出てきた順にイラストを選べばよい。「限定版のおみやげを買い，ロッカーに預けました（②）」→「昼食を食べることにしました（①）」→「それ（パレード）を見て楽しみました（④）」→「ジェットコースターに乗りました（③）」という順である。「（ロッカーに預けてから，）ジェットコースターに急いで行きましたが，行列が長すぎたので，代わりに昼食を食べることにしました」を聞き逃して，②→③→①→④としないこと。

語句
◇ to start off「まずは；始めに」
◇ limited- edition「限定版」
◇ souvenir「おみやげ」
◇ dash「急いで行く」
◇ roller coaster「ジェットコースター」

| 問22 | 22 | ⑤ | 問23 | 23 | ⑥ | 問24 | 24 | ④ | 問25 | 25 | ② |

スクリプト	和訳
Here's your schedule for this year's summer classes. Monday and Thursday will begin with Social Welfare classes. Immediately after the Monday Social Welfare class, you'll have Math class. On Tuesday and Friday, you'll hear lectures about ancient Egypt and the Roman Empire during first period. These lectures will be followed by Business Studies on both days. On Wednesday, you'll have Biology first period, and second period will be Environmental Studies. Finally, after Social Welfare on Thursday, you'll have your French or Spanish class.	これが今年の夏季講座のスケジュールです。月曜日と木曜日は社会福祉学の授業から始まります。月曜日の社会福祉学の授業の直後に，数学の授業があります。火曜日と金曜日，1時間目は古代エジプトとローマ帝国についての講義を聞きます。両日とも，これらの講義に経営学が続きます。水曜日は1時間目に生物学，2時間目は環境学があります。最後に，木曜日の社会福祉学の授業のあとにはフランス語またはスペイン語の授業があります。

それぞれの曜日の1時間目と2時間目に何の授業があるかが問われている。まず「**月曜日と木曜日は社会福祉学の授業から始まります**」と「**月曜日の社会福祉学の授業の直後に，数学の授業があります**」から， 22 は「数学（⑤）」。「**火曜日と金曜日，1時間目は古代エジプトとローマ帝国についての講義を聞きます**」とある。古代エジプトとローマ帝国についての講義とは世界史のことなので， 23 は「世界史（⑥）」。「**両日（＝火曜日と金曜日）とも，これらの講義に経営学が続きます**」から， 25 は「経営学（②）」。「**木曜日の社会福祉学の授業のあとにはフランス語またはスペイン語の授業があります**」から， 24 は「語学（④）」。

語句
◇ Social Welfare「社会福祉学」
◇ immediately「すぐに」
◇ lecture「講義」
◇ Roman Empire「ローマ帝国」
◇ Business Studies「経営学」
◇ Biology「生物学」
◇ Environmental Studies「環境学」

B

| 問26 | 26 | ① |

スクリプト	和訳
1. It would be fun to have a bowling game as our group's activity. Everybody loves bowling, and we can prepare the game using free recycled materials! We'll only need 8 people working at one time, and games can finish within 15 minutes!	1. 私たちのグループの活動としてボウリングゲームをするのは楽しいでしょう。誰もがボウリングが大好きですし，無料のリサイクル素材を使用してゲームを準備できます！ 一度に必要な運営者はたった8人で，ゲームは15分以内に終了できます！
2. How about doing a face painting activity this year? I think we can finish painting each person's face in about 30 minutes, and the	2. 今年はフェイスペインティング活動をしてみませんか？ 1人あたりの顔のペイントは約30分で終わると思いますし，演劇部にはすでに私たちが使

— 2024本 - 10 —

theater club already has face paint we can use. It will take all 20 of us to run the whole event.

えるフェイスペイント用絵の具があります。イベント全体を運営するには私たち20人全員が必要です。

3. Let's have a fashion show for our activity! We can do it for free by using our own clothes to create matching looks for couples. Visitors can be the models and 12 of us will work during the show. The show will be less than 20 minutes.

3. 私たちの活動でファッションショーをしましょう！ カップル用のペアルック製作に手持ちの服を使うことで，それを費用をかけずにできます。来場者がモデルになることができ，ショーの間は私たちのうちの12人が運営します。ショーは20分未満となります。

4. I think having visitors experience a tea ceremony would be fun. Each ceremony will take about 10 to 15 minutes and we only need 7 people to work each shift. We will just need to buy the tea and Japanese sweets.

4. 来場者に茶道を体験してもらうのは楽しいと思います。一度の点前につき約10～15分かかり，運営に必要な人数は点前ごとにたった７人です。私たちはただお茶と和菓子を購入するだけです。

問 " 26 " があなたが選ぶ可能性が最も高いだろう。
① Bowling game（ボウリングゲーム）
② Face painting（フェイスペインティング）
③ Fashion show（ファッションショー）
④ Tea ceremony（茶道）

各出し物についての説明を聞きながら，３つの条件「A. 参加者が20分以内で体験」「B. 一度に10人以下で運営」「C. 費用が全くかからない」について表にメモを書き込んでいくことで，正解を導くことができる。①の Bowling game は15分以内に終了でき，一度に必要な運営者はたった８人で，無料のリサイクル素材を使用して準備でき，３つの条件をすべて満たしているので①が正解。②の Face painting は一人あたりの顔のペイントは約30分，イベント全体の運営には20人が必要，演劇部にフェイスペイント用絵の具があるとあり，条件Aと条件Bを満たしていない。③の Fashion show はショーは20分未満で，ショーの間は12人が運営し，カップル用のペアルック製作に手持ちの服を使って費用をかけずにできるとあり，条件Bを満たしていない。④の Tea ceremony は一度の点前につき約10～15分かかり，点前ごとに７人必要で，お茶と和菓子を購入するとあり，条件Cを満たしていない。

アイデア	条件A（参加者が20分以内で体験）	条件B（一度に10人以下で運営）	条件C（費用が全くかからない）
① ボウリングゲーム	○ 15分以内	○ 8人	○ 無料リサイクル素材
② フェイスペインティング	× 約30分	× 20人	○ 演劇部の絵の具で無料
③ ファッションショー	○ 20分未満	× 12人	○ 手持ちの服で無料
④ 茶道	○ 約10～15分	○ 7人	× お茶と和菓子を購入

語句
◇ recycled material「リサイクル素材」

◇ theater club「演劇部」
◇ paint「絵の具」
◇ run「〜を運営する」
◇ matching looks「ペアルック」
◇ less than 〜「〜より少ない」
◇ tea ceremony「茶道」

第5問

スクリプト

This afternoon, we're going to talk about the unique characteristics of glass and recent innovations in glass technology. Glass does not release any dangerous chemicals and bacteria cannot pass through it, which makes it suitable for storing food, drinks, and medicine. Glass can also be cleaned easily, reused many times, and recycled repeatedly, making it friendly to the environment. A surprising characteristic of glass is that it doesn't break down in nature. This is why we can still see many examples of ancient glass work at museums.

Glass-making began in Mesopotamia roughly 4,500 years ago. Beads and bottles were some of the first glass items made by hand. As glass-making became more common, different ways of shaping glass developed. One ancient technique uses a long metal tube to blow air into hot glass. This technique allows the glassblower to form round shapes which are used for drinking glasses or flower vases. Spreading hot glass onto a sheet of hot metal is the technique used to produce large flat pieces of window glass.

Today, new technology allows glass to be used in exciting ways. 3D printers that can make lenses for eyeglasses have been developed. Smart glass can be used to adjust the amount of light that passes through airplane windows. Other types of glass can help control sound levels in recording studios or homes. Moreover, tiny pieces of glass in road paint reflect light, making it easier to see the road at night.

Due to these characteristics, glass can be found

和訳

本日の午後は，ガラスの独特な特性とガラステクノロジーの最近の革新についてお話しします。ガラスは危険な化学物質を放出せず，細菌がそれを通過できず，そのために食品，飲料，薬の保管に適しています。またガラスは簡単にきれいにすることができ，何度も再利用でき，繰り返しリサイクルできるので環境に優しい素材です。ガラスの驚くべき特性は，自然界で分解しないことです。これが博物館で古代のガラス作品の標本を今でも多く見ることができる理由です。

ガラス製造は約4,500年前にメソポタミアで始まりました。ビーズや瓶は手作りされた最初のガラス製品の一部です。ガラス製造がより一般的になるにつれて，ガラスを成形するさまざまな方法が開発されました。ある古代の技術では，長い金属管を使って熱いガラスに空気を吹き込みます。この技術により，吹きガラス職人はグラスや花瓶に使用される丸い形状を成形することができます。熱い金属のシート上に熱いガラスを広げることは，大きくて平らな窓ガラスを製造するために使用される技術です。

現在，新しいテクノロジーにより，ガラスはわくわくするような方法で使用できるようになりました。メガネのレンズを作れる3Dプリンターが開発されました。スマートガラスは飛行機の窓を通過する光の量を調整するために使用されます。レコーディングスタジオや自宅の騒音レベルの制御に役立つ他の種類のガラスもあります。さらに，道路塗装に含まれる小さなガラス片が光を反射し，夜間の道路を見やすくしています。

このような特性により，私たちはどこに行っても

everywhere we go. Our first group investigated the use of glass in some European countries. Group 1, go ahead.	ガラスを目にすることができます。最初のグループはヨーロッパのいくつかの国でのガラスの使用について調査しました。グループ1，どうぞ。

ワークシート

ガラス：素晴らしい素材

●ガラスは…ことが**ない**。

◆危険な化学物質を放出する

◆ 27

◆自然界で分解する

●ガラス：

製造	形 28	窓 29

現在のテクノロジーの使用	部屋 30	道路 31

問27 27 ④

① allow for repeated recycling（リサイクルの繰り返しを可能にする）

② have unique recycling qualities（独特のリサイクル性を有する）

③ keep bacteria out of medicine（薬に細菌が入らないようにする）

④ **permit bacteria to go through（細菌の通過を許可する）**

> ガラスの特性については第1段落で述べられている。第2文に bacteria cannot pass through it(=glass)「細菌がそれ（＝ガラス）を通過できず」とあるので，④が正解。また非制限用法の関係代名詞 which を用いて，「その（細菌がガラスを通過できない）ため，（ガラスは）食品，飲料，薬の保管に適しています」とあり，それと反対のことを述べている③は不正解。第3文に Glass can also be ... recycled repeatedly, making it friendly to the environment.「またガラスは…繰り返しリサイクルできるので環境に優しい素材です。」とあり，それと反対のことを述べている①と②も不正解。

問28 28 ③ **問29** 29 ⑥ **問30** 30 ① **問31** 31 ④

① Adjusts sound in（～の音を調整する）　　② Arranged in（～に配置される）

③ Blown into（～に吹き込まれる）　　④ Improves safety of（～の安全性を向上させる）

⑤ Reflects views of（～の景色を反射する）　　⑥ Spread into（～に広げられる）

> ガラスの製造については第2段落，現在のテクノロジーの使用については第3段落で述べられている。第2段落第4～5文の One ancient technique uses a long metal tube to blow air into hot glass. This technique allows the glassblower to form round shapes which are used for drinking glasses or flower vases.「ある古代の技術では，長い金属管を使って熱いガラスに空気を吹き込みます。この技術により，吹きガラス職人はグラスや花瓶に使用される丸い形状を成形することができます。」から，28 には③を入れて「形に吹き込まれる」とすればよい。第2段落第6文の Spreading hot glass onto a sheet of hot metal is the technique used to produce large flat pieces of window glass.「熱い金属のシート上に熱いガラスを広げることは，大きくて平らな窓ガラスを製造するために使用される技術です。」から，29 には⑥を入れて「窓ガラスに広げられる」とすればよい。第3段落第4文の Other types of glass can help control sound levels in recording studios or homes.「レコーディングスタジ

― 2024本 - 13 ―

オや自宅の騒音レベルの制御に役立つ他の種類のガラスもあります。」から，　30　には①を入れて「部屋の音を調整する」とすればよい。第3段落第5文の tiny pieces of glass in road paint reflect light, making it easier to see the road at night「道路塗装に含まれる小さなガラス片が光を反射し，夜間の道路を見やすくしています」から，　31　には④を入れて「道路の安全性を向上させる」とすればよい。

問32　　32　　①

① Glass has been improved in many ways by technology for modern life.
（ガラスは現代の生活に合わせてテクノロジーによってさまざまな用途に改良されてきた。）

② Glass has been replaced in buildings by inexpensive new materials.
（建物のガラスは安価な新素材に置き換えられてきている。）

③ Glass is a material limited in use by its weight, fragility, and expense.
（ガラスは重さ，もろさ，費用の点で用途が制限される素材である。）

④ Glass is a modern invention necessary in many aspects of our daily life.
（ガラスは日常生活のさまざまな場面で必要な近代の発明である。）

第1段落では危険な化学物質を放出しない，細菌を通さない，自然界で分解しないといった**ガラスの特性**，第2段落では**約4,500年前にメソポタミアで始まったガラス製造とその技法**，第3段落では**現在のテクノロジーを使ったガラス**について述べ，最終段落で「**このような特性により，私たちはどこに行ってもガラスを目にすることができます**」と結論づけている。これらを端的にまとめた内容である**①が正解**。用途が制限されていることは本文には述べられていないので，**③は不正解**。ガラスは日常生活のさまざまな場面で使われているが，近代の発明ではないので，**④も不正解**。②についてはそのような内容は述べられていないので，これも不正解。

語句
◇ innovation「革新」
◇ chemical「化学物質」
◇ bacteria「細菌」
◇ suitable for ～「～に適する」
◇ break down「分解する」
◇ Mesopotamia「メソポタミア」
◇ glassblower「吹きガラス職人」
◇ 3D printer「3Dプリンター」
◇ due to ～「～のおかげで」
◇ investigate「～を調査する」
◇ 問32　③ fragility「もろさ」

問33　　33　　④

スクリプト

Given a choice of buying a product in a glass container or a different kind of container, approximately 40% of Europeans choose glass. Our group researched why: reasons include food safety, ease of recycling, and availability of products. We

和訳

ガラス容器または別の種類の容器に入った商品を購入するという選択肢があるとすると，ヨーロッパ人の約40%はガラスを選択します。私たちのグループはその理由を調査しました。その理由としては，食品の安全性，リサイクルのしやすさ，商品の入手

| focused on the following three countries: Croatia, the Czech Republic, and France. Let's look at the information in detail. | 可能性などが挙げられます。私たちは次の３ヵ国，すなわちクロアチア，チェコ共和国，フランスに焦点を当てました。情報を詳しく見てみましょう。 |

① Glass can be recycled repeatedly, but "ease of recycling" is the least common reason in the Czech Republic and Croatia.

（ガラスは繰り返しリサイクルできるが，チェコ共和国とクロアチアでは「リサイクルのしやすさ」が最も少ない理由となっている。）

② Glass is harmful to the environment, but "food safety" is the most common reason in the Czech Republic and Croatia.

（ガラスは環境にとって有害だが，チェコ共和国とクロアチアでは「食品の安全性」が最も多い理由である。）

③ Glass products are preferred by half of Europeans, and "ease of recycling" is the most common reason in France and Croatia.

（ガラス製品はヨーロッパ人の半数が好んでおり，フランスとクロアチアでは「リサイクルのしやすさ」が最も多い理由となっている。）

④ **Glass products can be made using ancient techniques, and "availability of products" is the least common reason in France and Croatia.**

（ガラス製品は古代の技術を使って作ることができ，フランスとクロアチアでは「商品の入手可能性」が最も少ない理由となっている。）

グラフのタイトルは「消費者がガラス容器入りの商品を選ぶ理由」で，クロアチア，チェコ共和国，フランスの３ヵ国において，「食品の安全性」「リサイクルのしやすさ」「商品の入手可能性」のそれぞれの理由が占める割合を表している。講義本体の第２段落に，ガラス製品は古代の技術を使って作ることができることが述べられており，さらにグラフから「商品の入手可能性」がフランスでは９％，クロアチアでは７％で最も低い理由になっている。したがって，④が正解。「リサイクルのしやすさ」はチェコ共和国では７％で最も低いが，クロアチアでは24％で２番目に低い理由なので，①は不正解。「食品の安全性」はチェコ共和国では32％，クロアチアでは42％とともに最も多い理由だが，講義本体の第１段落で，ガラスは環境に優しい素材だと述べられている。したがって，②も不正解。ガラス製品をヨーロッパ人の半数が好んでいるかどうかについてはどこにも述べられておらず，また「リサイクルのしやすさ」はフランスでは33％と最も多いが，クロアチアでは24％と一番多い理由ではないので，③も不正解。

語句
◇ given ～「～があるとすると；～を考慮すると」（分詞構文）
◇ approximately「約；およそ」
◇ Croatia「クロアチア」
◇ Czech Republic「チェコ共和国」
◇ ② harmful「有害な」

第6問

A

スクリプト	和訳
Michelle：Jack, did you know that there's a ferry from England to France? I've always wanted to see the English coast from the ferry. I imagine it would be so beautiful.	ミシェル：ジャック，イングランドからフランスへのフェリーがあることを知ってた？ フェリーからイングランドの海岸を見てみたいとずっと思っていたの。とても美しいだろうと思うんだ。
Jack：Hmm, but I thought we should go by train. It'd be much easier.	ジャック：うーん，でも僕は列車で行くべきだと思ったよ。その方がずっと簡単だよ。
Michelle：Come on. We can also smell the sea air and feel the wind.	ミシェル：ちょっと。海の香りをかいだり，風を感じたりもできるんだよ。
Jack：That's true. But actually, I get seasick whenever I travel by boat.	ジャック：その通り。でも実は，僕は船で旅行するといつも船酔いするんだ。
Michelle：Oh, I didn't know that. Have you tried taking medicine for it?	ミシェル：まあ，それは知らなかった。船酔いの薬を飲んでみたことはある？
Jack：Yeah, I've tried, but it never works for me. I know you want to take the ferry, but …	ジャック：うん，やってみたことはあるけど，僕には全然効かないんだ。君がフェリーに乗りたいのはわかるけど…
Michelle: It's OK. I understand. Well, I suppose it is faster to take the train, isn't it?	ミシェル：大丈夫だよ。わかった。そうだね，列車に乗った方が早いよね。
Jack：Yes. And it's much more convenient because the train takes us directly to the center of the city. Also, the station is close to the hotel we've booked.	ジャック：うん。列車を使えば街の中心部まで直接行けるので，もっとずっと便利だよ。それに，駅は予約したホテルの近くにあるんだ。
Michelle：I see. It does sound like the better option.	ミシェル：なるほど。それはよりよい選択みたいだね。
Jack：Great. Let's check the schedule.	ジャック：素晴らしい。時刻表を確認しようよ。

問34　　34　　②

問　Which opinion did Michelle express during the conversation?
（ミシェルは会話中にどんな意見を表明したか。）

① Booking a hotel room with a view would be reasonable.
（眺めのいいホテルの部屋を予約するのが妥当だろう。）
② **Looking at the scenery from the ferry would be great.**
（フェリーから景色を眺めるのは素晴らしいだろう。）
③ Smelling the sea air on the ferry would be unpleasant.（フェリーで海の香りをかぐと不快になるだろう。）
④ Taking the ferry would be faster than taking the train.
（列車に乗るよりフェリーに乗った方が早いだろう。）

> ミシェルは最初の発言でI've always wanted to see the English coast from the ferry. I imagine it would be so beautiful.「フェリーからイングランドの海岸を見てみたいとずっと思っていたの。とても美しいだろうと思うんだ。」と言っているので，②が正解。続けて2つ目の発言ではフェリーを推す理由の1つとしてWe can also smell the sea air「海の香りをかぐことができる」ことをよいこととし

— 2024本 - 16 —

て挙げているので，③は不正解。また4つ目の発言ではI suppose it is faster to take the train, isn't it?「（フェリーに乗るよりも）列車に乗った方が早いよね。」と言っているので，④も不正解。⓪については まったく述べていないので，これも不正解。

問35　　35　　④

問　What did they decide to do by the end of the conversation?
（彼らは会話の終わりまでに何をすることに決めたか?）

⓪　Buy some medicine（薬を買う）

②　Change their hotel rooms（ホテルの部屋を変える）

③　Check the ferry schedule（フェリーの時刻表を確認する）

④　**Take the train to France（フランス行きの列車に乗る）**

ミシェルの最後の発言のIt does sound like the better option.「それはよりよい選択みたいだね。」のIt が指すことがポイント。この発言は直前のジャックの「列車を使えば街の中心部まで直接行けるので，もっとずっと便利だよ。それに，駅は予約したホテルの近くにあるんだ。」に賛同するものなので，It は「列車に乗ること」を指している。つまりミシェルは「**列車に乗ることはよりよい選択みたいだ ね。**」と言い，ジャックはそれを受けてGreat. Let's check the schedule.「素晴らしい。時刻表を確 認しようよ。」とミシェルを誘っている。彼らはイングランドからフランスへの旅行について話してい るので，彼らが乗るのは**フランス行きの列車**。したがって，④が正解。2人はフェリーではなく列車 の時刻表を確認するので，③は不正解。薬については，ジャックが船酔いの薬について，「僕には全然 効かないんだ」と述べているのみなので，⓪も不正解。ホテルについては，ジャックが「駅は予約し たホテルの近くにあるんだ」と述べているのみなので，②も不正解。

語句
◇ seasick「船酔いした」
◇ whenever「…する時はいつも」
◇ suppose「～だと思う」
◇ the center of ~「～の中心」
◇ 問34　⓪ reasonable「妥当な；適当な」
◇ 問34　③ unpleasant「不快な」

B

スクリプト	和訳
Chris：For my new year's resolution, I've decided to start doing something healthy. Do you have any good suggestions, Amy?	クリス：新年の抱負として，僕は何か健康的なこと を始めようと決めたんだ。何かいい提案はある かな，エイミー。
Amy：Good for you, Chris! It's important to find something that you won't give up easily. I also want to do something, like walking, for instance. Chris, why don't we walk in the morning together?	エイミー：あなたにはいいことね，クリス！ 簡単 にはやめないだろうことを見つけることが大切 だよ。私も何かしてみたいな，例えば，ウォー キングとか。クリス，朝一緒に散歩しない?
Chris：That sounds good. Haruki, do you want to join us?	クリス：それはよさそうだね。ハルキ，僕たちと一 緒にやらない?
Haruki：Sorry. I started running last year. It's	ハルキ：ごめん。僕は昨年ランニングを始めたんだ。

— 2024本 － 17 —

tough, but refreshing. Linda, you exercise a lot, don't you?

Linda：Yeah, recently I've been trying "super-short workouts." One workout takes only 10 minutes.

Haruki：Ten minutes? Linda, is that enough? I need at least an hour to feel satisfied.

Linda：Yes. Super-short workouts are really efficient. You just need to push yourself extremely hard for a short time. Why don't you try them too, Chris?

Chris：Yeah, now that I think about it, walking takes too long. But I could easily spare 10 minutes for a workout. That way, I'm definitely not going to quit. Amy, would you like to try the super-short workouts, too?

Amy：It sounds interesting, but I prefer more moderate exercise. So, I'm going to start walking to the station every day. It's only about 30 minutes, which is fine for me.

Chris：OK. So Linda, can we work out together?

Linda：Sure. How about this Saturday? It'll be fun!

大変だけど，爽快だよ。リンダ，君はよく運動しているよね？

リンダ：うん，最近は「超短時間トレーニング」に挑戦しているの。1回のトレーニングにかかる時間はわずか10分だよ。

ハルキ：10分？ リンダ，それで十分なの？ 満足するには，僕は少なくとも1時間は必要だよ。

リンダ：うん。超短時間トレーニングはとても効率的なんだ。必要なのは，短時間に極端にハードに自分を追い込むことだけなの。クリス，あなたもやってみない？

クリス：そうだね，今考えてみると，ウォーキングは時間がかかりすぎる。でもトレーニングのための10分は簡単に確保できるだろう。そうすれば，絶対に止めないだろう。エイミー，君も超短時間トレーニングをやってみない？

エイミー：おもしろそうだけど，私はもっと適度な運動の方が好きなんだ。だから，私は毎日駅まで歩くことを始めるつもり。たった30分くらいなので，私にはちょうどいいよ。

クリス：わかった。それでリンダ，一緒にトレーニングしない？

リンダ：もちろん。この土曜日はどう？ 楽しくなりそう！

問36 | 36 | ①

> エイミーは1つ目の発言で「私も何かしてみたいな，例えば，ウォーキングとか」と言っており，最後の発言でも「私は毎日駅まで歩くことを始めるつもり」と述べ，**ウォーキングをすると決めている**。ハルキは1つ目の発言で「昨年ランニングを始めた」という理由でクリスからの**ウォーキングへの誘いを断っている**。リンダは1つ目の発言で「超短時間トレーニングに挑戦しているの」と言い，その後の発言でも一貫して超短時間トレーニングのメリットを述べており，**最後までウォーキングをするとは一言も述べていない**。クリスはエイミーからウォーキングに誘われ，2つ目の発言で「それはよさそうだね」といったんはウォーキングに興味を示したが，3つ目の発言では「ウォーキングは時間がかかりすぎる」という理由で，超短時間トレーニングの方に興味が移っている。そして最後の発言では「リンダ，一緒にトレーニングしない？」とリンダを誘っているので，**超短時間トレーニングをすることに決めた**とわかる。したがって，ウォーキングをすることに決めたのはエイミーだけなので，正解は①。

問37 | 37 | ②

① （図表）運動はあなたを手助けする
② **（図表）フィットネスの効果**
③ （図表）運動と病気の関係
④ （図表）人はいつ運動するか

リンダは超短時間トレーニングについて最初の発言では「1回のトレーニングにかかる時間はわずか10分」，さらに2つ目の発言では「とても効率的なんだ。必要なのは，短時間に極端にハードに自分を追い込むことだけなの」と説明している。したがって，「フィットネスの効果」というタイトルで，「10分間の激しい運動（超短時間トレーニング）」と「45分間の適度な運動（標準的トレーニング）」が同じ効果であることを示している②が正解。①のような運動することによる効果，③のような運動と病気の関係，④のような運動する時間については，リンダはまったく述べていないので，すべて不正解となる。

語句
◇ new year's resolution「新年の抱負」
◇ for instance「例えば」
◇ refreshing「爽快な；爽やかな」
◇ efficient「効率的な」
◇ push「～を追い込む」
◇ extremely「極端に」
◇ moderate「適度な」
◇ 問37　② intense「激しい」

2023 本試　解答

| 第1問小計 | | 第2問小計 | | 第3問小計 | | 第4問小計 | | 第5問小計 | | 第6問小計 | | 合計点 | /100 |

問題番号（配点）	設問		解答番号	正解	配点	自己採点	問題番号（配点）	設問		解答番号	正解	配点	自己採点
第1問(25)	A	1	1	①	4		第4問(12)	A	18	18	①	4※	
		2	2	①	4				19	19	④		
		3	3	①	4				20	20	③		
		4	4	④	4				21	21	②		
	B	5	5	③	3				22	22	①	1	
		6	6	①	3				23	23	⑥	1	
		7	7	②	3				24	24	②	1	
第2問(16)		8	8	④	4				25	25	①	1	
		9	9	④	4			B	26	26	④	4	
		10	10	③	4		第5問(15)		27	27	②	3	
		11	11	②	4				28	28	②	2※	
第3問(18)		12	12	②	3				29	29	⑥		
		13	13	④	3				30	30	⑤	2※	
		14	14	④	3				31	31	③		
		15	15	④	3				32	32	③	4	
		16	16	①	3				33	33	④	4	
		17	17	①	3		第6問(14)	A	34	34	③	3	
（注）　※は，全部正解の場合のみ点を与える。									35	35	①	3	
								B	36	36	①	4	
									37	37	②	4	

第1問

A

問1　　1　　①

スクリプト	和訳
Sam, the TV is too loud. I'm working. Can you close the door?	サム，テレビがうるさすぎます。私は働いているのです。ドアを閉めてもらえませんか。

① **The speaker is asking Sam to shut the door.（話者はサムにドアを閉めるように頼んでいる。）**
② The speaker is asking Sam to turn on the TV.（話者はサムにテレビをつけるように頼んでいる。）
③ The speaker is going to open the door right now.（話者は今ドアを開けるつもりだ。）
④ The speaker is going to watch TV while working.（話者は仕事中にテレビを見るつもりだ。）

> 話者はサムに Can you close the door?「ドアを閉めてもらえませんか。」と頼んでいることから，正解は①で，「話者がドアを開けるつもり」という③は不適当。「テレビがうるさすぎる」と言っていることから，現在テレビはついていることがわかるので，②は不適当。仕事中の話者がテレビの音をうるさがっているので，④も不適当。

問2　　2　　①

スクリプト	和訳
I've already washed the bowl, but I haven't started cleaning the pan.	私はボウルをもう洗ってしまいましたが，鍋はまだ洗い始めていません。

① **The speaker finished cleaning the bowl.（話者はボウルを洗い終えた。）**
② The speaker finished washing the pan.（話者は鍋を洗い終えた。）
③ The speaker is cleaning the pan now.（話者は今鍋を洗っている。）
④ The speaker is washing the bowl now.（話者は今ボウルを洗っている。）

> 完了形が聞き取れるかどうかが鍵。話者はI've already washed the bowl「ボウルをもう洗ってしまった」（完了）と言っているので，finished cleaning the bowl「ボウルを洗い終えた」と言い変えている①が正解で，現在進行形の④は不適当。またI haven't started cleaning the pan「鍋はまだ洗い始めていない」と言っているので，②と③も不適当。

問3　　3　　①

スクリプト	和訳
Look at this postcard my uncle sent me from Canada.	おじがカナダから私に送ってくれたこのハガキを見てください。

① **The speaker received a postcard from her uncle.（話者はおじからハガキを受け取った。）**
② The speaker sent the postcard to her uncle in Canada.（話者はカナダにいるおじにハガキを送った。）
③ The speaker's uncle forgot to send the postcard.（話者のおじはハガキを送ることを忘れた。）
④ The speaker's uncle got a postcard from Canada.（話者のおじはカナダからのハガキを受け取った。）

— 2023本 - 2 —

話者はpostcard (that) my uncle sent me from Canada「おじがカナダから私（＝話者）に送ったハガキ」を誰かに見せているので，送り主はおじで，受取人は話者。したがって①が正解。②は送り主と受取人が逆になっているので不適当。おじはハガキを送ったので，③も不適当。カナダからのハガキを受け取ったのはおじではなく話者なので，④も不適当。

語句
◇ ③ forget to do「…することを忘れる」 cf. forget doing「…したことを忘れる」

問4　　4　　④

スクリプト	和訳
There are twenty students in the classroom, and two more will come after lunch.	教室には20人の生徒がいて，昼食後にもう2人来るだろう。

① There are fewer than 20 students in the classroom right now.（現在20人未満の生徒が教室にいる。）
② There are 22 students in the classroom right now.（現在22人の生徒が教室にいる。）
③ There will be just 18 students in the classroom later.
（後に教室には18人だけ生徒がいることになるだろう。）
④ **There will be more than 20 students in the classroom later.**
（後に教室には20人を超える生徒がいることになるだろう。）

教室には，現在はThere are twenty students「20人の生徒がいる」，そして昼食後はtwo more will come「もう2人来るだろう」，つまり後に22人の生徒がいることになる。したがって，22人を「20人を超える」と言い換えている④が正解。現在は20人の生徒がいるのだから，①と②は不適当。昼食後には生徒が22人になるのだから，③も不適当。

B
問5　　5　　③

スクリプト	和訳
There's not much tea left in the bottle.	ボトルにはお茶はあまり残っていません。

この手の問題では，放送が流れる前に各イラストの差異を確認しておくのがポイント。本問ではお茶の残量に注目する。There's not much tea「お茶はあまりない」と言っているので，ボトルに少量お茶が残っている③が正解。②は残量が多すぎるので不適当。ボトルいっぱいにお茶がある①と，ボトルが空の④も不適当。

問6　　6　　①

スクリプト	和訳
I can't see any cows. Oh, I see one behind the fence.	私には1頭も牛が見えません。おや，柵の後ろに1頭見えます。

まずI can't see any cows.と言っているが，続けてOh, I see one（＝a cow）behind the fence.と言っているので，最初は牛が1頭もいないと思ったが，柵の背後に牛が1頭いるのに気づいたという状況であることがわかる。したがって①が正解。

問7 ⑦ ②

スクリプト	和訳
I'm over here. I'm wearing black pants and holding a skateboard.	私はここにいます。私は黒いパンツをはいてスケートボードを持っています。

I'm wearing black pants and holding a skateboard.「私は黒いパンツをはいてスケートボードを持っています。」と言っているので，②が正解。白いパンツを着用しているので，①と③は不適当。黒いパンツを着用しているがスケートボードを手に持っていないので，④も不適当。

第2問

問8 ⑧ ④

スクリプト	和訳
M：This avatar with the glasses must be you!	男：この眼鏡をかけているプロフィール画像は君に違いない！
W：Why, because I'm holding my favorite drink?	女：なぜ？　大好きな飲み物を持っているから？
M：Of course!　And you always have your computer with you.	男：もちろん！　そして君はいつもコンピューターを持っている。
W：You're right!	女：その通りよ！

問　Which avatar is the woman's?（どのプロフィール画像が女性のものか。）

イラストを見ながら話の流れを追っていけば，消去法で正解にたどり着ける。with the glasses「眼鏡をかけている」から，②がまず外れる。I'm holding my favorite drink「大好きな飲み物を持っている」で③が外れ，you always have your computer with you「君はいつもコンピューターを持っている」で④が正解だとわかる。①はコンピューターを持っていないので，不適当。

問9 ⑨ ④

スクリプト	和訳
M：Plastic bottles go in here, and paper cups here.	男：ペットボトルはここに，紙コップはここに入れて。
W：How about this, then? Should I put this in here?	女：では，これはどう？　これをここに入れるべき？
M：No, that one is for glass. Put it over here.	男：いや，そのゴミ箱はガラス用だ。ここに入れて。
W：OK.	女：わかった。

問　Which item is the woman holding?（女性が持っている物はどれか。）

男性がゴミ箱を指して，plastic bottles「ペットボトル」用とpaper cups「紙コップ」用と示した後に，女性は自分が持っている物を入れるゴミ箱について，Should I put this in here?「これをここに入れるべき？」と聞いているので，女性が持っている物は，ペットボトルでも紙コップでもない。よって①と②が外れる。女性の指したゴミ箱について，男性がNo, that one is for glass.「いや，そのゴミ箱はガラス用だ。」と答えているので，③のガラスびんも外れる。したがって，最後に残った④の缶が正解。

— 2023本 - 4 —

問10   **10**   ③

スクリプト	和訳
W：How about this pair?	女：この靴はいかがですか？
M：No, tying shoelaces takes too much time.	男：いいえ，靴ひもを結ぶのに時間がかかりすぎます。
W：Well, this other style is popular.　These are 50% off, too.	女：ええと，この別のスタイルは人気です。こちらも半額です。
M：Nice!　I'll take them.	男：素敵ですね！それをいただきます。

問　Which pair of shoes will the man buy?（男性はどの靴を買うか。）

> 女性の勧めた靴を男性は断り，その理由を tying shoelaces takes too much time「靴ひもを結ぶのに時間がかかりすぎる」と述べていることから，靴ひものある①と②がまず外れる。次に女性が別の靴を These are 50% off, too.「こちらも半額です。」と勧め，男性が I'll take them.「それをいただきます。」と言っていることから，男性が購入したのは半額の靴である。残り2足のうち，60ドルが30ドルと半額になっている③が正解。④は定価なので不適当。
>
> 語句
> ◇ tie「～を結ぶ」
> ◇ shoelace「靴ひも」

問11   **11**   ②

スクリプト	和訳
W：Where shall we meet?	女：どこで会おうか？
M：Well, I want to get some food before the game.	男：うーん，僕は試合前に食べ物を買いたいな。
W：And I need to use a locker.	女：そして私はロッカーを使う必要があるの。
M：Then, let's meet there.	男：では，そこで会おう。

問　Where will they meet up before the game?（彼らは試合前にどこで待ち合わせをするだろうか。）

> 男性は I want to get some food「食べ物を買いたい」，女性は I need to use a locker「私はロッカーを使う必要がある」と言っているので，売店とロッカーのピクトグラムがある②が正解。②以外については，①はロッカーはあるが売店はなく，③は売店はあるがロッカーはなく，④は両方ともないので，すべて不適当。
>
> 語句
> ◇ Shall we …?「（私たちは）…しましょうか。」

第3問

問12   **12**   ②

スクリプト	和訳
M：Excuse me.　I'd like to go to Central Station.　What's the best way to get there?	男：すみません。セントラル駅に行きたいのです。そこに行くいちばんいい方法は何ですか？
W：After you take the Green Line, just transfer to the Blue Line or the Yellow Line at Riverside Station.	女：グリーン線に乗ったあと，リバーサイド駅でブルー線またはイエロー線に乗り換えるだけですよ。

— 2023本 - 5 —

M：Can I also take the Red Line first?	男：最初にレッド線に乗ることもできますか？
W：Usually that's faster, but it's closed for maintenance.	女：普段はその方が早いですが，レッド線はメンテナンスのため閉鎖中です。

問　Which subway line will the man use first?（男性が最初に利用する地下鉄路線はどれか。）

① The Blue Line（ブルー線）
② **The Green Line（グリーン線）**
③ The Red Line（レッド線）
④ The Yellow Line（イエロー線）

女性は１つ目の発言でAfter you take the Green Line, just transfer to the Blue Line or the Yellow Line at Riverside Station.「グリーン線に乗ったあと，リバーサイド駅でブルー線またはイエロー線に乗り換えるだけですよ。」と，最初にグリーン線に乗るよう指示している。続けて男性がCan I also take the Red Line first?「最初にレッド線に乗ることもできますか？」と質問するが，女性はit's closed for maintenance「それ（＝レッド線）はメンテナンスのため閉鎖中です」と答えていることから，男性はやはり最初にグリーン線に乗らなければならないことがわかるので，正解は②。

語句
◇ transfer to ～「～に乗り換える」
◇ maintenance「メンテナンス；保守（管理）」

問13　　**13**　　④

スクリプト	和訳
M：Would you like to go out for dinner?	男：夕食を外に食べに行かない？
W：Well, I'm not sure.	女：うーん，どうかなあ。
M：What about an Indian restaurant?	男：インド料理店はどう？
W：You know, I like Indian food, but we shouldn't spend too much money this week.	女：あのね，私はインド料理が好きだけど，今週はあまりお金を使わないほうがいいわよ。
M：Then, why don't we just cook it ourselves, instead?	男：じゃあ，代わりに自分たちでインド料理を作らない？
W：That's a better idea!	女：それはいい考えね！

問　What will they do?（彼らは何をするだろうか。）

① Choose a cheaper restaurant（より安いレストランを選ぶ）
② Eat together at a restaurant（レストランで一緒に食べる）
③ Have Indian food delivered（インド料理をデリバリーしてもらう）
④ **Prepare Indian food at home（家でインド料理を作る）**

男性は「夕食を外に食べに行かない？」「インド料理店はどう？」と外食に積極的だが，女性は「あまりお金を使わないほうがいい」と外食を否定しているので，まず②が外れる。続けて男性がwhy don't we just cook it ourselves, instead?「代わりに自分たちでそれ（＝インド料理）を作らない？」と提案し，女性がそれに賛同しているので，④が正解。より安いレストランを選んだり，フードデリバリーを依頼するといった話はしていないので，①と③は不適当。

語句
◇ instead「代わりに」
◇ ③ have＋O＋過去分詞「Oを…してもらう」

－ 2023本 - 6 －

◇ ④ prepare「〜を料理する」

問14　　**14**　　④

スクリプト	和訳
M：I can't find my dictionary!	男：僕の辞書が見つからないよ！
W：When did you use it last? In class?	女：最後に辞書を使ったのはいつ？　授業中？
M：No, but I took it out of my backpack this morning in the bus to check my homework.	男：いや，でも今朝，宿題を確認するためにバスの中でバックパックから辞書を取り出したよ。
W：You must have left it there. The driver will take it to the office.	女：バスに置き忘れたに違いないわ。運転手さんが事務所にあなたの辞書を持って行ってくれるわ。
M：Oh, I'll call the office, then.	男：ああ，それなら，僕は事務所に電話するよ。

問　What did the boy do?（少年は何をしたか。）

① He checked his dictionary in class.（彼は授業中に辞書で調べた。）

② He left his backpack at his home.（彼はバックパックを家に置き忘れた。）

③ He took his backpack to the office.（彼はバックパックを事務所に持っていった。）

④ **He used his dictionary on the bus.（彼はバスの中で辞書を使った。）**

男性は2つ目の発言でI took it out of my backpack this morning in the bus to check my homework「今朝，宿題を確認するためにバスの中でバックパックからそれ（＝辞書）を取り出した」と言っているので，正解は④。バスの中にバックパックを持って行っていることから，家に置き忘れていないことが分かるので，②は不適当。女性が1つ目の発言で「最後に辞書を使ったのは授業中か？」と質問したのに対し，男性はNoと答えているので，①も不適当。男性は最後の発言でI'll call the office「僕は事務所に電話する」と言っているだけで，バックパックを事務所に持っていったわけではないので，③も不適当。

語句

◇ take O out of 〜「〜からOを取り出す」

◇ must have ＋過去分詞「…したにちがいない」（過去のことに対しての確信が強い推量を表す。）

問15　　**15**　　④

スクリプト	和訳
W：How was your first week of classes?	女：授業の最初の週はどうだった？
M：Good! I'm enjoying university here.	男：良かったです！　僕はここでの大学生活を楽しんでいます。
W：So, are you originally from here? I mean, London?	女：それで，あなたの生まれはここ？　つまり，ロンドンなの？
M：Yes, but my family moved to Germany after I was born.	男：はい，でも僕が生まれたあと，家族でドイツに引っ越しました。
W：Then, you must be fluent in German.	女：じゃあ，あなたはドイツ語が堪能に違いないわね。
M：Yes. That's right.	男：はい。その通りです。

問　What is true about the new student?（新入生について正しいのはどれか。）

① He grew up in England.（彼はイギリスで育った。）

— 2023本 − 7 —

② He is just visiting London.（彼はただロンドンを訪れているだけだ。）

③ He is studying in Germany.（彼はドイツで勉強しているところだ。）

④ **He was born in the UK.（彼はイギリスで生まれた。）**

> 女性の2つ目の発言の「あなたはロンドン生まれなのか？」という質問に，男性はYes, but my family moved to Germany after I was born. 「はい，でも僕が生まれたあと，家族でドイツに引っ越しました。」と答えているので，男性はロンドン生まれのドイツ育ちであることがわかる。したがって，④が正解で，①は不適当。男性は1つ目の発言でI'm enjoying university here. 「僕はここ（＝ロンドン）での大学生活を楽しんでいます。」と述べているので，②と③も不適当。
>
> 語句
> ◇ originally「生まれは；もともとは」
> ◇ be fluent in ～「～が堪能である；～が流暢である」

問16 　16　 ①

スクリプト	和訳
W：How are you?	女：元気？
M：Well, I have a runny nose.　I always suffer from allergies in the spring.	男：うーん，鼻水が出る。春はいつもアレルギーで苦しむよ。
W：Do you have some medicine?	女：薬は持っているの？
M：No, but I'll drop by the drugstore on my way home to get my regular allergy pills.	男：いや，でもいつものアレルギーの薬を買うために帰宅途中に薬局へ立ち寄るつもりだよ。
W：You should leave the office early.	女：あなたは早く退社すべきね。
M：Yes, I think I'll leave now.	男：うん，今退社しようと思う。

問　What will the man do?（男性は何をするだろうか。）

① **Buy some medicine at the drugstore（薬局で薬を買う）**

② Drop by the clinic on his way home（帰宅途中に診療所に立ち寄る）

③ Keep working and take some medicine（仕事を続けて薬を飲む）

④ Take the allergy pills he already has（すでに持っているアレルギーの薬を飲む）

> 男性は2つ目の発言でI'll drop by the drugstore on my way home to get my regular allergy pills「いつものアレルギーの薬を買うために帰宅途中に薬局へ立ち寄るつもりだ」と言っているので，①が正解。帰宅途中に立ち寄るのは診療所ではなく薬局なので，②は不適当。女性の2つ目の発言の「薬は持っているの？」という質問に，男性はNoと答えているので，④も不適当。男性は最後の発言でI think I'll leave now「今退社しようと思う」と言っているので，③も不適当。
>
> 語句
> ◇ have a runny nose「鼻水が出る」
> ◇ suffer from ～「～に苦しむ」
> ◇ allergy「アレルギー」
> ◇ drop by ～「～に立ち寄る」
> ◇ pill「錠剤」
> ◇ ② clinic「診療所」

問17　　17　　①

スクリプト	和訳
M：What a cute dog!	男：なんてかわいいイヌなんだ！
W：Thanks. Do you have a pet?	女：ありがとう。あなたはペットを飼っている？
M：I'm planning to get a cat.	男：僕はネコを手に入れるつもりだよ。
W：Do you want to adopt or buy one?	女：ネコを引き取りたい？　それとも買いたい？
M：What do you mean by 'adopt'?	男：「引き取る」ってどういう意味？
W：Instead of buying one at a petshop, you could give a new home to a rescued pet.	女：ペットショップでペットを買う代わりに，保護されたペットに新しい家を与えることができるのよ。
M：That's a good idea. I'll do that!	男：それはいい考えだね。そうしよう！

問　What is the man going to do?（男性は何をするだろうか。）

①　Adopt a cat（ネコを引き取る）
②　Adopt a dog（イヌを引き取る）
③　Buy a cat（ネコを買う）
④　Buy a dog（イヌを買う）

男性は2つ目の発言でI'm planning to get a cat.「僕はネコを手に入れるつもりだよ。」と言っているので，まず②と④は外れる。最後のやり取りでは，女性が 'adopt' について「ペットショップでペットを買う代わりに，保護されたペットに新しい家を与えることができる」と説明し，それを聞いた男性がI'll do that!「そうしよう！」と言っている。つまり男性はネコを引き取るつもりなので，①が正解で，③は不適当。

語句
◇ adopt「～を引き取る」
◇ instead of ～「～ではなく；～の代わりに」

第4問

A

問18　18　①　**問19**　19　④　**問20**　20　③　**問21**　21　②

スクリプト	和訳
Each year we survey our graduating students on why they chose their future jobs. We compared the results for 2011 and 2021. The four most popular factors were "content of work," "income," "location," and "working hours." The graph shows that "content of work" increased the most. "Income" decreased a little in 2021 compared with 2011. Although "location" was the second most chosen answer in 2011, it dropped significantly in 2021. Finally, "working hours" was chosen slightly more by graduates in 2021.	毎年，卒業生を対象に将来の仕事を選んだ理由について調査を行っています。2011年と2021年の結果を比較しました。最も多かった要因は「仕事内容」「収入」「勤務地」「勤務時間」の4つでした。グラフは「仕事内容」が最も増えたことを示しています。「収入」は2011年に比べて2021年はわずかに減少しました。「勤務地」は2011年に2番目に多かった回答でしたが，2021年には大幅に減少しました。最後に，「労働時間」は2021年の卒業生によってわずかにより多く選択されました。

— 2023本 - 9 —

グラフのタイトルは「仕事を選ぶ際に最も多かった4つの要因」で，各棒グラフが表す要因を答える問題。第4文に"content of work" increased the most「『仕事内容』が最も増えた」とあるので，2011年から2021年の増加率が最も高い　18　に『仕事内容（①）』を入れる。第5文に"Income" decreased a little in 2021 compared with 2011.「『収入』は2011年に比べて2021年はわずかに減少しました。」とあるので，　21　に『収入（②）』を入れる。第6文にAlthough "location" was the second most chosen answer in 2011, it dropped significantly in 2021.「『勤務地』は2011年に2番目に多かった回答でしたが，2021年には大幅に減少しました。」とあるので，　20　に『勤務地（③）』を入れる。最終文に"working hours" was chosen slightly more by graduates in 2021「『労働時間』は2021年の卒業生によってわずかにより多く選択されました」とあるので，2011年より2021年にわずかに増えた　19　に『労働時間（④）』を入れる。

語句
◇ survey「〜を調査する」
◇ graduating student「卒業生」（= graduate「卒業生」）
◇ compare「〜を比較する」
◇ content「内容」
◇ income「収入」
◇ location「立地」（本問では「勤務地」の意）
◇ increase「増える」⇔decrease「減る」
◇ compared with〜「〜に比べて」
◇ significantly「大幅に」⇔slightly「わずかに」

問22　22　①　問23　23　⑥　問24　24　②　問25　25　①

スクリプト

　　We are delighted to announce the prizes! Please look at the summary of the results on your screen.　First, the top team in Stage A will be awarded medals.　The top team in Stage B will also receive medals.　Next, the team that got the highest final rank will win the champion's trophies. Team members not winning any medals or trophies will receive a game from our online store. The prizes will be sent to everyone next week.

和訳

　　賞品を発表できることをうれしく思います！ 画面上の結果のまとめを見てください。まず，ステージAの1位のチームにメダルが授与されます。ステージBの1位のチームもメダルを受け取ります。次に，最終ランクで最高位を獲得したチームがチャンピオンのトロフィーを獲得します。メダルやトロフィーを獲得していないチームメンバーは当店のオンラインストアからゲームを受け取ります。賞品は来週全員に送付されます。

まず，問題文と表を読む時間が与えられるので，表から，ゲーム大会の参加チームは4チームで，ステージA，ステージB，最終ランクの各チームの順位があり，空欄になっているのは各チームの獲得賞品であることを読み取る。次に音声を聞きながら，表の順位と獲得賞品を確認していく。音声のthe top team in Stage A will be awarded medals（第3文）から，ステージAで1位のElegant Eaglesはメダルを獲得することがわかる。続くThe top team in Stage B will also receive medals（第4文）から，ステージBで1位のShocking Sharksもメダルを獲得することがわかる。さらにthe team that got the highest final rank will win the champion's trophies（第5文）から，最終ランクが1位のElegant Eaglesはメダルに加えてトロフィーも獲得すること，Team members not winning any medals or trophies will receive a game（第6文）から，まだメダルもトロフィーも獲得していない残りのチーム（Dark DragonsとWarrior Wolves）はゲームを獲得することがわかる。以上をまとめると，

— 2023本 - 10 —

| 22 | には「ゲーム（⓪）」, | 23 | には「メダル, トロフィー（⑥）」, | 24 | には「メダル（②）」,
| 25 | には「ゲーム（⓪）」が入る。

語句
◇ be delighted to *do*「…できてうれしく思う」
◇ summary「まとめ, 要約」

B

問26 26 ④

スクリプト	和訳
1. Hi there! Charlie, here. I'll work to increase the opening hours of the computer room. Also, there should be more events for all students. Finally, our student athletes need energy! So I'll push for more meat options in the cafeteria.	1. やあ, みなさん！ チャーリーです。僕はコンピューター室の開室時間を増やすために働きます。また, 全校生徒のための行事はもっとあるべきだと思います。最後に, 運動をする生徒はエネルギーが必要です！ だから僕は学校の食堂に肉料理のメニューを増やすことを要求します。
2. Hello! I'm Jun. I think school meals would be healthier if our cafeteria increased vegetarian choices. The computer lab should also be open longer, especially in the afternoons. Finally, our school should have fewer events. We should concentrate on homework and club activities!	2. こんにちは！ 私はジュンです。学校の食堂にベジタリアン向けのメニューが増えたら, 学校給食はもっと健康的になると思います。コンピューター室も, 特に午後はもっと長く開いているべきです。最後に, 私たちの学校は行事を減らすべきです。私たちは宿題と部活動に集中すべきです！
3. Hi guys! I'm Nancy. I support the school giving all students computers; then we wouldn't need the lab! I also think the cafeteria should bring back our favorite fried chicken. And school events need expanding. It's important for all students to get together!	3. こんにちは, みなさん！ 私はナンシーです。学校が全校生徒にコンピューターを供与することを私は支持します。そうすればコンピューター室は必要なくなるでしょう！ また, 食堂は私たちが大好きなフライドチキンを復活させるべきだと思います。そして, 学校行事は増やす必要があります。全校生徒にとっては集まることが大切なのです！
4. Hey everybody! I'm Philip. First, I don't think there are enough events for students. We should do more together! Next, we should be able to use the computer lab at the weekends, too. Also, vegans like me need more vegetable-only meals in our cafeteria.	4. やあ, みなさん！ 僕はフィリップです。まず, 生徒向けの行事が十分ではないと思います。我々はもっと多くのことを一緒にすべきです！ 次に, 我々が週末もコンピューター室を利用できるようにすべきです。また, 僕のようなヴィーガンは食堂で野菜のみの食事をもっと必要としています。

問 26 があなたが選ぶ可能性の最も高い候補者です。
① チャーリー
② ジュン
③ ナンシー
④ **フィリップ**

各候補者が話すので, 各条件について, 聞きながら表にメモを書き込んでいこう。まとめると以下のようになる。フィリップの発言のI don't think there are enough events for students. **We should do**

2023本 - 11 -

more together!「生徒向けの行事が十分ではないと思います。我々はもっと多くのことを一緒にすべきです！」，we should be able to use the computer lab at the weekends, too「我々が週末もコンピューター室を利用できるようにすべきです」，vegans like me need more vegetable-only meals in our cafeteria「僕のようなヴィーガンは学校食堂で野菜のみの食事をもっと必要としています」から，3つの条件をすべて満たす④が正解。

候補者	条件A（全校生徒のための行事を増やす）	条件B（ベジタリアン向けのメニューを増やす）	条件C（コンピューター室の使用時間を増やす）
① チャーリー	○ 増やす	× 肉料理のメニューを増やす	○ 開室時間を増やす
② ジュン	× 減らす	○ ベジタリアン向けのメニューを増やす	○ 午後の開室時間をもっと長くすべき
③ ナンシー	○ 増やす	× フライドチキンを復活させる	× コンピューター室は不要になる
④ フィリップ	○ 増やす	○ 野菜のみの食事がもっと必要	○ 週末も利用できるようにすべき

語句
◇ push for ～「～を要求する」
◇ concentrate on ～「～に集中する」
◇ bring back ～「～を復活させる」
◇ expand「拡大する」
◇ vegan「ヴィーガン；完全菜食主義者」（動物を食べることを避け，卵・乳製品などの動物由来の食品の摂取も避ける人。場合によっては，動物を利用した皮革製品などの使用も避ける。）

第5問

スクリプト

Today, our topic is the Asian elephant, the largest land animal in Asia. They are found across South and Southeast Asia. Asian elephants are sociable animals that usually live in groups and are known for helping each other. They are also intelligent and have the ability to use tools.

The Asian elephant's population has dropped greatly over the last 75 years, even though this animal is listed as endangered. Why has this happened? One reason for this decline is illegal

和訳

本日のトピックは，アジア最大の陸生動物であるアジアゾウです。それらは南および東南アジア全体で見られます。アジアゾウは通常，グループで生活し，互いに助け合うことで知られている，社交的な動物です。彼らは知的で，道具を使う能力も持っています。

アジアゾウは絶滅危惧種に指定されているのですが，この動物の個体数は過去75年間で大幅に減少しました。なぜこんなことが起こったのでしょうか。この減少の理由の1つは，違法な人間の活動です。

─ 2023本 - 12 ─

human activities. Wild elephants have long been killed for ivory. But now, there is a developing market for other body parts, including skin and tail hair. These body parts are used for accessories, skin care products, and even medicine. Also, the number of wild elephants caught illegally is increasing because performing elephants are popular as tourist attractions.

Housing developments and farming create other problems for elephants. Asian elephants need large areas to live in, but these human activities have reduced their natural habitats and created barriers between elephant groups. As a result, there is less contact between elephant groups and their numbers are declining. Also, many elephants are forced to live close to humans, resulting in deadly incidents for both humans and elephants.

What actions have been taken to improve the Asian elephant's future? People are forming patrol units and other groups that watch for illegal activities. People are also making new routes to connect elephant habitats, and are constructing fences around local living areas to protect both people and elephants.

Next, let's look at the current situation for elephants in different Asian countries. Each group will give its report to the class.

野生のゾウは長い間，象牙のために殺されてきました。しかし現在は，皮膚や尻尾の毛などを含む体の他の部位の市場が広がりつつあるのです。これらの体の部位はアクセサリーやスキンケア製品，さらには薬に使用されます。また，芸をするゾウは観光アトラクションとして人気があるため，違法に捕獲される野生のゾウの数が増加しているのです。

住宅開発と農業がゾウにとって別の問題を引き起こしています。アジアゾウが住むには広大な面積が必要ですが，これらの人間の活動は，ゾウの自然の生息地を減少させ，ゾウの群れの間に障壁を作ってきたのです。その結果，ゾウの群れ同士の接触が減り，ゾウの数が減少しています。また，多くのゾウが人間の近くで生活することを余儀なくされ，人間とゾウの両方に致命的な事故を引き起こしているのです。

アジアゾウの将来を改善するためにどのような行動が取られてきたのでしょうか。人々は，違法行為を監視するパトロール隊やその他のグループを編成しています。人々はまた，ゾウの生息地をつなぐ新しいルートを作り，人々とゾウの両方を保護するために，地元の居住地域の周りに柵を建設しています。

次に，アジア各国のゾウの現状を見ていきましょう。各グループが授業でレポートを発表します。

ワークシート

> **アジアゾウ**
>
> ◇**一般情報**
> ◆大きさ：アジア最大の陸生動物
> ◆生息地：南および東南アジア
> ◆特徴： 27
> ◇**ゾウへの脅威**
> **脅威１：違法な商業活動**
> ◆象の体の部位をアクセサリー， 28 ，薬に使用
> ◆ 29 のために生きたゾウを捕獲
> **脅威２：土地開発による生息地の喪失**
> ◆ゾウの 30 の交流の減少
> ◆人間とゾウの 31 の増加

問27 | 27 | ②

① Aggressive and strong（攻撃的で強い）

② **Cooperative and smart（協力的で賢い）**

③ Friendly and calm（親しみやすくて穏やか）

④ Independent and intelligent（独立心が強く知的な）

> アジアゾウの特徴を述べているものを選ぶ。第1段落第3〜4文にAsian elephants are sociable animals that usually live in groups and are known for helping each other. They are also intelligent and have the ability to use tools.「アジアゾウは通常，グループで生活し，互いに助け合うことで知られている社交的な動物です。彼らは知的で，道具を使う能力も持っています。」とある。これらを言い換えると「協力的で賢い」と言えるので，②が正解。④はintelligent「知的な」は正しいが，「独立心が強い」は間違いなので，不適当。①や③に相当することは述べられていないので，不適当。

問28 | 28 | ②　**問29** | 29 | ⑥　**問30** | 30 | ⑤　**問31** | 31 | ③

① clothing（衣類）　　　　② cosmetics（化粧品）　　　　③ deaths（死亡）

④ friendship（友情）　　　⑤ group（群れ）　　　　　　⑥ performances（芸当）

> 28 と 29 は違法な商業活動によるゾウへの脅威についてまとめた部分を完成する問題。これについては第2段落で述べられている。第6文にThese body parts are used for accessories, skin care products, and even medicine.「これらの体の部位はアクセサリーやスキンケア製品，さらには薬に使用されます。」とある。アクセサリーと薬はすでに挙がっているので， 28 にはcosmetics「化粧品（②）」が入る。第7文にthe number of wild elephants caught illegally is increasing because performing elephants are popular as tourist attractions「芸をするゾウは観光アトラクションとして人気があるため，違法に捕獲される野生のゾウの数が増加しているのです」とあるので， 29 にはperformances「芸当（⑥）」が入る。 30 と 31 は土地開発による生息地の喪失がゾウへの脅威になっているとする部分を完成する問題。これについては第3段落で述べられている。第3文にthere is less contact between elephant groups「ゾウの群れ同士の接触が減る」とあるので， 30 にはgroup「群れ（⑤）」が入る。第4文にmany elephants are forced to live close to humans, resulting in deadly incidents for both humans and elephants「多くのゾウが人間の近くで生活することを余儀なくされ，人間とゾウの両方に致命的な事故を引き起こしているのです」とあるので， 31 にはdeaths「死亡（③）」が入る。

問32 | 32 | ③

① Efforts to stop illegal activities are effective in allowing humans to expand their housing projects.
（違法行為を阻止する努力は人間が住宅事業を拡大できるようにするのに効果的だ。）

② Encounters between different elephant groups are responsible for the decrease in agricultural development.
（異なるゾウの群れの遭遇に農業開発減少の原因がある。）

③ **Helping humans and Asian elephants live together is a key to preserving elephants' lives and habitats.**
（**人間とアジアゾウの共生を手助けすることがゾウの生命と生息地を守るために重要である。**）

④ Listing the Asian elephant as an endangered species is a way to solve environmental problems.
（アジアゾウを絶滅危惧種に指定することが環境問題を解決する方法である。）

— 2023本 − 14 —

第4段落第1文にWhat actions have been taken to improve the Asian elephant's future?「アジアゾウの将来を改善するためにどのような行動が取られてきたのでしょうか。」とあり，その答えとして続く2つの文にPeople are forming patrol units and other groups that watch for illegal activities. People are also making new routes to connect elephant habitats, and are constructing fences around local living areas to protect both people and elephants.「人々は，違法行為を監視するパトロール隊やその他のグループを編成しています。人々はまた，ゾウの生息地をつなぐ新しいルートを作り，人々とゾウの両方を保護するために，地元の居住地域の周りに柵を建設しています。」とある。これらを短く要約した内容である③が正解。また，違法行為を阻止する努力は，住宅事業を拡大するのに効果的なのではなく，ゾウの将来を改善するのに効果的なので，①は不適当。第3段落第2，3文に…these human activities（＝ housing developments and farming）have reduced their natural habitats and created barriers between elephant groups. As a result, there is less contact between elephant groups and their numbers are declining.「これらの人間の活動（＝住宅開発と農業）は，ゾウの自然の生息地を減少させ，ゾウの群れの間に障壁を作ってきたのです。その結果，ゾウの群れ同士の接触が減り，ゾウの数が減少しています。」とあり，つまり，ゾウの群れ同士が遭遇しなくなっており，その原因は農業開発にあるということだから，②も不適当。第2段落第1文にThe Asian elephant's population has dropped greatly over the last 75 years, even though this animal is listed as endangered.「アジアゾウは絶滅危惧種に指定されているのですが，この動物の個体数は過去75年間で大幅に減少しました。」とあるので，④も不適当。

語句

◇ sociable「社交的な」

◇ intelligent「知的な」

◇ population「生息数；人口」

◇ endangered「絶滅の危機にひんした」

◇ ivory「象牙」

◇ habitat「生息地」

◇ as a result「結果として」

◇ result in ～「（結果的に）～をもたらす」

◇ incident「事故；事件」

◇ construct「～を建設する」

◇ワークシート　characteristic「特徴；特質」

◇ワークシート　threat「脅威」

◇ワークシート　capture「捕獲する；捕える」

◇ワークシート　interaction「交流」

◇ 問27　①　aggressive「攻撃的な」

◇ 問27　②　cooperative「協力的な」

◇ 問27　③　calm「穏やかな」

◇ 問27　④　independent「独立心が強い」

◇ 問32　①　allow O to *do*「Oに…するのを許す」

◇ 問32　②　encounter「遭遇；接触」

◇ 問32　②　be responsible for ～「～に対して責任がある；～の原因となる」

◇ 問32　③　preserve「～を保護する」

| 問33 | 33 | ④ |

スクリプト	和訳
Our group studied deadly encounters between humans and elephants in Sri Lanka. In other countries, like India, many more people than elephants die in these encounters. By contrast, similar efforts in Sri Lanka show a different trend. Let's take a look at the graph and the data we found.	私たちのグループは，スリランカでの人間とゾウの致命的な遭遇について調査しました。インドのような他の国では，ゾウよりもはるかに多くの人間がこれらの遭遇で死亡しています。対照的に，スリランカでの同様の取り組みは，異なる傾向を示しています。私たちが見つけたグラフとデータを見てみましょう。

① Efforts to protect endangered animals have increased the number of elephants in Sri Lanka.
（絶滅の危機に瀕している動物を保護するための努力により，スリランカではゾウの数が増加している。）

② Monitoring illegal activities in Sri Lanka has been effective in eliminating elephant deaths.
（スリランカにおける違法行為の監視は，ゾウの死亡をなくすのに効果的であった。）

③ Sri Lanka has not seen an increase in the number of elephants that have died due to human-elephant encounters.
（スリランカでは人間とゾウの遭遇によって死亡したゾウの数の増加が見られない。）

④ **Steps taken to protect elephants have not produced the desired results in Sri Lanka yet.**
（ゾウを保護するために講じられた措置は，スリランカではまだ望ましい結果をもたらしていない。）

> グラフのタイトルは「スリランカにおける人間とゾウの遭遇による死亡数」で，グループの発表の概要は「ゾウを保護する取り組みにより，ほかの国では人間とゾウの遭遇によってゾウより人間の方がより多く死亡しているが，スリランカでは人間よりゾウの方がより多く死亡している。」ということである。グラフから人間よりもゾウの死亡数が多く，しかもゾウの死亡数は増加傾向にあるので，保護活動が結果を出していないと言える。したがって，④が正解。また講義の第4段落第2文によると，ここで言う結果の出ていない保護活動には違法行為の監視も含まれることがわかるので，②は不適当。グラフによると，人間とゾウの遭遇により死亡したゾウの数の増加が見られるので，③も不適当。講義の第2段落第1文によると，アジアゾウの生息数が激減していることがわかるが，スリランカのゾウの生息数の増減については講義，発表，グラフのどこからも読み取れないので，①も不適当。
>
> **語句**
> ◇ by contrast「対照的に」
> ◇ trend「傾向」
> ◇ ② monitor「～を監視する」
> ◇ ② eliminate「～をなくす」
> ◇ ④ desired「望ましい；期待どおりの」

第6問

A

スクリプト	和訳
David: Hey, Mom! Let's go to Mt. Taka tomorrow. We've always wanted to go there. Sue: Well, I'm tired from work. I want to stay home tomorrow.	デイビッド：ねえ，お母さん！ 明日はタカ山に行こうよ。ずっと行きたいと思っていたじゃない。 スー：ええと，私は仕事で疲れているのよ。明日は家にいたいわ。

— 2023本 - 16 —

David: Oh, too bad. Can I go by myself, then?	デイビッド：ああ，残念。じゃあ１人で行ってもいい？
Sue: What? People always say you should never go hiking alone. What if you get lost?	スー：何ですって？ １人でハイキングに行くべきではないと人は皆言うわ。迷子になったらどうするの？
David: Yeah, I thought that way too, until I read a magazine article on solo hiking.	デイビッド：うん，ソロハイキングに関する雑誌の記事を読むまでは，僕もそう思っていたよ。
Sue: Huh. What does the article say about it?	スー：ふうん。記事にはそれについて何て書いてあるの？
David: It says it takes more time and effort to prepare for solo hiking than group hiking.	デイビッド：グループハイキングよりもソロハイキングの準備の方が時間と労力がかかると書いてあるよ。
Sue: OK.	スー：そうなのね。
David: But you can select a date that's convenient for you and walk at your own pace. And imagine the sense of achievement once you're done, Mom!	デイビッド：でも自分にとって都合の良い日付を選んで，自分のペースで歩くことができる。それにやり終えたあとの達成感を想像してみてよ，お母さん！
Sue: That's a good point.	スー：それも一理あるわね。
David: So, can I hike up Mt. Taka by myself tomorrow?	デイビッド：じゃあ，明日は１人でタカ山に登ってもいい？
Sue: David, do you really have time to prepare for it?	スー：デイビッド，準備する時間は本当にあるの？
David: Well, I guess not.	デイビッド：ええと，たぶんないかな。
Sue: Why not wait until next weekend when you're ready? Then you can go on your own.	スー：準備が整う来週末まで待ってみたら？そうしたらあなたは１人で行ってもいいわよ。
David: OK, Mom.	デイビッド：わかったよ，お母さん。

問34　　**34**　　③

問　Which statement would David agree with the most? （デイビッドが最も同意する意見はどれか。）

① Enjoyable hiking requires walking a long distance.
（楽しいハイキングのためには長い距離を歩く必要がある。）

② Going on a group hike gives you a sense of achievement. （グループハイキングには達成感がある。）

③ **Hiking alone is convenient because you can choose when to go.**
（１人でのハイキングはいつ行くべきかを選べるので便利だ。）

④ Hiking is often difficult because nobody helps you.
（誰も助けてくれないので，ハイキングはしばしば難しい。）

デイビッドは５つ目の発言第１文でソロハイキングについて you can select a date that's convenient for you「自分にとって都合の良い日付を選べる」と言っているので，③が正解。デイビッドは続けて you can ... walk at your own pace.「自分のペースで歩くことができる」と言っているが，長い距離を歩かなければならないとは言っていないので，①は不適当。デイビッドは５つ目の発言第２文で imagine the sense of achievement once you're done「やり終えたあとの達成感を想像してみて」と言っているが，これはグループハイキングについてではなく，ソロハイキングについて言っているので，②も不適当。What if you get lost?「（１人で行って）迷子になったらどうするの？」と心配しているのは母親のスーであり，デイビッドはこのようなことは言及していないので，④も不適当。

2023本 － 17 －

問35 **35** ①

問 Which statement best describes Sue's opinion about hiking alone by the end of the conversation?
（会話の終わりまでの，1人でハイキングすることについてのスーの意見を最もよく表しているのはどれか。）

① It is acceptable.（それは許容できる。）
② It is creative.（それは独創的だ。）
③ It is fantastic.（それはすばらしい。）
④ It is ridiculous.（それはばかげている。）

デイビッドから「1人でハイキングに行ってもいいか？」とたずねられたスーは，「迷子になったらどうするの？」と当初はソロハイキングに否定的であったが，雑誌の記事を読んだデイビッドから，「自分にとって都合の良い日付を選んで，自分のペースで歩くことができる。」「やり終えたあとには達成感がある。」とソロハイキングの利点を聞いたあと，That's a good point.「それも一理あるわね。」と発言している。(That's a) good point.はよく使う表現で，相手の論点が的を射ていることを認める表現。その後，明日ソロハイキングに行っていいかと尋ねるデイビッドに，スーは「来週末まで時間をかけて準備をしたら」という条件付きで，you can go on your own「あなたは1人で行ってもいいわよ」とソロハイキングを許可している。したがって，①の「許容できる」という意味のacceptableが正解。1人でのキャンプはすでに雑誌の記事で紹介されており，デイビッドが考案したものではないことをスーも知っているので，②は不適当。スーはfantasticというほど，無条件にソロハイキングを賞賛しているわけではなく，またridiculousというように否定しているわけではないので，③と④も不適当。

語句
◇ by oneself「1人で；自力で」
◇ What if ...?「もし…だったらどうなるか。；もし…としたらどうなるだろうか。」
◇ get lost「迷子になる」
◇ article「記事」
◇ effort「努力」
◇ convenient「都合の良い；便利な」
◇ achievement「達成」
◇ on one's own「1人で，自力で」
◇ 問34 ① enjoyable「楽しめる」
◇ 問35 ① acceptable「許容できる」
◇ 問35 ② creative「独創的な」
◇ 問35 ③ fantastic「すばらしい」
◇ 問35 ④ ridiculous「ばかげている」

B

スクリプト	和訳
Mary: Yay! We all got jobs downtown! I'm so relieved and excited.	メアリー：やった！ 私たち全員が街の中心部での仕事が決まったわ！ 私はとても安心して興奮しているわ。
Jimmy: You said it, Mary! So, are you going to get a place near your office or in the suburbs?	ジミー：そうだね，メアリー！ それで，君は事務所の近くと郊外のどちらに住むつもり？
Mary: Oh, definitely close to the company. I'm not a morning person, so I need to be near the office. You should live near me, Lisa!	メアリー：あら，絶対に会社の近くよ。私は朝型人間じゃないから，事務所の近くに住む必要があるわ。あなたは私の近所に住む方がいいわよ，リサ！

— 2023本 - 18 —

Lisa: Sorry, Mary. The rent is too expensive. I want to save money. How about you, Kota?	リサ：ごめんなさい，メアリー。家賃が高すぎるわ。私はお金を節約したいの。コウタはどう？
Kota: I'm with you, Lisa. I don't mind waking up early and commuting to work by train. You know, while commuting I can listen to music.	コウタ：君と同じだよ，リサ。僕は早起きして電車で通勤するのは構わないんだ。ほら，通勤中に音楽を聞くことができるだろ。
Jimmy: Oh, come on, you guys. We should enjoy the city life while we're young. There are so many things to do downtown.	ジミー：ああ，ちょっと待ってよ，君たち。僕らは若いうちに都会暮らしを楽しむべきだ。街の中心部にはやることがたくさんあるよ。
Mary: Jimmy's right. Also, I want to get a dog. If I live near the office, I can get home earlier and take it for longer walks.	メアリー：ジミーが正しいわ。それに，私はイヌを飼いたいの。私が事務所付近に住めば，早く家に帰って長い散歩に出かけることができるわ。
Lisa: Mary, don't you think your dog would be happier in the suburbs, where there's a lot more space?	リサ：メアリー，あなたのイヌはもっと広いスペースのある郊外のほうが幸せだと思わない？
Mary: Yeah, you may be right, Lisa. Hmm, now I have to think again.	メアリー：ええ，その通りかもしれないわ，リサ。うーん，それじゃあ私はもう一度考えなければならないわね。
Kota: Well, I want space for my training equipment. I wouldn't have that space in a tiny downtown apartment.	コウタ：ええと，僕はトレーニング器具を置くスペースが欲しいな。街の中心部の狭いアパートにそのスペースはないだろうな。
Jimmy: That might be true for you, Kota. For me, a small apartment downtown is just fine. In fact, I've already found a good one.	ジミー：君の場合はそうかもしれないね，コウタ。僕には街の中心部の狭いアパートがちょうどいい。実は，僕はもう良いアパートを見つけたんだ。
Lisa: Great! When can we come over?	リサ：すごい！ 私たちはいつ遊びに行けるの？

問36　　36　　①

ジミーは2つ目の発言で「若いうちに都会暮らしを楽しむべきで，街の中心部にはやることがたくさんある。」と述べ，さらに3つ目の発言で「自分には街の中心部の狭いアパートがちょうどよく，すでに良いアパートを見つけた。」と言っており，ジミーはすでに街の中心部に住むことを決めている。リサは1つ目の発言で「（街の中心部は）家賃が高すぎる。」という理由で，メアリーの街の中心部に住んだ方がよいという助言を断っている。コウタは1つ目の発言で，街の中心部には住まないというリサに賛同し，さらに2つ目の発言で「トレーニング器具を置くスペースが欲しいが，街の中心部の狭いアパートにそのスペースはない。」と述べており，一貫して街の中心部に住むことを否定している。メアリーは2つ目の発言で「朝型人間ではないので，絶対に（街の中心部の）会社の近くに住む。」と言い，3つ目の発言では「若いうちに都会暮らしを楽しむべきだ。」というジミーの意見に賛同し，さらに「（街の中心部の）事務所付近に住めば，早く帰宅して，イヌと長い散歩ができる。」と述べ，ここまでは街の中心部に住むことに積極的だったが，この直後，リサに「イヌはもっと広いスペースのある郊外のほうが幸せなのではないか？」と指摘され，メアリーは「その通りかもしれない。もう一度考えなければならない。」と意見を翻し，街の中心部に住むかどうか迷い始めている。したがって，街の中心部に住むことを決めたのはジミー1人だけなので，①が正解。

2023本 － 19 －

問37　**37**　**②**

① （図表）１か月あたりのペットに費やすお金
② （図表）平均月額賃料
③ （図表）通勤中の人気アクティビティ３選
④ （図表）住む場所を選ぶ理由

> メアリーの「（街の中心部に住む）私の近所に住む方が良い」という助言に，リサは「ごめんなさい。（街の中心部は）家賃が高すぎる。私は（郊外に住んで）お金を節約したい。」と答えている。この考えの根拠となり得るのは，「平均月額賃料」というタイトルで，街の中心部の家賃より郊外の家賃の方がはるかに安いことを示す②のグラフなので，これが正解。また，「住む場所を選ぶ理由」というタイトルだが，「家賃」という項目がない④のグラフは，リサの考えには合っていないので不適当。イヌを飼いたいと言っているのはメアリーだし，ペットにかかるお金の話題は会話に出てこないので，「１か月あたりのペットに費やすお金」というタイトルのグラフである①も不適当。通勤中に音楽が聞けると言って，通勤中のアクティビティに言及しているのはコウタだけで，他にこの話題は会話に出てこないので，「通勤中の人気アクティビティ３選」というタイトルの表である③も不適当。
>
> **語句**
> ◇ relieved「安心した」
> ◇ suburb「郊外」⇔downtown「街の中心部」
> ◇ definitely「絶対に；間違いなく」
> ◇ morning person「朝型人間」⇔ *cf.* night person「夜型人間」
> ◇ rent「家賃」
> ◇ be with O「Oと同意見だ；Oに賛成だ」
> ◇ commute「通勤する」
> ◇ equipment「道具；装置」
> ◇ come over「（話し相手の）自宅にやってくる；立ち寄る」
> ◇ 問37　① per「〜につき」
> ◇ 問37　③ physical exercise「運動；体操」
> ◇ 問37　④ security「治安」

Z-KAI